Die Macht der Worte

Schriften des
NS Dokumentations-
zentrums
der Stadt Köln

Band 4

Katrin Dördelmann

Die Macht der Worte

Denunziationen im nationalsozialistischen Köln

Emons Verlag Köln

Dieser Band wurde gefördert von

Landschaftsverband Rheinland
Nikolaus-Gülich-Fonds

Die Deutsche Bibliothek – CIP-Einheitsaufnahme

Dördelmann, Katrin:
Die Macht der Worte : Denunziationen im nationalsozialistischen Köln / Katrin Dördelmann. - Köln : Emons, 1997
(Schriften des NS-Dokumentationszentrums der Stadt Köln ; Bd. 4)
ISBN 3-924491-15-1
NE: NS-Dokumentationszentrum <Köln>: Schriften des NS-Dokumentationszentrums der Stadt Köln

Schriften des NS-Dokumentationszentrums der Stadt Köln, Band 4

Umschlaggestaltung: Eusebius Wirdeier, DGPh
Satzbelichtung: Stadtrevue Verlag GmbH, Köln
Lithos: Heinrich Miess Lithographie GmbH, Köln
Druck und Weiterverarbeitung: Kösel GmbH, Kempten/Allgäu
Printed in Germany 1997
ISBN 3-924491-15-1

Danksagung

Ich möchte mich bei allen bedanken, die mich bei der Arbeit an diesem Buch unterstützt haben. Die KollegInnen im Kölner Frauengeschichtsverein, im Arbeitskreis Frauen und Frauenforschung und Nationalsozialismus und im NS-Dokumentationszentrum der Stadt Köln haben mir mit vielen Hinweisen und Anregungen geholfen. Darüber hinaus hat Prof. Horst Matzerath die Veröffentlichung in der Schriftenreihe des NS-Dokumentationszentrums ermöglicht. Die Eheleute Marmagen haben mir Dokumente aus dem Nachlaß ihres Großvaters zur Verfügung gestellt und mir gestattet, den Abschiedsbrief Jakob Marmagens an seine Familie abzudrucken. Anke Salzer, Brigitte Krause, Irmgard Flock, Katharina Regenbrecht, Marlene Tyrakowski, Mechthild Linden, Sigrid Titze und Thomas Deres haben das Manuskript ebenso kritisch wie konstruktiv mit mir diskutiert.

Inhalt

Vorwort

Worte unterlagen im Dritten Reich dem Verfügungsanspruch des NS-Regimes und der Lenkung der sich allmächtig wähnenden Propaganda. Das System schuf sich seine eigene Sprache, die »Lingua Tertii Imperii«: eine Sprache des hohlen Pathos, der Überhöhung des Machtanspruchs, der Beschönigung von Terror und Mord. In Zeitungen und Zeitschriften, im Rundfunk, in den zahllosen Parteiveranstaltungen wurden Menschen von Worten überschwemmt, die sie psychologisch und weltanschaulich zu vereinnahmen suchten.

Zahlreiche Delikte, die mit der Verfügung über das Wort zu tun hatten, wie das der »Heimtücke« oder das des Abhörens verbotener Sender, sind vom NS-System erst neu geschaffen worden. Die Verfolgung nicht zugelassener Worte richtete sich indessen nicht nur gegen öffentliche Äußerung und den politischen Disput, sie galt auch dem offenen Wort im privaten Bereich. Sie zielte letztlich nicht nur auf die Kontrolle des Sprechens, sondern auch auf die des Denkens. Die Heftigkeit, mit der das NS-System auf Worte reagierte, läßt gleichzeitig die Einschätzung der Bedeutung des Wortes und der Furcht vor dem freien Wort erkennen, damit im Grunde die Macht, die dem Wort von den Nationalsozialisten beigemessen wurde.

Wenn in diesem Buch von der »Macht der Worte« gesprochen wird, dann einmal im Sinne von Worten, die sich kritisch gegen das System oder bestimmte Erscheinungsformen und Personen richteten, zum anderen aber Worte als Denunziationen. Worte, mit denen die Denunzianten selbst Macht ausübten oder auszuüben versuchten; Worte aber auch, die nur dann wirksam werden konnten, wenn Institutionen des NS-Systems sie aufgriffen und zu Delikten werden ließen.

Damit sind zwei Themen berührt, die in jüngerer Zeit intensiv diskutiert worden sind. Das eine betrifft die Haltung der Bevölkerung. Hatte bisher das Interesse vor allem der Person Hitlers und seinen Ideen oder aber Strukturen des NS-Systems gegolten, so sind in den letzten Jahren zunehmend die Haltung und die Mitwirkung der Bevölkerung ins Blickfeld getreten. Die Frage nach der Mittäterschaft der Bevölkerung betrifft nicht nur die Themen Antisemitismus und Judenmord. »Willige« Helfer des Systems gab es auf vielen Gebieten; sie betätigten sich nicht zuletzt auf dem der Denunziationen.

Sicher war nicht jedem bewußt, was er mit seiner Denunziation auslöste und bewirkte. Sicher handelte auch nicht jeder aus politischen Motiven, wenngleich auch politischer Fanatismus ein Beweggrund sein konnte. Im Gegenteil versuchten manche das System für ihre persönlichen Zwecke zu benutzen: aus Geltungsbedürfnis, um persönlicher Vorteile willen, aus Karrierestreben, aus Rache und aus vielen anderen Gründen. Alle aber taten es in dem deutlichen Bewußtsein und Willen, anderen auf diese Weise zu schaden. Insofern suchten sie mit dem Wort, dem anonymen oder unterzeichneten Denunziationsbrief oder der Anzeige bei Behörden der Partei und des Staates, geliehene Macht auszuüben.

Ein anderer Aspekt betrifft die Rolle der Gestapo, die in vielen Fällen unmittelbarer Adressat der Denunziationen war oder an die sie zumindest weitergeleitet wurden. Forschungen aus jüngerer Zeit haben deutlich gemacht, daß – gerade im Vergleich mit der Staatssicherheit der DDR – die Gestapo einen verhältnismäßig bescheidenen Apparat hatte. Bereits von daher war sie gar nicht imstande, eine umfassende Überwachung der gesamten Bevölkerung zu gewährleisten. Das aber bedeutet nicht, daß die Gestapo nicht sehr effizient und daß das System des nationalsozialistischen Terrors nicht sehr wirksam gewesen wäre. Gerade weil die Gestapo in ihren Aktionen nicht berechenbar war, weil sie jederzeit eingreifen konnte, weil man nicht wußte, was ein Schreiben der Gestapo oder ein Verhör im EL-DE-Haus bedeuten konnte, gingen Schrecken davon aus. Denunziationen waren für die Gestapo eine der zentralen Informationsquellen über nichtkonformes Verhalten. Die »Zufälligkeit« des dadurch ausgelösten Eingreifens vergrößerte noch die Furcht vor ihr. Freilich wollte sich die Gestapo auch nicht für persönliche private Interessen instrumentalisieren lassen. Denunziationen mußten, wenn sie wirksam sein sollten, zumindest den Stempel des Politischen tragen.

Denunziationen im lokalen Rahmen und in konkreten Einzelfällen lassen vielfache Brechungen und persönliche Verstrickungen sichtbar werden, die bei genereller Analyse rasch aus dem Blickfeld geraten. Zugleich wird damit deutlich, welche einschneidenden Konsequenzen derartige Denunziationen für das Leben und das Schicksal einzelner Personen haben, wie sehr andere davon profitieren konnten.

Grundlage für die Untersuchung der Denunziationsfälle bilden neben den Sondergerichtsakten bis 1945 die Unterlagen der Nachkriegsjustiz. Gerade die Versuche, im Rahmen der Rechtsprechung das in der NS-Zeit begangene Unrecht zu sühnen, lassen auf erschreckende Weise deutlich werden, wie hilflos und unfähig, aber auch, wie befangen die Justiz nach 1945 dem Unrecht des nationalsozialistischen Regimes gegenüberstand.

Die »Macht der Worte« kennzeichnet somit nicht zuletzt das Problem der Verstrickung auch einfacher Menschen in ein totalitäres System.

HORST MATZERATH

Einleitung

»Wäre totalitäre Herrschaft nichts anderes als eine moderne Form der Tyrannis, so würde sie sich gleich ihr damit begnügen, die politische Sphäre der Menschen zu zerstören, also Handeln zu verwehren und Ohnmacht zu erzeugen. Totalitäre Herrschaft wird wahrhaft total in dem Augenblick [...], wenn sie das privat-gesellschaftliche Leben der ihr Unterworfenen in das eiserne Band des Terrors spannt. Dadurch zerstört sie einerseits alle nach Fortfall der politisch-öffentlichen Sphäre noch verbleibenden Beziehungen zwischen den Menschen und erzwingt andererseits, daß die also völlig isolierten und voneinander Verlassenen zu politischen Aktionen (wiewohl natürlich nicht zu echtem politischen Handeln) wieder eingesetzt werden können. [...] Die Zerstörung der Pluralität, die der Terror bewirkt, hinterläßt in jedem einzelnen das Gefühl, von allen ganz und gar verlassen zu sein.«[1]

Jede Auseinandersetzung mit dem Nationalsozialismus dreht sich letztlich um die Frage, wie geschehen konnte, was geschehen ist. In der Geschichtsforschung hat sich gezeigt, daß keine ausreichende Antwort darauf zu finden ist allein durch die Analyse des Machtapparates, seiner Bestandteile und ihrer Arbeitsweise. Sie muß ergänzt werden durch die Untersuchung des Verhaltens der verschiedenen Bevölkerungsgruppen und ihres Alltags. Zu fragen ist dabei nach den Wechselwirkungen zwischen den Erwartungen des Regimes und denen der Bevölkerung, nach dem Gegen- und Miteinander der Interessen beider Seiten.

Hannah Arendt hat, wie das vorweggestellte Zitat zeigt, sehr früh und sehr deutlich herausgearbeitet, daß der Nationalsozialismus nicht nur im Ausmaß seiner Gewaltverbrechen, sondern auch im Ausmaß seines Anspruchs auf die Beherrschten neue Dimensionen erreichte. Das Eindringen in traditionell als ›privat‹ empfundene Räume und Beziehungen und deren Kontrolle waren

Ziele des Regimes. Auch wenn es diese Ziele nicht völlig erreichte, kam es ihnen doch nahe, so daß es die voneinander isolierten ›Volksgenossinnen und Volksgenossen‹ massenhaft in seinem Sinne einsetzen konnte.

Die nationalsozialistische Gesellschaft war doppelt gekennzeichnet durch den Lärm und die Stille, oder besser gesagt: das Schweigen. Das ›Dritte Reich‹ entstand, existierte und stürzte sich in den Untergang mit Marschmusik und jubelnden Menschenmassen, mit Fanfaren, Sondermeldungen, Reden des ›Führers‹, Kommandogebrüll und Wunschkonzerten, mit Fensterklirren und brennenden Synagogen, dem Krach der Flugzeuge, Panzer und Bomben. Ein allgegenwärtiges Getöse, das in jedes Wohnzimmer Deutschlands und dann in jeden Winkel Europas dringen sollte. Dieser Lärm aber durfte nur auf Befehl losbrechen, er war Teil der Selbstinszenierung des Regimes noch in der Niederlage. Die einzelnen ›Volksgenossinnen und Volksgenossen‹ hatten nur laut zu sein als Teil der Masse, im Marschtritt der SA-Kolonnen oder im jubelnden Publikum bei Auftritten Hitlers. Einzelnen war Lautstärke nur gestattet, wenn sie ihnen vom Regime verliehen worden war: Das Kommandogebrüll der zahllosen ›Unterführer‹ hatte nichts mit Individualität zu tun, sondern war erforderlich, um den Lärm der Vielen, ob Soldaten, BDM-Mädchen oder Sportpalastpublikum, zu ordnen. Ihm gegenüber stand die Totenstille und das verordnete, erzwungene oder bereitwillige Schweigen, dessen Durchsetzung ein Thema dieses Buches ist.

Als Teil der geforderten absoluten Loyalität verlangte das Regime von den ›Volksgenossinnen und Volksgenossen‹, über eine große Zahl von Themen nicht oder nur in der Weise zu sprechen, die den Meinungen und Wünschen der Machthaber entsprach. Die Verhaftung der kommunistischen Kollegin, der plötzliche Tod eines behinderten Verwandten, das ›Verschwinden‹ der jüdischen Nachbarin, die deutlichen Anzeichen der Kriegsvorbereitung, die militärischen Niederlagen, die Probleme bei Rüstungsproduktion und Lebensmittelversorgung, der Bombenkrieg, der Umgang mit den ZwangsarbeiterInnen,[2] die Vernichtungslager: Diese und viele weitere Ereignisse und Entwicklungen durften nicht oder nur in äußerst eng gezogenen Grenzen erörtert werden. Wer nicht bereit war, die Grenzen zu beachten, oder wer ihre Verbindlichkeit falsch einschätzte, wurde mit Sanktionen bis hin zur Todesstrafe bedroht.

Denunziationen, die Anzeigen politisch unerwünschten Redens oder Handelns anderer durch Privatpersonen, hatten dabei eine doppelte Bedeutung: Sie waren ein von Staat und NSDAP gefördertes und gefordertes Mittel auf dem Weg der Isolierung aller von allen durch die Angst voreinander. Gleichzeitig bildeten sie zusammen mit anderen, im ›Dritten Reich‹ gängigen Verhaltensweisen die breite Basis alltäglicher Amoralität und Verbrechen, die das gesellschaftliche Klima schufen, in dem schließlich die Planung und Durchführung des Krieges und der Vernichtungslager möglich wurden.

Der Versuch des Regimes, die Trennung zwischen ›persönlich‹ und ›öffentlich‹, ›Privatleben‹ und ›Politik‹ aufzuheben, hatte keinerlei emanzipatorischen Charakter. Es ging vielmehr um die Vergesellschaftung der vielen Einzelnen durch politische und kulturelle Gleichschaltung, durch Propaganda und den Aufbau der Massenorganisationen. Die ehemaligen BürgerInnen sollten, soweit sie als ›arisch‹ und ›erbgesund‹ galten, zu ›Volksgenossinnen und Volksgenossen‹ werden, die den Staat, die NSDAP und die nationalsozialistischen Denk- und Verhaltensnormen bereitwillig in ihre vormalige Privatsphäre hineinließen und andere zum gleichen Verhalten zwangen.

Diesen Zwang übten die ›Volksgenossinnen und Volksgenossen‹ nicht nur indirekt durch gesellschaftlichen Konformitätsdruck aus. Sie konnten auch durch die Denunziation abweichenden Verhaltens direkt eingreifen und letztlich (auch wenn die Motive zu einer Anzeige meist andere waren) zur Durchsetzung nationalsozialistischer Normen beitragen. Denunziationen bzw. die Angst davor waren deshalb das wahrscheinlich effektivste Mittel, soziale Kleinräume zum Regime hin zu öffnen, in den Staatsaufbau zu integrieren und seinen weitergehenden Zielen, der Eroberung von ›Lebensraum‹ und der Vernichtung bzw. Unterwerfung anderer ›Rassen‹, dienstbar zu machen. Werkhallen, Hausflure, die Kneipe an der Ecke, die Bäckerei im Nebenhaus, das Büro und das Wohnzimmer wurden den Menschen entfremdet durch die ständige Gefahr, nach einer unbedachten Handlung oder Äußerung von der Solidarität der Anwesenden abhängig zu sein und eventuell dem nationalsozialistischen Machtapparat ausgeliefert zu werden.

Es geht in dem vorliegenden Buch um die Frage, wie sich die weder zu den prinzipiell verfolgten Gruppen, noch zu den höheren FunktionärInnen gehörenden Deutschen nach 1933 mit dem Staat arrangierten. Wie reagierten sie auf die Zumutungen und die Möglichkeiten der nationalsozialistischen Diktatur in ihren sozialen Beziehungen? Mit welchen Beiträgen wollten sie das Regime unterstützen oder glaubten, es unterstützen zu müssen, welche Handlungsspielräume sahen sie für sich selbst und wie versuchten sie, ihr ›Privatleben‹ gegen die NS-Politik oder mit ihrer Hilfe zu gestalten? In welchen Situationen nahmen sie das ›Denunziationsangebot‹ des Staates an, und wie veränderten sich durch dieses Angebot und das allgemeine Wissen darum Macht- und Kommunikationsstrukturen in sozialen Kleinräumen?

Diesen Fragen wird nachgegangen anhand von Justizakten, die als Folge von Denunziationen entstanden sind. Sie enthalten neben den Vernehmungen der Beschuldigten zahlreiche Aussagen von Zeuginnen und Zeugen. Da sich die Vorfälle in sozial, zeitlich und örtlich überschaubaren Strukturen abspielten, können dichte Schilderungen von Erwerbsarbeits-, Nachbarschafts- und Familienmilieus entstehen. Deutlich wird aus diesen Beschreibungen das Funktionieren der Diktatur im Alltag durch das Mitwirken derer, die dem Machtapparat nicht oder nur an untergeordneter Stelle angehörten. Ebenso werden die Instrumentalisierung nationalsozialistischer Strukturen für private Interessen erkennbar sowie die nicht aufzulösende Verbindung aus Angst vor dem Terror einerseits, normalem Alltagsleben und Arrangement mit dem Apparat andererseits. Diese Wechselwirkungen interessieren hier. Wie erlebten die Menschen das ›Dritte Reich‹, welches Verhalten Staat und Partei gegenüber erschien ihnen angemessen? Welchen Einfluß nahm die Diktatur auf die Alltagsbeziehungen, und wo wurden die Möglichkeiten der Diktatur für den Alltag ausgenutzt? Ab welchem Punkt erschien den Beteiligten ein privater Streit nicht mehr privat lösbar, und inwieweit ließ sich der Machtapparat von Staat und Partei einschalten?

Auch wenn zu diesen Fragen quantitative Untersuchungen wichtige Ergebnisse liefern, kann die hier vorgelegte ausführliche Darstellung und Analyse von Einzelfällen intensive Einblicke und weitgehende Erkenntnisse ermöglichen. Sie ist außerdem hoffentlich spannend zu lesen, denn sie konfrontiert mit alltäglichen Beziehungen und Konflikten und lädt ein zur Reflexion über das mögliche eigene Verhalten in der entsprechenden Situation.

Vorweg werden die nationalsozialistischen Normen und der Machtapparat insoweit erläutert, als es für das Verständnis der Abläufe notwendig ist. Bei der dann folgenden Schilderung der Einzelfälle werden nicht nur der Alltag der ›Privatleute‹ und deren Beziehungen zu diesem Apparat, sondern dessen konkrete Arbeitsweise deutlich werden. Dabei erweist sich das Vorgehen der auf unterer Ebene angesiedelten FunktionärInnen und Gestapobeamten und das Verhalten der einfachen ›Volksgenossinnen und -genossen‹ nicht ausschließlich feindselig gegeneinander gerichtet, die Beziehungen zwischen den beiden Personengruppen nicht als einseitig von der Initiative der FunktionärInnen und Beamten abhängig und lediglich durch das Machtgefälle geprägt. Verhalten und Beziehungen erscheinen vielmehr als ein vielfältiges, durch teilweise gegenläufige, teilweise gleiche und teilweise füreinander nutzbare Interessen geprägtes Geflecht, dessen Gerüst allerdings die größere Macht der FunktionärInnen und Polizeibeamten war.

Hinsichtlich ihres Einflusses auf den Staat und die Gesellschaft lebten die ›Volksgenossinnen und Volksgenossen‹ im NS-Deutschland in einer widersprüchlichen Situation. Sie hatten alle politischen Rechte der Staatsbürgerinnen und -bürger der Weimarer Republik verloren und erlebten mit, wie zahllosen Menschen jegliche Menschenrechte entzogen wurden. Sie wurden in Massenorganisationen eingebunden, in denen einige zwar Karriere machten, die meisten Mitglieder aber Befehlen zu gehorchen hatten. Dennoch waren sie nicht machtlos. Das Regime brauchte die Zustimmung der Bevölkerung. Die Führung war in den Kriegsjahren geradezu panisch bemüht, Mißstimmungen zu vermeiden. Daneben schuf die Möglichkeit, politisch unerwünschte Verhaltensweisen anderer anzuzeigen, den Einzelnen die Illusion, an der staatlichen Macht teilhaben zu können – eine Illusion deshalb, weil es dem Regime, wenn es die Angezeigten verfolgte, weniger um deren Bestrafung ging als vielmehr um die Disziplinierung des Umfeldes, letztlich also der Gesamtbevölkerung einschließlich der DenunziantInnen.

Zwei Lücken in der bisherigen Forschung zu Denunziationen im Nationalsozialismus wird diese Veröffentlichung nicht schließen können: Bei der Untersuchung der Handlungsabläufe und Beziehungsgeflechte, in denen es zu einer politischen Anzeige kam, läßt sich mit geschichtswissenschaftlichen Methoden nur ein Teil der Arbeit leisten. Sie müßte ergänzt werden durch psychologische bzw. psycho-historische Ansätze, um die es inzwischen auch erste Bemühungen gibt.[3]

Auf diesem Weg sind vielleicht auch Ergebnisse zu gewinnen in der Frage, warum von vielen Menschen *nicht* denunziert wurde, obwohl ihnen eine Anzeige Vorteile gebracht hätte, sie sich als überzeugte NationalsozialistInnen verstanden oder sie in ausgeprägter Feindschaft mit der anderen Person lebten.

Eine dritte Einschränkung der Reichweite der Untersuchung ergibt sich aus der regionalen Begrenzung des verwendeten Materials. Es werden Vorgänge beschrieben, die sich in Köln zwischen 1935 und dem Ende des ›Dritten Reichs‹ abspielten. Die Beteiligten waren geprägt durch das Leben in der Großstadt, in der teilweise noch enge, jedoch durch Modernisierung und die Eingriffe des NS-Regimes angegriffene Milieus in Nachbarschaft oder Betrieb bestanden. Ab 1941 bestimmte der Krieg mit seinen Folgen für Köln das Leben der Bevölkerung in erheblichem Maße. Viele der im folgenden geschilderten Strukturen und Ereignisse sahen in einer Kleinstadt oder in nicht von Bomben bedrohten ländlichen Gebieten anders aus und spielten sich in anderer Weise ab.

Das Buch wendet sich nicht in erster Linie an wissenschaftliche LeserInnen, sondern an ein allgemein am Nationalsozialismus bzw. an der Geschichte Kölns interessiertes Publikum. Es ist zu hoffen, daß in den Beschreibungen der sieben Einzelfälle die Milieus und die handelnden Personen lebendig und nachvollziehbar werden. Das Verhalten und mögliche Handlungsmotive der Denunzierten und der DenunziantInnen soll genau betrachtet und differenziert wiedergegeben werden, so daß sie in Zusammenhänge eingeordnet und nachvollziehbar werden können. Damit sollen die Unterschiede zwischen denen, die eine andere Person der Gestapo auslieferten, und denen, die die Folgen zu erleiden hatten, nicht verdeckt werden. Es ist jedoch weder für die Analyse des ›Dritten Reichs‹ noch bei dem Bemühen, ähnliche Regime zu verhindern, hilfreich, wenn die TäterInnen und die Opfer hinter diesen Begriffen verschwinden und (im Falle der Opfer zum zweiten Mal) ihre Individualität mißachtet wird. Derlei Vereinfachungen der nationalsozialistischen Gesellschaft und der in ihr bestehenden Beziehungen schließen immer auch eine bewußte oder unbewußte Verharmlosung der nationalsozialistischen Politik ein. Das vorliegende Buch soll zur Auflösung solcher Vereinfachungen beitragen. Es soll die Macht der Worte zeigen am Schicksal derer, die das Schweigen verweigerten, und anhand der Interessen jener, die es verteidigten.

Denunziationen in der NS-Gesellschaft

In diesem ersten Kapitel werden die Strukturen dargestellt, innerhalb derer politische Denunziationen ihre Wirkung entfalten konnten. Aufbau und Arbeitsweise von Gestapo und Sondergerichten, die Rolle der NSDAP und der Inhalt der Gesetze und Verordnungen, mit denen abweichende politische Meinungen unter Strafe gestellt wurden, sollen ebenso verständlich gemacht werden wie die bisherigen Ergebnisse und Thesen der Forschung, an die die vorliegende Arbeit anknüpft.

Der Machtapparat und die Bevölkerung

Nach den rassistischen Grundsätzen des Nationalsozialismus zählten alle als ›nicht-deutsch‹ bzw. ›nicht-arisch‹ definierten Menschen nicht zur ›Volksgemeinschaft‹. Als ›minderwertig‹ und deshalb ebenfalls nicht erwünscht galten auch diejenigen, die als ›behindert‹, ›erbkrank‹ oder ›asozial‹ eingestuft wurden. Sie alle gefährdeten die ›Rassereinheit‹ und ›Volksgesundheit‹ und damit die Überlebens- und Herrschaftsfähigkeit der verbleibenden ›erbgesunden‹, ›arischen‹ Bevölkerung. Nach der Logik des Regimes waren sie deshalb zu isolieren und zu vernichten.

Zur Herrschaftsabsicherung und Kontrolle des Denkens und Handelns der ›Volksgenossinnen und -genossen‹ mußten darüber hinaus alle ideologischen GegnerInnen aufgespürt und unschädlich gemacht werden. Als Staatsfeinde und ›Gemeinschaftsfremde‹ galten dabei nicht nur politisch oder religiös motivierte Oppositionelle. Vielmehr stellte »jede von der nationalsozialistischen Ideologie abweichende Meinung, jede Skepsis oder jedes Mißtrauen gegen das Herrschaftssystem [...] einen Angriff auf die ›Volksgemeinschaft‹ dar. Jede abweichende Verhaltensweise mußte um so stärker bekämpft werden, je rigider die Normen des NS-Regimes durchgesetzt wurden. Selbst ›kleine Nörgler‹ und ›Miesmacher‹ hatten keinen Platz in der Gemeinschaft und mußten gewaltsam ausgeschaltet werden, wobei die Klassifizierung willkürlich erfolgte. Das Vorgehen gegen wirkliche oder potentielle Gegner, überhaupt gegen die Menschen, die ›Treubruch‹ begingen, sollte die Verhaltenskonformität der Gesamtbevölkerung sichern.«[4]

Die vorhandene Loyalität der Bevölkerungsmehrheit, die mit der Ideologie und/oder der Politik der Regierung einverstanden war oder davon profitierte, konnte in den Augen der führenden Funktionäre keine ausreichende Basis zur Verwirklichung ihrer rassistischen Eroberungsziele sein. Absolute Herrschaft kann sich nicht mit der Zustimmung *vieler* und dem Gehorsam der *meisten* zufrieden geben. Dies würde bedeuten, Vorbilder und Kristallisationspunkte anderen Denkens bestehen zu lassen. Im nationalsozialistischen Welt- und Menschenbild konnte anderes, eigenständiges Denken nur als feindselig, als Quelle widerständigen Handelns aufgefaßt werden.

Bei der Frage, wie die Gleichschaltung der Gedanken und die Bestrafung von Abweichlern und KritikerInnen durchgesetzt wurde, stand sowohl in der Forschung als auch in der allgemeinen Öffentlichkeit lange Zeit der Verweis auf die vom Staat und der NSDAP aufgebauten Propaganda-, Kontroll- und Terrorinstrumente im Vordergrund. Dabei wurde unausgesprochen vorausgesetzt, daß ›die Bevölkerung‹ deren psychischem und physischem Druck passiv ausgesetzt gewesen war. Die ›einfachen Leute‹ und der Herrschaftsapparat wurden als weitgehend verbindungslos einander gegenüberstehende Gruppen gedacht. Dieses lange dominierende Modell der nationalsozialistischen Gesellschaft diente zur Entlastung aller Deutschen, die keine (leitende) Position im NS-Staat eingenommen hatten.

Als sich die Geschichtsforschung verstärkt der Untersuchung des Alltags zuwandte, blieb die beschriebene Zweiteilung aus anderen Gründen zunächst erhalten. In Abwendung von der traditionellen Herrschaftsgeschichte und Organisationsanalyse wurde vor allem nach widerständigem Verhalten sowie resistenten Lebensformen und Gruppen gesucht. Dabei konnte gezeigt werden, daß es viele Menschen aus verschiedenen Milieus auf unterschiedliche Weise verstanden, sich der Gleichschaltung des Denkens und Handelns mehr oder weniger weitgehend zu entziehen oder sogar Widerstand zu leisten. Aufgrund dieses Interessenschwerpunktes der Alltagsgeschichte erschienen die AmtsträgerInnen von Staat und NS-Organisationen als Agenten einer fremden Macht, die den ohnehin beschwerlichen Alltag der Bevölkerung durch ihre Forderungen noch mühsamer machten bzw. brutal ihre politisch oder rassistisch definierten GegnerInnen verfolgten. Die Rolle der regimeloyalen, teilweise begeisterten ›Volksgenossinnen und Volksgenossen‹ und der zahlreichen FunktionärInnen der unteren Ebenen, die deren Lebensbedingungen teilten, wurde durch eine solche Sichtweise ausgeklammert. Der ›Terror‹ wurde vom ›Alltag‹ getrennt, obwohl doch ihre Verwobenheit ein Kennzeichen der NS-Gesellschaft war.[5]

Spätestens seit der Mitte der 80er Jahre hat sich in der Geschichtsforschung ein anderer Ansatz entwickelt. Einerseits wurde in der Frauenforschung zum Nationalsozialismus, andererseits in Untersuchungen der konkreten Arbeitsweise des Herrschaftsapparates auf regionaler und lokaler Ebene danach gefragt, ob das Modell der antagonistischen Gruppen ›Bevölkerung‹ und ›Regime‹ realistisch war. Aufgrund von Verdrängungen und Wahrnehmungsblockaden haben sowohl die Forschung als auch die Öffentlichkeit der Massenmedien lange gezögert, eine Erkenntnis zu übernehmen, die für Hitler und seine Führungsclique selbstverständlich und handlungsbestimmend war: Die nationalsozialistische Verbrechenspolitik ließ sich nicht mit einer passiven Bevölkerung verwirklichen; über die begeisterten AnhängerInnen hinaus brauchte sie möglichst viele Menschen, die überzeugt oder opportunistisch genug waren, die Anweisungen des Machtapparates mit Eifer zu befolgen – oder die sich zumindest durch Zwang und Angst dazu bringen ließen, gründlich und ohne Zögern ihre ›Pflicht zu erfüllen‹. Seitdem sich dieses Bewußtsein in der Forschung durchgesetzt hat, steht die Analyse der Beziehungen zwischen den Organisationen und Angehörigen des Herrschaftsapparates und den formal nicht in ihn eingebundenen Bevölkerungsteilen im Mittelpunkt des Forschungsinteresses.[6]

Neuere Arbeiten haben gezeigt,[7] daß die politisch begründeten Anzeigen von Privatleuten wegen angeblich oder tatsächlich regimefeindlichen Reden oder Handlungen anderer im »Dritten Reich [...] zum zentralen Bindeglied zwischen Staat und Bevölkerung« wurden.[8] Die Massenhaftigkeit politischer Denunziationen bedeutete, daß sich der nationalsozialistische Terror »von einem polizeilichen in ein gesellschaftliches Phänomen [verwandelte], und diese Verwandlung markiert genau die Ursache dafür, daß die seit 1945 versuchte ›Bewältigung‹ der faschistischen Periode so schwierig ist. Das Problem ist nämlich nicht der Terror an sich, sondern der konsensuale Rahmen, in dem sich dieser Terror vollziehen konnte.«[9]

Der konsensuale Rahmen, d.h. die ideologisch oder pragmatisch begründete Zustimmung der Bevölkerungsmehrheit, war Voraussetzung für die Systematisierung und Steigerung des in den ersten Monaten von ›Abrechnungen‹

und ›wilden KZs‹ geprägten Terrors. Der organisierte, bürokratisierte und dennoch im Einzelfall unberechenbare Terror wiederum wirkte nicht nur gegen tatsächliche RegimegegnerInnen, sondern disziplinierte ebenso jene, die sich als unpolitisch oder als überzeugte NationalsozialistInnen verstanden. Es entstand ein Kreislauf, in dem die Bevölkerung an ihrer ständig verbesserten Kontrolle und Unterdrückung nicht nur durch Wegsehen und Schweigen, sondern durch gegenseitige Denunziationen und die Angst davor mitwirkten. Umgekehrt hätten die Anzeigen nicht wirksam werden können ohne das »strukturelle Denunziationsangebot« (Bernward Dörner) des Staates, der die Hemmschwelle zur Erstattung von Anzeigen senkte, sie akzeptierte und ihnen nachging: »Wenn Denunziationen aus der Bevölkerung Verfolgungen durch die Gestapo [auslösten], so setzte das voraus, daß sie Opfergruppen betrafen, die bereits durch die zentralen Vorgaben hinreichend bestimmt waren, bzw. unter eine Kategorie zu verfolgender Sachverhalte [fielen].«[10]

Unter ›Denunziation‹ wird in diesem Buch die freiwillig erstattete Anzeige bei einer staatlichen Behörde, bei einer Einrichtung der NSDAP oder einer ihrer Untergliederungen verstanden. Mit der Anzeige wurden Einstellungen oder Verhaltensweisen anderer gemeldet, die tatsächlich oder angeblich von den nationalsozialistischen Normen abwichen. In seinem totalen Herrschaftsanspruch erklärte das Regime zahlreiche Taten zu Vergehen oder Verbrechen, die mit traditionellen polizeilichen Mitteln kaum zu entdecken und zu unterbinden waren. Abfällige oder kritische Äußerungen über die Regierung, die NSDAP oder den Kriegsverlauf, (Liebes-) Beziehungen zwischen jüdischen und nicht-jüdischen Menschen, das Hören ausländischer Rundfunksender und andere ›Delikte‹ entzogen sich üblichen polizeilichen Ermittlungsmethoden. Sie konnten dem Staat nur zufällig oder durch Denunziationen anderer bekannt werden. Wenn das Regime seine Normen durchsetzen wollte, mußte es die ›Volksgenossinnen und Volksgenossen‹ zur Denunziation ermutigen und einen Apparat zur Aufnahme, Weiterleitung und Bearbeitung der Anzeigen bereitstellen. Die wichtigsten Teile dieses Apparates werden im folgenden erläutert.

Die Gestapo

Die Geheime Staatspolizei war das wichtigste innenpolitische Kontrollinstrument des NS-Regimes. Zu ihren umfangreichen Aufgaben gehörten die Ermittlungen in der Folge politischer Anzeigen.

Obwohl ihre Arbeit viele tausend Menschen das Leben kostete und zahllose rassistisch und politisch Verfolgte in Gefängnisse und Konzentrationslager brachte, war die politische Polizei keineswegs allgegenwärtig, allwissend und allmächtig, perfekt ausgebildet und in ihrem Vorgehen frei von bürokratischen oder machtpolitischen Hemmnissen. Vielmehr litt »auch die Gestapo – fast wäre man versucht zu sagen: wie jede andere Behörde auch – an Unterbesetzung, Unterausstattung und unzureichender Qualifikation ihrer Mitarbeiter.«[11] Eine solche Feststellung meint nicht, daß die Gestapo handlungsunfähig und der Schrecken, den sie verbreitete, unberechtigt gewesen wäre. Der auf sie zugeschnittene institutionelle und juristische Rahmen sowie die Zuarbeit anderer Organisationen und der Bevölkerung versetzte sie vielmehr in die Lage, trotz der genannten Probleme ihre Macht auszudehnen.[12] Die Angst vor der politischen Polizei nahm dieser viel von ihrer Arbeit ab, indem sie die Menschen zu systemloyalem Verhalten bewog, zu Denunziationen verleitete und zu Geständnissen brachte.

Die strukturellen Schwächen der Gestapo und ihr furchterregender Ruf wuchsen in den Kriegsjahren weiter an. Gleichzeitig nahmen ihre Aufgaben durch Kriminalisierung immer weiterer Verhaltensweisen und Bevölkerungsgruppen sowie die Überwachung der eroberten Gebiete zu. Die Personalstärke und -qualifikation in den einzelnen Staatspolizeistellen sank durch Versetzungen in die unterworfenen Länder und das Nachrücken schlechter ausgebildeter Beamter. Diese gingen aufgrund ihrer fachlichen Überforderung, der durch die Kriegsfolgen erschwerten Arbeitsbedingungen und des wachsenden Erfolgszwangs immer willkürlicher und brutaler vor. »Aus den Unzulänglichkeiten der Gestapo resultierte darum keine Abschwächung des Terrors [...]. Es waren deshalb nicht zuletzt die strukturellen Schwächen des Terrorsystems, die zu seiner zunehmenden Radikalisierung beitrugen [...]. Aus der Sorge um die Ausmerzung immer neuer Gefahrenherde ergaben sich zusätzliche Aufgaben, weitere Überforderung und entsprechend wachsende Paranoia.«[13]

In der Weimarer Republik unterstand die Polizei den Länderregierungen, die jeweils Abteilungen für politische Vergehen eingerichtet hatten. Daraus entstand seit Februar 1933 die Gestapo, die aus den Vorgängerbehörden nicht nur zahlreiche Beamte, sondern auch »die Fixierung auf National- und Obrigkeitsstaat, den Traditionskanon der Sekundärtugenden, die Vergötterung von Ruhe und Ordnung« übernahm.[14] Teilweise lebte sogar, entgegen den Absichten der Führung, die Mentalität des sich unpolitisch sehenden Beamten fort. Wenngleich für eine Karriere die Mitgliedschaft in der NSDAP unerläßlich war, blieben doch bis in den Krieg hinein viele der unteren und mittleren Gestapobeamten und -angestellten der Partei fern. Auch der Eintritt in die SS, der später gefordert und weitgehend durchgesetzt wurde, war bis 1939 erst von etwa 15% des Personals vollzogen worden.[15]

Die Gestapo hatte in den Augen ihrer Führung jedoch nicht nur das Problem, daß zahlreiche Mitarbeiter die angeblich bequeme und unpolitische Beamtenmentalität der ›Systemzeit‹, also der Weimarer Republik, mitbrachten. Sie war darüber hinaus chronisch unterbesetzt. Robert Gellately hat die Personalstärke für Teile Westdeutschlands ermittelt. Er nennt für die Staatspolizeistelle (›Stapostelle‹) Köln 79 Beamte, für Essen und Wuppertal je 43, für Duisburg 28, Oberhausen 14, Gelsenkirchen 12, Mönchengladbach 11, Recklinghausen 8 und Bottrop 4 Beamte. Sie waren für die jeweiligen Städte und deren Umland zuständig. In den übergeordneten Dienststellen in Münster arbeiteten 81, in Düsseldorf 126 Beamte. »In den meisten kleineren Städten und praktisch sämtlichen Dörfern fehlten reguläre Gestapobeamte [...]. Im übrigen handelte es sich vielerorts bei den offiziell als Gestapo-›Mitglieder‹ geführten Männern nicht immer um hauptamtlich tätige Beamte, sondern vielfach um Verwaltungsbedienstete, die neben zahlreichen anderen Aufgaben auch die lokalen Funktionen der politischen Polizei versahen.« Nach Schätzungen arbeiteten Ende 1944 rund 32.000 Personen für die Gestapo, davon jedoch nur ungefähr die Hälfte im eigentlichen polizeilichen Ermittlungsdienst.[16] Unterstützt wurden die Beamten von InformantInnen und sogenannten V-Leuten. Diese Spitzel lieferten einmalig oder über längere Zeiträume gegen Geld Informationen oder wurden zu ihren Diensten von der Gestapo erpreßt. Über die Zahl der Gestapo-Informantinnen und Informanten kann nur spekuliert werden, doch dürfte sie weitaus niedriger gelegen haben, als es den ZeitgenossInnen erschien. Der weitverbreitete Glaube, daß sozusagen hinter jeder Ecke ein Spitzel stehe und der Gestapo Bericht erstatte, war falsch.[17]

Unter der Leitung fanatischer Nationalsozialisten und technokratischer Karrieristen war all dies kein Hindernis, zu einem der wichtigsten Machtfaktoren unter den rivalisierenden Gruppierungen des ›Dritten Reichs‹ zu werden. Mit dem Gestapo-Gesetz vom Februar 1936 wurde festgeschrieben, daß es Aufgabe der Geheimen Staatspolizei sei, »alle staatsgefährlichen Bestrebungen im gesamten Staatsgebiet zu erforschen und zu bekämpfen.« Um sie von der Kontrolle der durch die NSDAP-Führung stets mißtrauisch betrachteten Justiz unabhängig zu machen, entzog das Gesetz die »Verfügungen und Angelegenheiten« der Gestapo der Kontrolle der Verwaltungsgerichte.[18] Die politische Polizei legte außerdem faktisch selbst fest, was als staatsgefährliche Bestrebungen anzusehen war. Da sie zudem die Verhafteten oft ohne Einschaltung der Justiz in ›Schutzhaft‹ hielt oder in Konzentrationslagern verschwinden ließ, glich sie die angeblichen ›Sicherheitsrisiken‹, die aus ihren Personalproblemen, ihrer Aufgabenfülle und schließlich aus den Kriegsbedingungen resultierten, durch summarisches und brutales Vorgehen aus.

Innerhalb der Gesamtorganisation war die Staatspolizeistelle Köln zuständig für den Kölner Regierungsbezirk.[19] Die Zusammenarbeit mit den verschiedenen Nachrichtendiensten der NSDAP und mit den Kreis- und Ortspolizeistellen, zu der diese verpflichtet und auf die die Gestapo außerhalb des Stadtgebietes angewiesen war, war anfangs ebenso problematisch wie die Suche nach einem geeigneten Hauptquartier. Erst mit der Anmietung des zentral gelegenen ›EL-DE-Hauses‹[20] am Appellhofplatz im November 1935 hatte die Kölner Staatspolizeistelle ihren endgültigen Sitz gefunden. Funktionsfähig und insbesondere gegen den politischen Widerstand massiv vorgehend war sie freilich schon zuvor gewesen; erhalten gebliebene Statistiken zeigen, daß sie zwischen 1934 und 1936 monatlich 30 bis 137 Personen »wegen politischer Vergehen« festnahm. Die Verhafteten wurden teilweise durch Folter und Erpressung zur Aussage gebracht. Trotz des Verbots, über die Erlebnisse während der Haft zu reden, verbreitete sich das Wissen um schreckliche, meist nicht näher benannte Vorgänge im EL-DE-Haus in der Stadt.

Erhaltene Geschäftsverteilungspläne aus den Jahren 1937 und 1942 geben zwar keine Auskünfte darüber, welchen Teilgebieten ihrer Arbeit sich die Gestapo tatsächlich intensiv widmete und welche ›Abteilungen‹ oder ›Referate‹ nur von einem Beamten mitverwaltet wurden. Sie zeigen aber den Umfang dessen, was die politische Polizei als ihre Zuständigkeit betrachtete. 1937 wurden aufgelistet: die Beobachtung oder Bekämpfung sozialistischer und kommunistischer Organisationen, katholischer und protestantischer Widerstandskreise, der EmigrantInnen, PazifistInnen, Freimaurer sowie der Personen, die staatsfeindliche Reden führten. Die Angehörigen der früheren Rechtsparteien sollten ebenso überwacht werden wie mögliche Opposition innerhalb der NSDAP. Weiterhin gehörte die Durchsetzung der Maßnahmen gegen die jüdische Bevölkerung zu den Aufgaben der Gestapo. Sie sollte Wirtschaftssabotage und Devisenvergehen bekämpfen, die ›Ruhe‹ in den Betrieben sicherstellen, Attentate verhindern, stets zu Verhaftung aller ihr bekannten Oppositionellen in der Lage sein sowie gegen Homosexuelle und Abtreibung vorgehen. Sie hatte Presse und Kunst zu überwachen und generell Widerstand gegen staatliche Anordnungen und Bestimmungen der Partei und ihrer Gliederungen zu verhindern. 1942 waren hinzugekommen die Verwaltung und Einziehung von von »volks- und staatsfeindlichem Vermögen«, Verwaltung und Verwertung von jüdischem »Umzugsgut« (d.h. des enteigneten Besitzes der Deportierten) und die Überwachung der »fremdländischen Arbeitskräfte«. Sie war außerdem zuständig für die Verfolgung von Menschen, die sich der ›Wehrkraftzersetzung‹ und des ›Defätismus‹ schuldig machten, d.h. die Kriegführung kritisierten und Zweifel am deutschen Sieg äußerten. All dies sollte in Köln 1940 von 99, 1942 von 73 Polizisten und deren Hilfspersonal (Telefonistinnen, Stenotypistinnen, Fahrer usw.) bewältigt werden.

Die Schwerpunkte der Gestapo-Aktivitäten hatten sich seit Kriegsbeginn verschoben. Während bis Ende 1939 die Bekämpfung der tatsächlichen oder angeblichen politischen GegnerInnen im Vordergrund stand, übernahm die Gestapo nun die Vorbereitung und Durchführung der Deportationen der jüdischen Bevölkerung sowie der Roma und Sinti. Daneben widmete sie sich vor allem der Kontrolle der rund 30.000 in Köln und dem Umland eingesetzten ZwangsarbeiterInnen und der Disziplinierung der ›Heimatfront‹.[21]

Die im Keller des EL-DE-Hauses eingebauten Gefängniszellen waren in den Kriegsjahren stets mehrfach überbelegt, zeitweise wurden mehr als 30 Menschen auf neun Quadratmeter zusammengepfercht. Die Gestapo-MitarbeiterInnen konnten während der Bombenangriffe im Tiefkeller oder einem eigens errichteten Bunker Schutz finden, die Gefangenen mußten in den Zellen bleiben.

Unter den ständigen Bombenangriffen und wachsenden Versorgungsproblemen brach im Herbst 1944 der Polizeibetrieb weitgehend zusammen. Der damalige Dienststellenleiter schrieb in einem Bericht vom 9. November 1944: »Köln selbst ist seit Wochen ohne Gas, Wasser, Licht und Verkehrsverbindungen [...]. Die Staatspolizeistelle Köln hat durch die Beschaffung von Aggregaten und den Besitz einer eigenen Wasseranlage weitgehend unabhängig gemacht werden können. [...] Der Dienstbetrieb wird in schwach geheizten Räumen bei teilweise offenen Fenstern und eingefallenen Zwischenmauern durchgeführt. [...] Schriftliche Vorladungen erreichen in Köln z.Zt. nicht ihr Ziel. [...] Die meldepolizeilichen Unterlagen sind vielfach vernichtet. Das Strafregister ist nicht mehr in Köln. Die alten kriminalpolizeilichen Akten gingen schon früher verloren. Anzeigender, Zeuge und Beschuldigter sind infolge Evakuierung, Ausbombung usw. oft überhaupt nicht mehr aufzufinden [...]. Die Nachrichtenmittel im Stapobereich Köln sind im allgemeinen ausgefallen. [...] Der Dienstbetrieb ist seit längerer Zeit auf Fahrräder und Pferd und Wagen umgestellt.«

Das Ende des bürokratisch geordneten Dienstbetriebs führte zwar dazu, daß einzelne Verfolgte mit dem Leben davonkamen, weil Dokumente vernichtet und ZeugInnen nicht auffindbar waren, Beschuldigte untertauchen konnten oder vor ihrer Verhaftung evakuiert worden waren. Da aber die Gestapobeamten, die durch Kollegen aus den zuvor besetzten Gebieten im Westen verstärkt wurden,[22] mit letztem Einsatz für den ›Endsieg‹ kämpften, war die Zahl ihrer Opfer gerade in den letzten Monaten nochmals sehr hoch. Im linksrheinischen Raum bis zur näherrückenden Front operierten weitgehend selbständige Außenkommandos, die mit sofortigen Erschießungen gegen tatsächliche oder angebliche ÜberläuferInnen, Deserteure, Plünderer oder WiderstandskämpferInnen vorgingen. In Köln wurden zwischen September und November 1944 große Widerstandsgruppen von Deutschen und ZwangsarbeiterInnen zerschlagen. Mehr als 900 Personen wurden dabei festgenommen, mindestens 289 Menschen zwischen August 1944 und Februar 1945 ›hingerichtet‹, also ermordet.

In den Zellen des EL-DE-Hauses, im Kölner Gefängnis ›Klingelpütz‹ und an verschiedenen anderen Orten, die als provisorische Gefängnisse genutzt wurden, wurden auch diejenigen festgehalten, deren ›Straftaten‹ der Gestapo nicht durch eigene Ermittlungen, sondern durch Denunziationen Dritter bekannt geworden waren. Der folgende Abschnitt beschreibt die Bestimmungen, auf deren Grundlage sie beschuldigt wurden, und die Gerichte, die sie, falls es zur Anklage kam, aburteilten.

Gesetze und Justiz

Bis Kriegsbeginn richteten sich Denunziationen vor allem gegen Personen, denen kritische, abfällige oder spöttische Äußerungen über die Regierung, die NSDAP, eine der Parteigliederungen oder gegen führende Funktionäre vorgeworfen wurden.

Der unmittelbar nach der nationalsozialistischen Regierungsübernahme einsetzenden Verfolgung der politischen GegnerInnen und den Presseverboten ließ die neue Regierung schon nach wenigen Wochen weitere Maßnahmen folgen, die auf die zwangsweise ›Gleichschaltung‹ auch mündlicher Äußerungen zielten. In einer Notverordnung vom 21. März 1933, der sogenannten Heimtücke-Verordnung, wurde mit Strafe bedroht, »wer vorsätzlich eine unwahre oder gröblich entstellte Behauptung tatsächlicher Art aufstellt oder verbreitet, die geeignet ist, das Wohl des Reichs [...] oder das Ansehen der

Reichsregierung oder einer Landesregierung oder der hinter diesen Regierungen stehenden Parteien oder Verbände schwer zu schädigen.«[23] Zuständig für die Aburteilung von Heimtückedelikten wurden die neu eingerichteten Sondergerichte.[24] Mit dem ›Heimtückegesetz‹ vom 20. Dezember 1934, das die Verordnung ablöste, wurden die früheren Bestimmungen ausgeweitet.[25] Zusätzlich wurde ab jetzt auch mit Gefängnis bis zu zwei Jahren bestraft, wer »öffentlich gehässige, hetzerische oder von niedriger Gesinnung zeugende Äußerungen über leitende Persönlichkeiten des Staates oder der NSDAP, über ihre Anordnungen oder die von ihnen geschaffenen Einrichtungen macht, die geeignet sind, das Vertrauen des Volkes zur politischen Führung zu untergraben. [...] Den öffentlichen Äußerungen stehen nichtöffentliche böswillige Äußerungen gleich, wenn der Täter damit rechnet oder damit rechnen muß, daß die Äußerung an die Öffentlichkeit dringen werde.«

Auf diese Weise wurden nicht nur tatsächlich regimefeindliche Positionen, sondern auch spontane Unmutsäußerungen mit Strafe bedroht. Ob jemand aus anti-nationalsozialistischer Überzeugung die Regierung grundsätzlich kritisiert hatte, ob sich jemand über einen Funktionär lustig oder einer momentanen Verärgerung Luft gemacht hatte – wenn solche Reden einer offiziellen Stelle bekannt wurden, mußten die Betreffenden mit Befragungen und Maßregelungen durch die Kreisleitung der NSDAP oder mit Vernehmungen und Sanktionen durch die Gestapo bzw. die Gerichte rechnen. Das Heimtückegesetz verfolgte jedoch nicht nur die regimefeindliche Gesinnung der SprecherInnen, sondern sollte vor allem den in ihren Reden vermuteten Zweck vereiteln, das Vertrauen der ZuhörerInnen in die Führung zu untergraben.[26] Durch die schwammigen Bestimmungen, die im Laufe der Jahre immer weiterreichend ausgelegt wurden, entstand »ein potentieller ›Täterkreis‹, der durch seine Größe und Heterogenität jede Kontur verlor.«[27] Die ›TäterInnen‹ waren polizeilich nicht zu erkennen, wenn nicht Personen aus dem unmittelbaren Umfeld deren Aussagen weitergaben. Eigentlicher Sinn des Gesetzes und der daraus folgenden Ermittlungen und Urteile waren weniger die Entdeckung und Bestrafung einzelner TäterInnen, als vielmehr ein erhöhter Konformitätsdruck auf die Gesamtbevölkerung; eine nachdrückliche Erinnerung daran, daß das Regime auf der ›Gleichschaltung‹ bestand.[28]

Die HeimtückerednerInnen, und seit Kriegsbeginn auch diejenigen, die am deutschen Sieg und an der Kriegführung Zweifel äußerten, übten »einen diffusen, aber vom Regime doch wahrgenommenen und beunruhigend empfundenen Druck aus.« Ihre Existenz und der Inhalt ihrer Bemerkungen zeigten, daß es Bereiche gab, in denen die Propaganda versagte und auch die staatlichen sozialen Maßnahmen kritische Stimmen in der Bevölkerung nicht zum Schweigen brachten.[29] Den meisten ›Heimtückereden‹ lag wahrscheinlich keine bewußt und grundlegend ablehnende Haltung zum NS-Staat zugrunde. Oft handelte es sich lediglich um spontane Unmutsäußerungen nach dem Muster ›die da oben – wir hier unten‹. Sie sind nicht zum eigentlichen Widerstand gegen den Nationalsozialismus zu rechnen, sondern gehören in den Bereich der Verweigerung und eines staatliche Anforderungen abwehrenden Verhaltens. Die harte Reaktion des Regimes war aus dessen Sicht jedoch logisch, da es richtig vermutete, daß sich bei manchen HeimtückerednerInnen der auf einen Einzelfall bezogene Unmut zu grundsätzlicher Kritik, unter Umständen auch zu Widerstand verfestigen könnte. Außerdem kann der Herrschaftsapparat einer totalitären Ideologie die Distanzierung, die in Witzen, Spott und Kritik zum Ausdruck kommt, nicht dulden: Auch wenn von den vielen vereinzelten Bemerkungen keine Umsturzgefahr ausging, zeigten sie doch noch bestehende Grenzen der Macht und eine mögliche Aufweichung der angeblich ›fest geschlossenen‹ Volksgemeinschaft.[30]

Falls die Ermittlungen in einer Heimtückesache Hinweise auf einen organisierten Hintergrund der Tat, also zielgerichteten politischen Widerstand, ergaben, wurden die Fälle als Hochverrat bzw. versuchter Hochverrat eingestuft. Sie fielen damit nicht mehr in die Kompetenz der Sondergerichte, sondern in die der Oberlandesgerichte. Ansonsten aber wurde in den folgenden Jahren die Zuständigkeit der Sondergerichte noch erweitert, so daß ab 1939 auch »weite Bereiche der schweren und mittleren Kriminalität bei den Sondergerichten zur Aburteilung kamen.«[31] Sie waren beauftragt und durch eine besondere Auswahl der Richter sowie die Verschärfung der Strafzumessungen in die Lage versetzt, harte Urteile auszusprechen. Außerdem galten für sie Verfahrensregeln, die die schnelle Abwicklung der Fälle ermöglichten. Dazu wurden die Rechte der Anklagten und ihrer Verteidigung weitgehend eingeschränkt, die Position der Staatsanwaltschaft hingegen gestärkt.[32] Diese Bestimmungen führten nicht nur zu einer fast hilflosen Stellung der Angeklagten, sondern sie begünstigten zudem die Willkür der ›Recht‹-sprechung. Die Strafen für vergleichbare ›Delikte‹ fielen von Gericht zu Gericht und auch innerhalb einzelner Kammern völlig unterschiedlich aus. Sie waren nicht zuletzt durch Vorgaben des Reichsjustizminsteriums, die jeweilige Intensität der Volksgemeinschaftspropaganda oder andere Erwägungen der politischen Opportunität bestimmt.[33]

Bis Kriegsbeginn waren die Sondergerichte fast ausschließlich mit der Aburteilung von Heimtückedelikten befaßt.[34] Allein im Jahr 1937 lagen der

Gestapo 17.168 Anzeigen wegen Verstößen gegen das Heimtückegesetz vor, in 7.208 Fällen kam es zu Anklage vor den Sondergerichten.[35]

Neben dem Heimtückegesetz förderten weitere nationalsozialistische ›Rechts‹-normen die Denunziationsbereitschaft der Bevölkerung. So verlangte das neue Beamtengesetz ausdrücklich von den Beamten, ihnen bekannt werdende staatsfeindliche Tätigkeiten zu melden.[36] Mit den sogenannten Nürnberger Gesetzen wurden 1935 sexuelle Beziehungen zwischen jüdischen und nicht-jüdischen Deutschen zur ›Rassenschande‹ erklärt,[37] im November 1941 auch die zuvor schon sanktionierten freundschaftlichen Beziehungen verboten.[38] Beide ›Tatbestände‹ waren für die Polizei kaum anders als durch Zufall (z.B. bei Ermittlungen aus anderen Gründen) oder durch Denunziationen zu entdecken.[39]

Mit Kriegsbeginn wurde der Loyalitätsdruck nochmals verschärft. Die ›innere Front‹ hatte ohne Zögern, Zweifel oder gar ›Drückebergerei‹ hinter der Führung zu stehen; gegen ›Abweichler‹ und KritikerInnen wurde mit drakonischen Strafen vorgegangen. Bei Heimtückevergehen wurde das Straftatbestandsmerkmal der Öffentlichkeit im weitesten Sinne ausgelegt und gegebenenfalls eine Ersatzöffentlichkeit konstruiert, um die Beschuldigten zu immer höheren Strafen verurteilen zu können.[40] Vor allem aber wurden unmittelbar bei Kriegsbeginn und während des Krieges neue Verordnungen erlassen und im Laufe der Jahre verschärft, die in bis dahin ungekanntem Maße das regime- und kriegsunterstützende Wohlverhalten der ›Volksgenossinnen und Volksgenossen‹ erzwingen und sichern sollten. Die wichtigsten dieser Normen, die in besonderem Maße durch Denunziationen aus der Bevölkerung überwacht wurden, werden hier nur kurz beschrieben.

Reichspropagandaminister Goebbels setzte gegen den Widerstand mehrerer Regierungskollegen den Erlaß der ›Verordnung über außerordentliche Rundfunkmaßnahmen‹ durch.[41] Darin wurden das Abhören ausländischer Rundfunksender (auch aus befreundeten oder neutralen Staaten) und vor allem die Weiterverbreitung der dort gehörten Nachrichten verboten. In besonders schweren Fällen konnten die Sondergerichte die Todesstrafe verhängen.[42]

Die Rundfunkverordnung zeigt wohl am deutlichsten das Mißtrauen der Führung gegen das Volk. Hier erweist sich, daß bei aller Großsprecherei der eigenen Ideologie, Politik und Propaganda nicht zugetraut wurde, die Bevölkerung gegen den ›zersetzenden Einfluß‹ ausländischer Sender immunisiert zu haben. Die Rundfunkverordnung zielte deutlich auf die Disziplinierung des Staatsvolkes, derer, die als ›arische Volksgenossinnen und -genossen‹ anerkannt waren. Für die rassistisch Verfolgten stellte sie eine weitere unter zahlreichen Bedrohungen dar.

In die Kompetenz der Sondergerichte fiel auch die Aburteilung der Beschuldigten, denen Verstöße gegen die Kriegswirtschafts- und die sogenannte Volksschädlingsverordnung vorgeworfen wurden. Formal sollten sie verhindern, daß Einzelne die Kriegsbedingungen zu ihrem persönlichen materiellen Vorteil ausnutzten (etwa durch Plünderungen, Hamsterei, Schleichhandel, Fälschung von Lebensmittelmarken, Rohstoffverschwendung, Diebstahl bei Verdunkelung usw.). Tatsächlich dienten sie vor allem der Disziplinierung der Bevölkerung. Schlimmer noch waren die Verordnung gegen Gewaltverbrechen und die rassistische Sonderstrafverordnung gegen Polen und Juden, mit der härteste Strafen für geringfügigste Vergehen festgelegt wurden.[43] Neben der ›Polenverordnung‹ gab es zahlreiche weitere Bestimmungen, die die nach Deutschland verschleppten Zwangsarbeiterinnen und -arbeiter zwar oft nicht kannten, aber zu beachten hatten. Verstöße dagegen wurden nicht nur durch das Aufsichtspersonal, sondern oft durch deutsche KollegInnen oder Unbeteiligte angezeigt.[44]

Die ›Kriegssonderstrafrechtsverordnung‹ sollte die Wehrkraft des deutschen Volkes schützen und bedrohte jede Äußerung mit Strafe, die seinen Wehrwillen herabsetzen könnte. Die Todesstrafe, in minder schweren Fällen Zuchthaus oder Gefängnis, wartete auf diejenigen, die öffentlich zu Wehrdienstverweigerung, Fahnenflucht oder Befehlsverweigerung aufforderten oder in anderer Weise »den Willen des deutschen oder verbündeten Volkes zur wehrhaften Selbstbehauptung zu lähmen oder zu zersetzen« versuchten.[45] Als öffentlich geäußert galten in der Rechtsprechung der kommenden Jahre schon Bemerkungen, die im Kreis von drei Personen gefallen waren.[46]

Die Verfahren wegen Wehrkraftzersetzung wurden in zunehmendem Maße vom Volksgerichtshof (VGH) an sich gezogen, teilweise dann wegen Überlastung von dort an die Oberlandesgerichte abgegeben.[47] Insbesondere seit der deutschen Niederlage bei Stalingrad interpretierten die Reichsanwaltschaft, die Senate des VGH und vor allem dessen Vorsitzender Roland Freisler selbst harmloseste Äußerungen nicht mehr als Heimtücke, sondern als öffentlich geäußerte ›Wehrkraftzersetzung‹. Diese Entwicklungen hatten für die Angeklagten weitreichende Folgen: »Die Übertragung der Wehrkraftzersetzungsfälle auf den Volksgerichthof wirkte sich besonders verhängnisvoll aus; sie ermöglichte [...] die Ausübung eines hemmungslosen Gesinnungsterrors [...]. Die Möglichkeit der Abgabe der Verfahren wegen Wehrkraftzersetzung [veranlaßte] die Verteidiger, den Schwerpunkt ihrer Tätigkeit darauf zu legen, daß die Reichsanwaltschaft das Verfahren an die Staatsanwaltschaften bei den Oberlandesgerichten abgab; gelang dies, so gestaltete sich das Schicksal des Angeklagten in aller Regel günstiger, als wenn er durch den Volksgerichtshof abgeurteilt worden wäre.«[48] Beim VGH überwog die Zahl der Todesurteile bei weitem die der Freiheitsstrafen, während Wehrkraftzersetzung vor den Oberlandesgerichten meist mit Haftstrafen geahndet wurde.[49] Die Sondergerichte sprachen vor Kriegsbeginn nur selten Todesstrafen aus. Vor allem auf Grund der ›Volksschädlingsverordnung‹, der Kriegssonderstrafrechtsverordnung und der ›Polenverordnung‹ ergingen in den Kriegsjahren dann mindestens 11.000 Todesurteile durch die Sondergerichte. Durch Begnadigungen und das Kriegsende dürften ca. 15% der Verurteilten überlebt haben.[50]

Die Partei

»Im Bereich der Überwachung waren staatliche Institutionen und NS-Organisationen aktiv, die über ein Vielfaches des Gestapo-Personals verfügten.«[51] Falls sie politisches Fehlverhalten entdeckten, standen ihnen zahlreiche Sanktionsmöglichkeiten offen. Blieben diese wirkungslos, waren sie verpflichtet, ihre Informationen an die politische Partei weiterzugeben. Dabei spielten die unteren FunktionärInnen der NSDAP sowie der NS-Betriebszellenorganisation (NSBO) bzw. der Deutschen Arbeitsfront (DAF) in den Betrieben eine wichtige Rolle.

Mit der Regierungsübernahme baute die NSDAP ihren ohnehin umfangreichen Apparat weiter aus. Ihre Gliederungen und die ihr angeschlossenen Organisationen bemühten sich, das Leben der ›Volksgenossinnen und Volksgenossen‹ von der Wiege bis zur Bahre, von morgens bis abends in ihren Rahmen zu zwingen. Das System der Haus- und Blockwarte, der Betriebszellenleiter und anderen Amtsträger auf den unteren Hierarchie-Ebenen erfüllte mehrere Funktionen: Diese Leute waren ›vor Ort‹, ihre Lebensbedingungen waren die gleichen wie die der NachbarInnen und KollegInnen. Das Regime konnte so seine Volksnähe beweisen. Da die unteren FunktionärInnen ihre Beobachtungen weiterzugeben hatten, konnten die Kreis- und Gauleitungen hoffen, ein Bild über die allgemeine Stimmungslage in ihrer Region zu erhalten – eine Rechnung, die allerdings nicht immer aufging. Zwar verstanden tatsächlich zahlreiche Menschen die Ortsgruppen- oder Betriebszellenleiter als Ansprechpartner für ihre Sorgen, Vorschläge und Beschwerden. Andererseits aber hielten sich viele von den AmtsträgerInnen fern, der Spott über wichtigtuerische ›Goldfasane‹ war ebenso verbreitet wie das Gerede über Korruption in der NSDAP und die Klage über die Distanz der Führung zum Volk.[52]

Wichtigste Aufgabe der Funktionärinnen und Funktionäre in den Betrieben und Stadtvierteln war die Kontrolle der Loyalität der Bevölkerung. In bestimmten Fällen mußten sie ihre Einschätzung in einer ›politischen Beurteilung‹ niederlegen. Abweichendes Reden oder Handeln hatten sie durch Ermahnungen zu unterbinden und gegebenenfalls an die zuständige Ortsgruppe der NSDAP zu melden, die wiederum die NSDAP-Kreisleitung informierte. Die Partei baute so ein »differenziertes, wenn auch nicht immer effektives, Kontroll- und Disziplinierungssystem« auf.[53]

Die Effektivität war oft mangelhaft, weil die FunktionärInnen der unteren Ebenen für die Beobachtungs- und Bewertungstätigkeit nicht geschult und selbst häufig über die Grenzen zwischen Erlaubtem und Verbotenem kaum orientiert waren. Manche verfolgten ausschließlich ihre eigenen Interessen und machten Art und Ausmaß ihrer Aktivitäten von Bestechungen abhängig. Andere verlegten sich darauf, die nationalsozialistische Gesinnung an der korrekten Verwendung bestimmter Symbole zu messen. Regimekritisch eingestellte Personen vermochten sich deshalb durch Gebrauch des ›Hitler-Grußes‹, Spenden für das Winterhilfswerk oder durch Aushängen von Hakenkreuzfahnen an den nationalsozialistischen Feiertagen zu tarnen – ein Verhalten, das allerdings auch das gegenseitige Erkennen von Oppositionellen erschwerte und den Konformitätsdruck weiter erhöhte.[54]

Wenn der Blockwart, der Betriebszellen- oder die Frauenschaftsleiterin von regimefeindlichen Äußerungen oder verdächtigem Verhalten erfuhren, konnten sie die Sache ignorieren, sie den Vorschriften entsprechend weiter melden oder sie selbst in die Hand nehmen. Falls ihr Eingreifen die Betreffenden nicht bewegen konnte, ihr Verhalten zu ändern, mußten sie erneut zwischen einer Meldung an die nächsthöhere Instanz oder dem Verschweigen der Vorfälle entscheiden. Selbst wenn letzteres durch das Mitwissen Dritter oft schwierig bzw. subjektiv nicht möglich war,[55] auch die unteren FunktionärInnen also in Zwänge eingebunden waren, wird doch ihre zentrale Bedeutung für die Kontrolle der Bevölkerung deutlich. Ihre »Entscheidungen waren oft stark subjektiv beeinflußt und hingen eng mit der sozialen Rangstufe der Betroffenen zusammen, Kompetenzgerangel und persönliche Animositäten konnten zu Blockaden führen, insgesamt aber funktionierte der Informationsfluß.«[56]

Zahlreiche Meldungen über staatsfeindliche Reden oder Handlungen wurden zunächst den unteren FunktionärInnen berichtet und nicht der Gestapo oder den Kreisleitungen der NSDAP. Teilweise hatten die Anzeigenden Hemmungen, die geheimnisumwitterte politische Polizei aufzusuchen, teilweise erstrebten sie wohl kein Strafverfahren, sondern ›nur‹ eine Zurechtweisung der Denunzierten. Noch andere scheinen statt der anonymen Gestapo die Einschaltung ihnen bekannter AmtsträgerInnen vorgezogen zu haben, weil sie sich davon einen größeren Einfluß auf den weiteren Fortgang der Angelegenheit versprachen.

Die Kreisleitungen der NSDAP waren angewiesen, die bei ihnen eingehenden Meldungen der Gestapo zuzuleiten. Aufgrund der Machtkonkurrenz zwischen den nationalsozialistischen Organisationen war das tatsächliche Ausmaß der Zusammenarbeit regional sehr unterschiedlich. Während sie in Bremen gut funktionierte, wurde für den Sondergerichtsbezirk München festgestellt, daß von 1933 bis 1939 die Parteistellen die Anzeigen zwar meist nicht selbst bearbeiteten, sie jedoch auch nicht der Gestapo, sondern der Gendarmerie übergaben. In der Region Lippe nahmen viele Kreisleiter der NSDAP die Zurechtweisung und Sanktionierung der vermeintlichen Regimegegnerinnen und -gegner selbst in die Hand, um auf diese Weise die eigene Machtposition auszubauen bzw. die Arbeit der Gestapo und damit deren Machtausweitung zu behindern.[57]

Dieses Bestreben, den allgemeinen Bedeutungsverlust der NSDAP durch Ausweitung ihrer Kontrollfunktionen aufzufangen, war in vielen Gebieten des Reichs zu beobachten und wurde von der Gestapo als Konkurrenz aufgefaßt und bekämpft. Nach Kriegsbeginn stilisierte sie sich noch stärker als zuvor als die einzige für die innere Sicherheit zuständige und kompetente Instanz und konnte schließlich durchsetzen, daß die Anzeigen wegen politischer Vergehen zunehmend an sie weitergereicht wurden.[58]

Motive, Opfer und TäterInnen

Die Bereitschaft zur Denunziation wurde bis Kriegsbeginn durch einzelne Propagandakampagnen gefördert. In den Aufforderungen zur Bekämpfung der ›Nörgler und Miesmacher‹ oder zur Wachsamkeit gegenüber dem ›zersetzenden Einfluß des Judentums‹ wurde indirekt zur Denunziation angestachelt. In den Kriegsjahren war das Propagandaministerium ständig bemüht, die ›Heimatfront‹ auf korrekte Ideologie und linientreues Verhalten einzuschwören. Durch großangelegte Plakataktionen, Artikelserien oder Rundfunksendungen sollten z.B. sorgfältiges Arbeiten, sparsames (Haus-) Wirtschaften, gesunde Lebensweise oder die richtige Verdunkelung der Wohnung bei Bombenangriffen gelehrt werden, während Hamsterkäufe oder das Abhören ausländischer Rundfunksender als ›unwürdig‹ oder ›undeutsch‹ dargestellt wurden. Die ›treuen Volksgenossen‹ wurden jeweils aufgefordert, die ›Abweichler‹ anzusprechen und, sollten sie sich nicht einsichtig zeigen, amtliche Stellen einzuschalten.[59]

Den kaum verhüllten Aufrufen zur Denunziation standen einzelne Bemerkungen und Verfügungen gegenüber, in denen das DenunziantInnentum bekämpft wurde. Sehr bald nach der Regierungsübernahme erkannten Staats-, Partei- und Gestapoführung, daß das neue Regime zur Begleichung alter Rechnungen ausgenutzt wurde. Im Mai 1933 beklagte sich Hitler über die Flut der Denunziationen, die Unruhe in die Wirtschaft brächten.[60] 1934 wandten sich Innen- und Justizministerium gegen die »erhebliche Zunahme des Denunziantentums« und forderten Verwaltung und Polizei auf, »gegen die leichtfertige Erstattung ungerechtfertigter Anzeigen« vorzugehen. Anfang 1939 ließ Göring durch Innenminister Frick seinen Unwillen über die zahlreichen Denunziationen wegen vermeintlicher Kontakte ›arischer‹ zu jüdischen Personen verbreiten. Auch Göring hatte dabei die Leistungsfähigkeit der Wirtschaft im Auge: Es sei wichtig, so seine Meinung, die jüdische Bevölkerung aus dem Wirtschaftsleben zügig und planmäßig auszuschalten. Die Anzeigen wegen teilweise lange zurückliegenden geschäftlichen oder privaten Beziehungen seien damit nicht vereinbar.[61] Ein besonderes und nie gelöstes Problem stellten die teilweise ebenfalls durch Denunziationen geführten Machtkämpfe von Parteimitgliedern untereinander bzw. von NS-FunktionärInnen einerseits, staatlichen oder kommunalen AmtsinhaberInnen andererseits dar.[62]

Im September 1939 verlangte sogar Reinhard Heydrich, der Chef der Sicherheitspolizei (zu der die Gestapo gehörte), von seinen Untergebenen scharfes Durchgreifen bei böswillig erstatteten falschen Anzeigen, die dennoch während der ersten Kriegshälfte noch weiter zunahmen.[63] 1941 kam er nochmals auf dieses Thema zurück und wies die Gestapodienststellen an, insbesondere Anzeigen von Eheleuten gegeneinander genau zu prüfen.[64] Er erkannte, daß Denunziationen »ein unverzichtbares, ihrer Natur nach jedoch auch unzuverlässiges Instrument polizeilicher Ermittlung [waren]. Sie verursachten [...] Überlastung, waren häufig übertrieben, manchmal verlogen und in aller Regel interessengesteuert, dennoch bildeten sie – wenigstens quantitativ – die wichtigste Ressource staatspolizeilichen Wissens.«[65]

Obwohl er den polizeilichen Wert von Denunziationen kritisch einschätzte, erwog Heydrich seit Kriegsbeginn die Einführung eines ›Volksmeldedienstes‹, mit dem die Denunziation institutionalisiert werden sollte. Anscheinend fand er weder in seinem Vorgesetzten Heinrich Himmler noch bei anderen in der obersten Führungsspitze Unterstützung. Der Plan scheiterte am Widerstand der Ministerialbürokratie und der Wehrmacht und wurde von Heydrichs Nachfolger nicht wieder aufgenommen.[66]

Während Heydrich politische Denunziationen zur Pflicht machen wollte, bekämpfte er gleichzeitig falsche Anzeigen, die die Gestapo unnötig belasteten und bei den Betroffenen und in deren Umfeld für Unruhe sorgten. Seine Haltung ist typisch für das Regime, das Anzeigen von Privatleuten gegeneinander an keiner Stelle, auch nicht im Heimtückegesetz, vorschrieb. Den ebenso sporadischen wie halbherzigen Versuchen ihrer Bekämpfung stand jedoch der Apparat gegenüber, der zur Aufnahme und Auswertung der Meldungen und Verfolgung der Denunzierten aufgebaut wurde. Dies macht deutlich, daß sich Staats- und Parteiführung, vor allem auch die Führung der Gestapo, über ihre Abhängigkeit von Denunziationen im klaren waren. Darum »wurden, wenn es um die Machtinteressen des Regimes ging, politische Denunziationen bewußt begünstigt und die ›Volksgenossen‹ regelrecht zur Denunziation aufgefordert. Dabei ist signifikant, in welchem Maße es [. . .] gelang, in kritischen Situationen die latent in der Bevölkerung existierende Anzeigebereitschaft zu aktivieren und zu forcieren.«[67]

Die Frage nach dem konkreten Ausmaß und den Orten, von denen Denunziationen ihren Ausgang nahmen, ist in den letzten Jahren für mehrere Städte und Regionen untersucht worden. In seiner Arbeit über Heimtückefälle im Sondergerichtsbezirk München nennt Peter Hüttenberger keine Zahlen, stellt aber fest, daß ›staatsfeindliche‹ Äußerungen nur selten durch systematische Ermittlungen bzw. den Einsatz bezahlter oder erpreßter Spitzel aufgedeckt wurden.

Die Analyse der Arbeitsweise der Düsseldorfer Gestapo führte Reinhard Mann zu dem Ergebnis, daß ein Drittel aller Ermittlungen durch Denunziationen ausgelöst worden waren. Robert Gellately hat darauf aufmerksam gemacht, daß dieser Anteil noch deutlich höher anzusetzen ist, da Mann bei seiner Stichprobe bestimmte Delikte und TäterInnengruppen ausgeklammert hatte. Aufgrund eigener Arbeiten kommt er zu dem Schluß, daß Denunziationen die häufigste Ursache von Gestapoermittlungen waren. Gerhard Paul vermutet aufgrund der gemeinsam mit Klaus-Michael Mallmann vorgelegten Untersuchungen über das Saarland, daß bei bestimmten Delikten, darunter den Heimtückereden, 80% aller Festnahmen auf Denunziationen zurückgingen.[68]

Hinsichtlich der zeitlichen Entwicklung der Denunziationshäufigkeit stellte Reinhard Mann ab 1942 ein starkes Absinken der Zahl der Anzeigen fest, während Robert Gellately für Würzburg/Unterfranken einen schwächeren Rückgang ausmachte. Gisela Diewald-Kerkmann stimmte ihnen insoweit zu, daß 1933/34 noch wenige Anzeigen wegen staatsfeindlicher Delikte erstattet wurden. Jedoch zeigen die von ihr für die Region Lippe ausgewerteten Akten neben den Jahren 1935/36 auch die Jahre 1943/44 als Höhepunkte der Denunziationen. Sie kam zu dem Schluß, daß ab 1942 nicht etwa die Zahl der Anzeigen, sondern die Zahl der zustandekommenden Gerichtsverfahren sank, weil das zunehmende Chaos den Justizapparat lähmte, und die Gestapo noch häufiger als zuvor eigenmächtig über das weitere Schicksal der Beschuldigten bestimmte. Sie erklärte den erneuten Anstieg der Anzeigenflut durch die sich abzeichnende Kriegsniederlage Deutschlands. Während für die Jahre bis 1942 kein spezieller ›DenunziantInnen-Typus‹ erkennbar ist, denunzierten nun vor allem überzeugte NationalsozialistInnen, die ihre ›Treue zum Führer‹ dokumentieren wollten, bei denen aber »Zweifel am Endsieg auftauchten [...], die sie [...] nicht wahrhaben wollten. Zur Abwehr dieser Zweifel und Unsicherheiten wurden jetzt vor allem ›Defätisten‹ verfolgt und angezeigt.«[69] Nach Diewald-Kerkmann waren solche Personen, die krampfhaft am ›Endsieg‹-Mythos festhielten und die eigenen Zweifel in der Verfolgung anderer bekämpften, für einen erheblichen Teil der Anzeigen in den beiden letzten Kriegsjahren verantwortlich.

Im Gegensatz zu diesen ›Endsieg-Gläubigen‹, bei denen neben psychologischen Motiven politische Überzeugung zur Denunziation anderer führte, war die große Mehrheit aller Anzeigen durch private Interessen begründet, aus Leichtfertigkeit oder durch den (tatsächlichen oder vermuteten) Druck einer Gruppe entstanden. Die beiden Begriffe ›politisch‹ und ›privat‹ sind nur als notdürftige Beschreibungen vorherrschender Motivlagen zu verstehen in einem Staat, der die traditionell als ›privat‹ angesehenen Lebensbereiche ohnehin aufzulösen bemüht war. Nicht alle überzeugten NationalsozialistInnen denunzierten ›staatsfeindliche‹ Handlungen, vielmehr mußten zur politischen Überzeugung noch andere Faktoren treten. Umgekehrt konnte jemand durch eine Anzeige in erster Linie berufliche Konkurrenz aus dem Weg räumen wollen, dies zusätzlich aber, ohne sich als NationalsozialistIn zu verstehen, als Ausdruck seiner Loyalität zum ›Führer‹ oder als Beitrag zu Deutschlands Kriegsanstrengungen meinen.

Da vor allem in den Kriegsjahren immer weitere Verhaltens- und Redeweisen kriminalisiert wurden, verstieß praktisch jede/-r ab und zu gewollt oder ungewollt gegen nationalsozialistische Normen, ohne deshalb RegimegegnerIn zu sein. Es waren somit fast alle ›Volksgenossinnen und Volksgenossen‹ durch Anschuldigungen politischen Fehlverhaltens angreifbar. Daraus folgte die Gefährdung persönlicher Beziehungen, »da jeder Konflikt nun mit Hilfe von Sanktionsdrohungen des Regimes ausgetragen werden konnte. Infolgedessen wurden auch die engsten und privatesten Bereiche der Gesellschaft [...] dem Zugriff des totalitären Regimes geöffnet.«[70] Mit Ausnahme extremer Fälle, in denen die eigensüchtige Absicht hinter der Anzeige allzu deutlich hervortrat,[71] nahmen die Parteistellen und vor allem die Gestapo den politischen Inhalt der Anzeigen ernst und gingen der Sache nach. Eventuelle private Motive interessierten sie nicht oder nur dann, wenn die Beschuldigungen eindeutig frei erfunden waren.

Während Peter Hüttenberger vermutete, daß ›politisch‹ und ›privat‹ motivierte Anzeigen sich ungefähr die Waage hielten, haben die Analysen von Bernward Dörner, Reinhard Mann und Gisela Diewald-Kerkmann gezeigt, daß private Interessen für die meisten Denunziationen ausschlaggebend waren.[72] Ob am Arbeitsplatz oder im Hausflur, in Gaststätten oder Geschäften, im Familienkreis oder unter Freundinnen und Freunden – Sicherheit vor Denunziation gab es nicht. Trotz des Wissens um diese Gefahr haben erstaunlich viele Menschen die Situation falsch beurteilt. Während sie sich Fremden gegenüber relativ vorsichtig verhielten, überschätzten sie oft die Loyalität von KollegInnen, FreundInnen oder NachbarInnen.[73] »Alltagskonflikte in sozialen Primärgruppen [...], wie sie immer und überall in jedem Staat und jeder Gesellschaft vorkommen«, ließen sich durch die Einschaltung der politischen Polizei oder einer Parteistelle unter Umständen zu den eigenen Gunsten entscheiden.[74] DenunziantInnen und Denunzierte unterschieden sich dadurch, daß die einen diese Möglichkeit erkannten und ausnutzten, die anderen sie entweder ignorierten oder unterschätzten.

Bei der Frage nach der sozialen Herkunft von DenunziantInnen und Denunzierten stellten Peter Hüttenberger und Martin Broszat fest, daß es meist Angehörige der Unter- und unteren Mittelschichten waren, die sich untereinander politischer Delikte beschuldigten. Broszat sah in den zahllosen Denunziationen eine von mehreren in der deutschen Gesellschaft verbreiteten Aggressionsformen. Ihre Ursache erklärte er mit Ängsten, die durch den beschleunigten Verfall traditioneller bürgerlicher Milieus und des mit ihnen verbundenen sozialen Verhaltenskodex' hervorgerufen wurden. In den Oberschichten fehlten diese Ängste, weshalb hier auftretende Konflikte ohne Einschaltung des Staates geregelt wurden. In der ArbeiterInnenschaft vermutete er das Fortwirken traditioneller Solidarität, die Schutz vor DenunziantInnen und Spitzeln bot.[75]

Neuere Forschungsergebnisse widersprechen den beiden älteren Untersuchungen. Klaus-Michael Mallmann und Gerhard Paul zeigten, daß »der Arbeitsplatz [...] keineswegs eine Nische proletarischer Solidarität« war.[76] Vielmehr galt auch für die Fach- und HilfsarbeiterInnen, daß »mit der forcierten und terroristisch erzwungenen« Aufweichung der traditionellen Milieus die Denunziationen »Massencharakter« gewannen.[77] Gisela Diewald-Kerkmann und Kerstin Kunz bestätigten, daß Anzeigen von ›oben‹ nach ›unten‹ sehr selten waren, wiesen aber nach, daß häufiger als zwischen sozial Gleichgestellten Denunziationen von ›unten‹ gegen ›oben‹ vorkamen, d.h. sozial Schwächere denunzierten Bessergestellte.[78]

Solche Zuweisungen sozialer Positionen sind allerdings mit großer Vorsicht zu behandeln. Es ist immer mitzubedenken, daß die Normen und Hierarchien des Nationalsozialismus in vielen Fällen die hergebrachten Einstufungen überlagerten. Deutlichste und folgenschwerste Beispiele dafür sind die zahlreichen Anzeigen gegen jüdische Menschen, die, unabhängig von ihrer sozialen Stellung vor 1933, seit den Anfängen der NS-Regierung in schwächeren Positionen waren als die ›arische‹ Bevölkerung. Auch konnte der Rang innerhalb der NSDAP oder einer anderen NS-Organisation die ursprünglich gleiche gesellschaftliche Stellung zweier Personen in ein Machtgefälle verwandeln oder sogar zu einer Umkehr früherer Hierarchien führen. Außerdem betrachtete das Regime bestimmte Bevölkerungsgruppen, z.B. die Nichtseßhaften und die ArbeiterInnenschaft, besonders mißtrauisch; »oppositionelles oder nonkonformes Verhalten wurde bei ihnen weit eher bestraft, als ähnliche Verhaltensweisen von Angehörigen des Bürgertums.«[79]

Es gelang dem Nationalsozialismus, überlieferte Werte durch eigene Normen zu ersetzen bzw. mit eigenen Inhalten zu füllen. Das Regime konnte dabei auf Kontinuitätslinien zurückgreifen, die die Kontrolle der Bevölkerung erleichterten: Nationalistische Grundhaltungen, antisemitische Vorurteile, Obrigkeitsdenken, sozialdarwinistische Überzeugungen vom ›Recht des Stärkeren‹ und der Glaube an das Prinzip von Befehl und Gehorsam waren in weiten Teilen der Gesellschaft vorhanden. Sie ließen sich bündeln in der Orientierung am ›Führerwillen‹ und der rassistischen ›Volksgemeinschafts‹-Ideologie. Sie forderte die Aufhebung von Individualität und Privatsphäre sowie die Ausgrenzung aller als ›fremd‹ und ›minderwertig‹ definierten Menschen und förderte dadurch ein gesellschaftliches Klima, das Denunziationen begünstigte.[80] »Die Gewißheit, daß jeder ›Volksgenosse‹, der einen anderen denunzierte, im Sinne des Zeitgeistes handelte«,[81] verringerte die Hemmungen, die in anderen Gesellschaften die Auslieferung einer Person an die Staatsmacht verhindern oder doch zur Ausnahme machen.

Frauen wurde bis Ende der siebziger Jahre in wissenschaftlichen und populärwissenschaftlichen Auseinandersetzungen mit dem Nationalsozialismus oftmals ein besonders ausgeprägtes Obrigkeitsdenken zugeschrieben.[82] Die Behauptung, Frauen hätten Hitler an die Macht gebracht, ist inzwischen widerlegt.[83] Seit einigen Jahren wird die ›Schuldfrage‹, bezogen auf die Geschlechter, erstmals fundiert diskutiert. Dabei wurde die These aufgestellt, daß die Mitschuld an den Verbrechen des ›Dritten Reichs‹ erwuchs aus dem Streben zu vieler Frauen nach Übereinstimmung mit ihren Ehemännern oder mit Männern allgemein, wovon letztlich der Staat profitierte. Aus dieser Haltung heraus, so die Behauptung, unterstützten sie die Männer beim Aufbau eines rassistischen und terroristischen Regimes und bei der Neubefestigung eines in den Jahrzehnten zuvor brüchig gewordenen Patriarchats.[84] Diese Auffassung greift offensichtlich zu kurz, da sie unterstellt, daß Frauen keine eigenen Interessen an Weltanschauung und Praxis des Nationalsozialismus hatten. So kann nicht erklärt werden, weshalb Frauen in verschiedenen Formen an den nationalsozialistischen Verbrechen aktiv beteiligt waren.

Dem nationalsozialistischen Rassismus und Sexismus fielen besonders viele Frauen zum Opfer; die rassistische Verfolgung der jüdischen Bevölkerung und der Sinti und Roma, die Unterdrückung und teilweise Verschleppung slawischer Völker und die Politik der ›Rassenhygiene‹ und Eugenik im Inneren des Reichs hatten immer auch eine geschlechtsspezifische Komponente.[85] Umgekehrt ließ das patriarchale System Frauen nur in Ausnahmefällen als vor Ort Befehlende und Ausführende seiner Politik und seiner Verbrechen zu. Der Schluß liegt nahe, daß deshalb Frauen in der Überwachung ihrer Umgebung und der Anzeige ›abweichenden‹ Handelns in stärkerem Maße als Männer eine Möglichkeit gesehen haben könnten, ihre Loyalität zu Staat und NSDAP auszudrücken. Zwar dürfte dieses Motiv tatsächlich bei einem Teil der Frauen, die zu Denunziantinnen wurden, eine Rolle gespielt haben. Obwohl es das Interesse des Regimes war, gerade in die traditionell vor allem von Frauen bevölkerten ›privaten‹ Räume einzudringen, gelang es ihm jedoch nicht, die eingeübte und jahrhundertelang verlangte Distanz vieler Frauen zum Staat und seinen VertreterInnen so weit abzubauen, daß Frauen zahlreicher als Männer bereit gewesen wären, ihre Beobachtungen über regimekritisches Verhalten anderer anzuzeigen. In Veröffentlichungen über das ›Dritte Reich‹ ist lange Zeit das Gegenteil behauptet worden, ohne daß für diese These Belege angeführt wurden.[86] Zwar kann angenommen werden, daß Frauen in manchen Fällen die treibende Kraft hinter von Männern erstatteten Anzeigen waren. Die Zahl der Denunziantinnen bleibt dennoch eindeutig in der Minderheit. Empirische Untersuchungen haben gezeigt, daß höchstens ein Drittel aller Denunziationen durch Frauen erfolgten.[87]

Ein anderes Ergebnis neuerer Forschungsarbeiten ist die Erkenntnis, daß Männer eher Bemerkungen und Verhaltensweisen anzeigten, die sie am Arbeitsplatz und anderen halböffentlichen Orten beobachtet hatten. Die meisten Denunziationen unter Familienangehörigen stammten hingegen von Frauen. Während Klaus-Michael Mallmann und Gerhard Paul, ohne konkret zu werden, eine Vielzahl innerfamiliärer Denunziationen andeuten, ermittelten Gisela Diewald-Kerkmann und Kerstin Kunz nur wenige solcher Anzeigen. »Die Familie als Primärgruppe besaß demnach [...] eine hohe Abschirmungstendenz, die selbst durch die in alle Sektoren einsickernde NS-Ideologie nicht ohne weiteres aufgehoben werden konnte.«[88]

In dieser Verteilung spiegeln sich die Orte, an denen Männer und Frauen sich mehrheitlich aufhielten und an denen sie traditionell ihre Identität finden sollten. Dementsprechend hatten Frauen im familialen, Männer im beruflichen Umfeld viel mehr zu gewinnen und zu verlieren als das jeweils andere Geschlecht. Entsprechend eher waren sie bereit, alle erreichbaren Mittel zum – subjektiv notwendigen – eigenen Schutz einzusetzen.

Daraus ergibt sich ein doppelter Befund: Nicht nur die Gewaltverbrechen, sondern auch die Denunziationen wurden in der Mehrzahl von Männern verübt. Der ›Zugang‹ zu diesem Verbrechen war nicht an ein politisches Amt, einen Beruf oder die Zugehörigkeit zu einem bewaffneten Verband gebunden; es setzte auch nicht die für Frauen tabuisierte körperliche Gewaltanwendung oder Waffengebrauch voraus, weshalb sich hier mehr Frauen finden als bei anderen Verbrechensformen im Nationalsozialismus.

Bernward Dörner und Gisela Diewald-Kerkmann haben in ihren Arbeiten festgestellt, daß bei den Denunziantinnen politische Überzeugungen für eine Anzeige noch seltener eine Rolle spielten als bei Männern.[89] Häufiges Motiv, insbesondere bei Anzeigen gegen den Ehemann, war der Versuch, sich auf diese Weise gegen Gewalt und sexuelle Gewalt zu wehren.[90] Zu dieser Erkenntnis kommen auch Gerhard Paul und Klaus-Michael Mallmann in ihrer Studie über das Saargebiet, wobei sie das Bemühen der Frauen, sich gegen Gewalt und Vergewaltigung zur Wehr zu setzen, als »Protest gegen patriarchale Verkehrsformen« abtun.[91] Daraus spricht nicht nur völlige Gleichgültigkeit gegenüber den Lebensbedingungen von Frauen in einer Gesellschaft, die Gewalttätigkeit von Männern gegen Frauen noch weniger sanktionierte als die heutige. Ihre bestenfalls unsensible Formulierung legt die Vermutung nahe, daß bei den beiden Autoren an dieser Stelle traditionelle Vorstellungen wirken, wonach Frauen die besseren Menschen zu sein haben, die in einer schwierigen Situation nicht zu unmoralischen Mitteln greifen.

Eine von einem anderen Ausgangspunkt letztlich ähnliche Sichtweise vermittelt auch Helga Schubert. Sie kündigt im Vorwort des Buches die Demontage des Konstrukts der ›unschuldigen Frau‹ an.[92] Durch die Auswahl und die Art der Schilderung ihrer zehn Fallgeschichten erweckt sie den Eindruck, daß Denunziation ein von Frauen gegen Männer gerichtetes Verbrechen gewesen sei und Frauen durch den Verrat in privaten Beziehungen oder Anzeigen gegen Fremde besonders heimtückisch und kaltblütig gehandelt hätten. Sie zeigt ausschließlich intrigante, von Eifersucht, Sucht nach Anerkennung oder enttäuschter (Mutter-) Liebe getriebene Frauen, die gegen fast ausschließlich männliche Opfer vorgehen. Sie reproduziert so ein Frauenbild, daß ebenso realitätsfern ist wie das von ihr kritisierte der ›holden Weiblichkeit‹.

Neben Karrierestreben bzw. dem Bemühen um Absicherung der beruflichen Position spielten bei Männern Beleidigungen oder Ehrverletzungen durch Kollegen oder Vorgesetzte eine wichtige Rolle.[93] Von den nationalsozialistischen Institutionen wurde erwartet, die Interessen der ›kleinen Leute‹ zu verteidigen und ihnen bei Konflikten mit sozial Höhergestellten beizustehen. An dieser Stelle zeigt sich erneut die entscheidende Bedeutung der Funktionäre in den Betrieben, von denen manche als ›Bonzen‹ gemieden wurden, die es teilweise aber verstanden, sich als Ansprechpartner in solchen Fällen zu zeigen und dadurch Informationen zu erhalten.

Grundlagen der Untersuchung

Die bislang erwähnten Forschungsarbeiten haben die zentrale Bedeutung von Denunziationen für das Funktionieren des NS-Staates gezeigt. Wenngleich dabei die Gefahr besteht, nach der früheren Tabuisierung das Thema nunmehr überzubewerten,[94] sind dennoch weitere Untersuchungen nötig, da bislang noch wichtige Fragen unbeantwortet blieben: »Wie nämlich in einer Gruppe eine Atmosphäre von Übereinstimmung geschaffen wird, in der die Beteiligten ihre Hemmungen gegenüber dem Verrat zurückdrängen, wie also ein

Gruppenzusammenhang sich in einen Schuldzusammenhang verwandelt, dem ein einzelner geopfert wird [...]. Wie aber funktionieren solche Ketten oder Netze von Gerede und Informationsaustausch? Welcher ›Mikrophysik der Macht‹ (Foucault), von Angst und Vorurteil folgen sie? Wie sind die sozialen Beziehungen hier organisiert, daß in ihnen die ethische Barriere fällt, einen anderen auszuliefern? Wie kann es geschehen, daß das Opfer soweit entindividualisiert wird, daß es als Objekt der Bestrafung den Gewaltinstanzen übergeben wird? [...] Und wenn es um die Frage der Geschlechterdifferenz geht: Gibt es Unterschiede in der Art und Weise, wie Frauen und Männer in dieser sozialen Ordnung situiert sind und wie sie sich darin verhalten?«[95]

In der ausführlichen Schilderung von sieben Ereignisketten und Beziehungsgeflechten wird diesen Fragen nachgegangen. Es geht also nicht um eine Analyse der nationalsozialistischen Justiz oder der Arbeitsweise der Gestapo, sondern um die Interaktionen der Beteiligten, ihre Beziehungen untereinander und zu den VertreterInnen von Staat und NSDAP.

Unter den zahlreichen ›Vergehen‹ und ›Verbrechen‹, die im nationalsozialistischen Deutschland vor allem durch Denunziationen den Behörden bekannt wurden, wurden nur drei in der Darstellung berücksichtigt: das Abhören ausländischer Rundfunksender, ›heimtückische‹ und ›wehrkraftzersetzende‹ Äußerungen. Diese Einschränkung scheint sinnvoll, um die Lesenden nicht mit weiteren Erläuterungen zu nationalsozialistischen Gesetzen und Verhaltensnormen zu überfrachten und eine Vergleichbarkeit der Fälle zu bewahren.

Denunziationen gegen Menschen, die aus rassistischen Gründen verfolgt wurden, sind nicht in die Untersuchung einbezogen. Die Bewegungsfreiheit und das Leben der rassistisch Verfolgten waren von so vielen Bestimmungen eingeschränkt und bedroht, daß Denunziationen gegen sie sich in völlig anderen Rahmenbedingungen abspielten als Anzeigen gegen ›Volksgenossinnen und Volksgenossen‹. Die Beziehungen zwischen den Beteiligten und die Motive für die Anzeigen waren in beiden Fällen anders gelagert. Die rassistisch Verfolgten hatten keinerlei Möglichkeit, ihr Verhältnis zu Staat, NSDAP und Gesellschaft selbst zu definieren; das Regime zwang sie von Anfang an zum Überlebenskampf, während den ›Volksgenossinnen und Volksgenossen‹ ein Spielraum verblieb für Anpassung und Resistenz, für das Ausmaß, in dem sie das Regime in ihren ›privaten‹ Bezügen Fuß fassen ließen. Eine gegen eine jüdische Frau oder einen polnischen Zwangsarbeiter gerichtete Anzeige traf einen Menschen ohne jede eigene Macht. Denunziationen gegen ›Volksgenossinnen und Volksgenossen‹ hingegen waren oft Teil eines Machtkampfes. Aus diesen Gründen wird hier nur ein Fall geschildert, in dem sich eine Denunziation gegen einen ›Halbjuden‹ richtete. Es soll an dieser Stelle aber betont werden, daß zahllose rassistisch verfolgte Menschen sowie ZwangsarbeiterInnen denunziert wurden, und die Anzeigen oft tödliche, jedenfalls aber sehr viel härtere Folgen hatten als die Mehrzahl der Meldungen von ›Volksgenossinnen und Volksgenossen‹ untereinander.

Neben diesen Beschränkungen spielten weitere Kriterien für die Auswahl eine Rolle:

– Frauen und Männer kommen in den Schilderungen in verschiedenen Rollen vor (als ZeugInnen, DenunziantInnen und Denunzierte). Die beiden Fälle, in denen fast nur Männer agierten, waren in Großbetrieben von Industriebranchen angesiedelt, in denen mehrheitlich Männer arbeiteten und die große Mehrheit der Denunzierten und DenunziantInnen stellten.

– Obwohl Denunziationen vor allem in den Unter- und unteren Mittelschichten aktenkundig wurden, sollte die Auswahl der Fälle möglichst viele Facetten des gesellschaftlichen Spektrums beleuchten. Dabei wurde, wie oben erläutert, von der Überlegung ausgegangen, daß Denunziationen in den oberen Schichten häufiger ohne formelles Ermittlungsverfahren verliefen oder ein solches Verfahren eher eingestellt wurde. Trotz der Voreingenommenheit von Polizei und Justiz zugunsten sozial Bessergestellter waren jedoch auch sie unter bestimmten Umständen durch Denunziationen gefährdet.

– Ein anderer Gesichtspunkt war die Berücksichtigung der verschiedenen sozialen Bezugsgruppen im Alltagsleben. Dementsprechend werden Ereignisse geschildert, die sich in der Familie, am Arbeitsplatz oder im Kreis der NachbarInnen bzw. Bekannten abspielten.

– Um die Darstellung nicht zusätzlich zu verkomplizieren, wurden Denunziationen außer acht gelassen, in denen mehrere Personen eines Vergehens bezichtigt wurden.

Da es wenig aussichtsreich erschien, nach ehemaligen Opfern einer politischen Anzeige und sodann nach den jeweiligen DenunziantInnen zu suchen, beruht dieses Buch ausschließlich auf schriftlichen Quellen. Es handelt sich dabei um Akten der Justiz einschließlich der teilweise in ihnen enthaltenen privaten Dokumente sowie um Akten aus Firmenarchiven. Darüber hinaus stellten die Eheleute Marmagen Papiere aus dem Nachlaß eines der Denunziationsopfer zur Verfügung. Mit Ausnahme Jakob Marmagens und Fritz Lehmanns, des leicht zu identifizierenden Generaldirektors der Felten & Guilleaume-Werke, sind die Namen aller Beteiligten geändert, soweit es sich nicht um führende nationalsozialistische Funktionäre handelt.[96]

Zur Quellengrundlage ist weiterhin zu ergänzen, daß die überwältigende Mehrzahl der politisch begründeten Anzeigen sich nicht gegen Personen aus dem organisierten Widerstand richtete und keine spektakulären ›Verbrechen‹ zum Inhalt hatte.[97] Viele Meldungen wurden anonym erstattet oder wandten sich gegen Personen, die den Anzeigenden unbekannt waren. Zahlreichen Anzeigen wurde von der Gestapo, einer anderen Organisation oder einem einzelnen Funktionär ohne Einschaltung der Justiz nachgegangen.[98] In all diesen Fällen entstand keine, eine nur geringe oder keine für dieses Buch auswertbare Aktenüberlieferung.

Um die Arbeit dennoch auf eine möglichst breite Quellenbasis stützen zu können, wurden Unterlagen aus der NS- und der Nachkriegszeit herangezogen. Ausgangspunkt der Materialsuche war der Bestand ›Verbrechen gegen die Menschlichkeit‹ im Düsseldorfer Hauptstaatsarchiv. Nach Kriegsende wurde politische Denunziation durch die Alliierten als ›Verfolgung aus politischen oder rassischen Gründen‹ eingestuft und nach dem Kontrollratsgesetz Nr. 10 als ›Verbrechen gegen die Menschlichkeit‹ unter Strafe gestellt.[99] In der britisch besetzten Zone, zu der Köln gehörte, wurde die Zuständigkeit für an Deutschen begangene Verbrechen gegen die Menschlichkeit 1946 deutschen Gerichten übertragen; die daraus entstandenen Akten gelangten an das Nordrhein-Westfälische Hauptstaatsarchiv.[100]

Nur wenige Denunziationsopfer gingen nach Kriegsende juristisch gegen die früheren DenunziantInnen vor. Auch in der Gesellschaft insgesamt und in der Justiz war das Interesse an der Aufklärung dieser Vorgänge gering. In Köln wurden nur 54 Verfahren gegen tatsächliche oder angebliche DenunziantInnen eingeleitet. In den meisten Fällen wurden die Ermittlungen eingestellt, soweit es zur Anklageerhebung kam, endeten die Prozesse in der Regel mit Freisprüchen.[101] Nach einer ausführlichen Analyse der Ermittlungs- und Prozeßakten[102] wurden unter Beachtung der oben genannten Kriterien sieben Fälle für dieses Buch ausgewählt und die jeweiligen Sondergerichtsunterlagen hinzugezogen.[103]

Des weiteren konnten die Entnazifizierungsakten der meisten beteiligten Männer benutzt werden.[104] Die formalisierten ›Entnazifizierungen‹ waren in den Nachkriegsjahren Teil des Bemühens der Westalliierten, den Einfluß von NationalsozialistInnen auf das öffentliche Leben und die Wirtschaft auszuschalten und die Deutschen demokratisch zu erziehen. »Alle, die eine Berufstätigkeit im öffentlichen Dienst oder in der Wirtschaft mit einer gewissen Einflußmöglichkeit auf andere Personen anstrebten, mußten in einem Fragebogen [. . .] ihre persönlichen Verhältnisse und insbesondere ihre politische Vergangenheit offenlegen. Einfache Arbeiter und Angestellte waren davon dagegen nur betroffen, wenn sie als Nationalsozialisten besonders aktiv hervorgetreten waren.«[105] Entnazifizierungsausschüsse legten nach den Angaben im Fragebogen, z.T. auch nach umfangreichen Anhörungen und Prozessen, das Ausmaß der politischen Belastung fest. Sie benutzten dazu fünf Kategorien, deren Einstufungen zwischen ›Hauptkriegsverbrecher‹ und ›entlastet‹ unterschiedliche Sanktionen zur Folge hatten.

Die Dokumente aus den Entnazifizierungsverfahren liefern zahlreiche Angaben zu den Lebensläufen der Beteiligten, so zu Schulbildung, beruflicher Laufbahn, Mitgliedschaft in politischen und anderen Organisationen, Einkommen oder Familienverhältnissen. In mehreren Fällen war der Ausgang von Denunziationsprozessen wichtig für die Entnazifizierung, so daß sich für die nachträgliche Darstellung die Unterlagen gegenseitig ergänzen.

Weitere Justizakten (Scheidungsverfahren, Strafsachen, Erbstreitigkeiten, Patentangelegenheiten u.a.), die in den aufgefundenen Dokumenten erwähnt werden, sind leider durch Kriegsfolgen oder durch reguläre Aktenvernichtungen verloren gegangen. Lediglich Firmenunterlagen, die sich nicht unmittelbar mit den Vorkommnissen befassen, jedoch deren Rahmenbedingungen beleuchten, waren in zwei Fällen noch auffindbar.

Die Arbeit mit den Justizakten aus dem ›Dritten Reich‹ und den Nachkriegsjahren wirft eine ganze Reihe von Problemen auf, bietet aber auch wichtige Vorteile. Die Unterlagen der Staatsanwaltschaft am Sondergericht Köln mit den darin enthaltenen Gestapopapieren sind Zeugnisse des nationalsozialistischen Terrorapparates. Sie »sind Texte der Repression. Sie entstanden immer unter Druck und häufig unter entsetzlichen Umständen.«[106] Aus Angst vor Mißhandlungen bestritten Beschuldigte die ihnen zur Last gelegten Aussagen nur selten rundweg. Sie versuchten vielmehr, ihre ›heimtückischen‹ Reden zu verharmlosen oder umzudeuten und sich als regimetreu darzustellen. Nur wenige hatten den Mut, durch Drohungen oder Mißhandlungen bei der Gestapo zustandegekommene ›Geständnisse‹ vor Gericht zu widerrufen.[107] Sie mußten dann damit rechnen, daß ihnen nicht geglaubt wurde oder die Gestapo sie im Falle eines Freispruchs in ein Konzentrationslager verschleppte.

Anklageschrift, Urteilsbegründung und Strafmaß beruhten auf menschenrechtswidrigen Gesetzen, sie dienten nicht der Rechtsfindung, sondern waren Instrumente der Diktatur. »Dadurch ist jedoch nicht ausgeschlossen, daß es sich um sinnvoll strukturierte Texte handelt«,[108] deren Wahrheitsgehalt sich durch Herausarbeiten der Interessen aller Beteiligten, durch Vergleich untereinander sowie mit den von anderen Interessen gesteuerten Aussagen in den Nachkriegsjahren ermitteln läßt. Es entsteht so die Möglichkeit, die »vielfältigen Motive und Verstrickungen der Anzeigenerstatter«[109] ebenso wie die der Denunzierten und ihre Beziehungen untereinander aufzudecken.

Neben den spezifischen Problemen des Umgangs mit Verfolgerakten sind andere Gesichtspunkte bei Justizakten generell zu beachten. In der Vernehmung waren die Beamten daran interessiert, möglichst schnell möglichst vollständige Informationen zu erhalten und diese in einer Form niederzulegen, die vor den Augen ihrer Vorgesetzten und der Staatsanwaltschaft Bestand haben würde. Deshalb manipulierten sie die Texte, selbst wenn sie nicht zu Drohungen, Erpressung oder Folter griffen, indem sie Formulierungen aus ihrem geschulten Sprachgebrauch bzw. aus der Schriftsprache benutzten. Unvermittelt daneben stehen in den Protokollen mündliche Wendungen, die offensichtlich wörtlich festgehalten wurden.

Unabhängig vom politischen System gehen Staatsanwaltschaften und Gerichte zur Ermittlung konkreter Sachverhalte so vor, daß sie komplexe Beziehungs- und Handlungsgeflechte aus ihren Zusammenhängen lösen und sie in einzelne definierbare Taten spalten. Sie ›übersetzen‹ die Alltagssprache von Beschuldigten und ZeugInnen aus der Sprache des verhörenden Polizeibeamten in das für die Angeklagten oft kaum verständliche Juristendeutsch von Staatsanwälten und Richtern.

Es ist für das Verständnis der folgenden Schilderungen wichtig, sich das Ausmaß dieser mehrfachen ›Übersetzung‹ vor Augen zu führen: Die Kritik am Regime, an der Kriegführung oder an einzelnen führenden Funktionären wurde ja nicht in öffentlichen Ansprachen oder in schriftlicher Form geäußert, sondern im Gespräch oder im Streit, teilweise unter Alkoholeinfluß, im vertrauten Milieu von Familie, Nachbarschaft oder Arbeitsplatz. Die Bemerkungen, oft im kölschen Dialekt, ergaben sich aus der Gesprächssituation und waren oftmals gefühlsgeladen, weil sie den Ärger über ungerechte Behandlung und die Mühsal des Kriegsalltags zum Ausdruck brachten. Entsprechend wichtig waren Mimik, Gestik und Tonfall, die den Mithörenden die Gefühle mitteilen und sie beeindrucken sollten.[110]

Im Falle von Heimtückedelikten oder Wehrkraftzersetzung wurde im nationalsozialistischen Deutschland die strafbare Handlung oft genug erst durch die Übersetzungen der Justiz in die Äußerungen der Beschuldigten hineingelesen,[111] während andererseits durch den Zwang zur Formalisierung und durch Irrtümer der Beamten und Schreibkräfte Informationen verlorengingen.

Trotz dieser Einschränkungen entsteht durch die umfangreichen Ermittlungen im Zuge eines Strafverfahrens »eine außergewöhnlich dichte und gut fundierte Überlieferung zu den jeweiligen Einzelfällen, [die] vor allem für eine sozialgeschichtlich orientierte Erforschung der Alltagswirklichkeit im Nationalsozialismus bedeutsame Erkenntnismöglichkeiten« eröffnet.[112] Aus den Aussagen der Beteiligten lassen sich, auch wenn sie interessengesteuert waren und nur in gefilterter und manipulierter Form schriftlich niedergelegt wurden, Alltagsleben, Einstellungen und Konflikte herausarbeiten, Beziehungen sichtbar machen und die Motive für Handlungen und Behauptungen aufdecken. Sie dokumentieren das Aufeinandertreffen resistenten und regimeloyalen Verhaltens im privaten oder halböffentlichen Rahmen sowie das Eingreifen des Staates in dieses Gefüge. Mit den in diesem Spannungsfeld entstehenden Akten, d.h. mit den von der NS-Diktatur hinterlassenen Dokumenten der Unterdrückung, kann im besten Falle das von ihr verordnete Schweigen durchbrochen und ihr Funktionieren im großstädtischen Alltag erkennbar gemacht werden.

Sieben Geschichten

Der Wintermantel

Die folgende Schilderung steht als Beispiel für eine aus politischer Überzeugung entstandene Denunziation. Die Geschichte der Maria Merten zeigt gleichzeitig, wie der Machtapparat Anzeigen aus der Bevölkerung nicht nur zur ideologischen ›Gleichschaltung‹, sondern ebenso zur allgemeinen Disziplinierung nicht anpassungsbereiter ›Volksgenossinnen und Volksgenossen‹ nutzte.

Maria Merten war ›Kriegerwitwe‹ und gehörte damit zu einer im nationalsozialistischen Deutschland offiziell hoch angesehenen Bevölkerungsgruppe. Ehrungen für die Frauen, deren Ehemänner im Ersten Weltkrieg gefallen waren, und ihre materielle Unterstützung durch den Staat oder die NS-Volkswohlfahrt spielten in der Selbstinszenierung des Regimes eine große Rolle und standen für die angebliche soziale Gerechtigkeit des NS-Staates.[113]

Maria Merten, geboren 1891, hatte einen Dekorateur geheiratet und 1912 ihre Tochter Anna geboren. 1915 kam ihr Ehemann als Soldat im Ersten Weltkrieg ums Leben. Mitte der zwanziger Jahre wurde Maria Merten wegen Prostitution und Kuppelei angezeigt. Ihr wurde das Sorgerecht für ihre Tochter entzogen, nach zwei Jahren aber wieder zuerkannt. Mutter und Tochter lebten von der Kriegshinterbliebenenrente, die Anfang 1937 monatlich 85,55 RM betrug.[114] Zusammen mit den Studiendarlehen und -stipendien der Tochter und den neben dem gesetzlichen Regelsatz üblicherweise gezahlten Zulagen zur Rente reichte das Geld nur knapp für den Lebensunterhalt der beiden Frauen.

Anna Merten studierte Medizin und gehörte damit zu den ganz wenigen Studentinnen aus unteren sozialen Schichten.[115] Obwohl sie weder in die NSDAP noch in den ›Nationalsozialistischen Deutschen Studentenbund‹ eingetreten war, wurde sie finanziell gefördert: Die Stadt Köln als Trägerin der Universität hatte ihr ein Darlehen gewährt, weitere Gelder kamen unter anderem vom Studienwerk der ›Nationalstiftung für die Hinterbliebenen der im Kriege Gefallenen‹. Die Zahlungen dieser Stiftung wurden über die städtische Kriegsopferfürsorgestelle abgewickelt, die zum Wohlfahrtsamt gehörte. Diese Stelle war es auch, die mögliche StipendiatInnen jährlich der Hauptfürsorgestelle vorzuschlagen hatte.

Im September 1936 stand die Frage einer erneuten Benennung Anna Mertens für das Stipendium an. Mutter und Tochter sprachen deshalb bei der Kriegsopferfürsorgestelle vor. Im Warteraum, in dem sich mit ihnen noch mindestens vier Frauen und ein Mann aufhielten, wurden mehrere Gespräche geführt; die beiden Mertens redeten über das bevorstehende Klassentreffen der Tochter. Durch die zum Flur hin geöffnete Tür war von dort die Unterhaltung zwischen einer Fürsorgerin und einem Beamten zu hören. Zunächst achtete niemand besonders darauf. Dann erzählte jedoch der Beamte, er habe auf dem Reichsparteitag der NSDAP Hitler mehrfach gesehen, sei einmal sogar in dessen unmittelbarer Nähe gewesen.

Oskar Meier, der an diesem Tag einen Krankenschein für seine Mutter abholen wollte, schilderte im Januar 1937 die Situation in seiner Vernehmung durch die Gestapo: »Hierbei machte der Mann alle möglichen Bewegungen und sagte immer wieder: ›Ich habe den Führer gesehen, ich habe ganz dicht bei ihm gestanden‹. Der Mann wiederholte dieses so oft, daß die im Warteraum befindlichen Personen darüber lachten.«[116] Auch Meier fand die Situation komisch, reagierte gleichzeitig aber gereizt. Der 32-jährige Anstreicher hatte im August einen Unfall gehabt und war seitdem erwerbslos. Er, seine Ehefrau, vier kleine Kinder und seine Mutter mußten mit 22 RM pro Woche und der Kriegshinterbliebenenrente der Mutter auskommen. Im kölschen Dialekt und ohne dabei jemand Bestimmtes anzusprechen gab er einen Kommentar dazu ab: »Ich habe daraufhin sinngemäß gesagt: ›Meinen Sie, jetzt braucht er nichts mehr zu essen?‹« Die Angaben der anderen Anwesenden über den genauen Wortlaut seiner Bemerkung schwankten, liefen aber alle darauf hinaus, daß Meier gegen den Enthusiasmus des unbekannten (und für die meisten ZeugInnen nicht sichtbaren) Sprechers den Hinweis gestellt habe, daß der Anblick Hitlers nicht satt mache. Weiter, so Meier in seiner ersten Vernehmung, habe er nichts gesagt, jedoch gehört, wie eine der Frauen den Spott aufgegriffen und gefragt habe, ob der Sprecher wohl von der Liebe zu Hitler leben könne.

Eine der bei der Kriegsopferfürsorge Wartenden war die NS-Frauenschaftsleiterin Anna Moser. Die 57-jährige Witwe beschrieb die Situation anders. Sie behauptete, Meier und Maria Merten hätten in mehreren Bemerkungen auf die Homosexualität des ermordeten SA-Führers Ernst Röhm verwiesen, und Maria Merten habe daraufhin angedeutet, daß auch Hitler homosexuell sei: »Ich war bereits [...] anwesend, als die Frau Merten mit ihrer Tochter das Zimmer betrat. Ich kannte diese beiden Frauen nicht. [...] Die Frau Merten machte bei der Äußerung des Fremden [über das Essen] ein zynisches Gesicht und sagte hierbei: ›Wahrscheinlich nicht‹. [Dann] sagte der Beamte zu der Fürsorgerin: ›Ich war einmal ganz dicht bei ihm‹, gemeint war der Führer, worauf der [...] Fremde sagte: ›Das wird doch keiner von Röhm sein.‹ Hiermit zeigte er wieder auf den Beamten. Darauf zeigte die Frau Merten wieder das zynische Lachen und sagte: ›Ja, das kann auch sein.‹« Bei einer Gegenüberstellung mit Meier im Februar 1937 ergänzte Anna Moser ihre Aussage: »Ich hatte das Empfinden, daß Meier damit sagen wollte, der Beamte wird doch wohl nicht so ähnlich veranlagt sein wie Röhm. Ich glaube nicht, daß Meier mit seiner Äußerung den Führer beleidigen wollte. Da aber die Frau Merten über diese Äußerung so zynisch lachte, mußte ich annehmen, daß sie die Äußerung so auffaßte, als wenn der Führer damit gemeint sei.« Oskar Meier gab daraufhin seine Bemerkung über Röhm zu.

Oskar Meier, Anna Merten und den drei unbeteiligten Frauen war die Begeisterung des Beamten über den NSDAP-Parteitag in Erinnerung geblieben. Er äußerte sich so überzogen, daß sie, obwohl sie Anna Moser an ihren Abzeichen als Parteifunktionärin erkannten, über den Sprecher lachten und Meier seine Bemerkungen machte. Für sie war die Szene nichts weiter als eine willkommene Abwechslung während des Wartens. Lediglich Anna Moser faßte sie nicht so auf. Sie hatte sich zuvor schon über die beiden Mertens geärgert, die, wie auch eine andere Zeugin bestätigte, jedes ›Heil Hitler‹ mit einem ›Guten Morgen‹ erwiderten. Als dann Meiers kurze Bemerkung die Hitler-Begeisterung des städtischen Angestellten relativierte, achtete Moser auf die Reaktionen von Mutter und Tochter Merten. Maria Mertens angebliche Erwiderungen waren von den anderen Anwesenden entweder nicht gehört worden oder konnten von ihnen keiner bestimmten Sprecherin zugeordnet werden. Anna Moser war sich hingegen sicher, daß Maria Merten gesprochen und Hitler hatte beleidigen wollen. Während sie einerseits von der Empörung sprach, die sie deshalb empfunden habe, fühlte sie sich andererseits nicht zu einer direkten Erwiderung oder Zurechtweisung gedrängt. Sie erkundigte sich vielmehr bei einem Angestellten nach dem Namen Maria Mertens. Danach sprach sie zwei der Frauen aus dem Warteraum an und notierte sie als Zeuginnen. An einem der folgenden Tage meldete sie den Vorfall dem Leiter ihrer NSDAP-Ortsgruppe Neumarkt.

Anna Moser und Maria Merten kannten sich nicht, so daß es nur Mosers nationalsozialistische Überzeugung gewesen sein kann, die sie zu der Anzeige veranlaßt hatte. Hinweise auf ihre Lebenssituation geben die Akten nicht. Erkennbar ist lediglich ihre starke, dennoch offensichtlich leicht angreifbare Identifikation mit Hitler und dem nationalsozialistischen Verhaltenskodex. Interessanterweise fühlte sie sich darin nicht durch Oskar Meiers Sticheleien, sondern ausschließlich durch Maria Mertens Verhalten gereizt. Vielleicht sah sie sich als Frauenschaftsleiterin nur als kompetent zur Überwachung der politischen Haltung von Frauen an, jedenfalls nahm sie Meier ausdrücklich von jeder Anschuldigung aus, während Mertens Verhalten sie so provoziert hatte, daß sie sie in ihren Aussagen wiederholt heftig angriff.

Die kleine Szene im Warteraum des Amtes zeigt wie unter einem Vergrößerungsglas weitverbreitete Stimmungen Mitte der dreißiger Jahre. Die Vernehmungsprotokolle der Gestapo lassen erkennen, daß ZeugInnen und Beschuldigten die nationalsozialistischen Sprechverbote schon Ende 1936 bewußt waren. Sie hatten sie aber noch nicht so weit verinnerlicht, daß die Anwesenheit einer Funktionärin und die Öffentlichkeit des Ortes ausgereicht hätten, eine normale Reaktion wie das Lachen über den Hitler-Verehrer zu unterdrücken.

Der Inhalt der beiden Bemerkungen Oskar Meiers war typisch für die Heimtückereden in dieser Phase des ›Dritten Reichs‹: Längst nicht alle Bevölkerungsgruppen hatten vom Aufschwung der Wirtschaft und dem Abbau der Arbeitslosigkeit profitiert; sie sahen keine Veranlassung, Hitlers Regierung Zustimmung oder Begeisterung entgegenzubringen. Meier stellte darum gegen die Begeisterung des Parteigenossen den schwierigen Alltag abseits der Feierlichkeiten in Nürnberg. Mit seinem Hinweis auf Ernst Röhm und dessen Homosexualität griff Meier ein seit Röhms Ermordung beliebtes Gesprächsthema auf, das häufig dazu diente, Hitler oder lokalen Funktionären ebenfalls Homosexualität zu unterstellen.[117] Meier wies auf diese Weise den damals einen ersten Höhepunkt erreichenden ›Führer‹-kult zurück. Er ließ sozusagen die Luft aus den Propagandasprüchen, die ununterbrochen die wirtschaftlichen Erfolge und soziale Gerechtigkeit des NS-Staates anpriesen.

Nach Eingang der Meldung Anna Mosers bei der NSDAP-Ortsgruppe Neumarkt bestellte der Ortsgruppenleiter Mutter und Tochter Merten zur Befragung in sein Büro.

Maria Merten sagte dort zu den Vorwürfen gegen sie offenbar nichts, brachte ansonsten aber ihre Meinung zum NS-Staat und ihrer eigenen Situation in aller Deutlichkeit vor. Der Ortsgruppenleiter berichtete darüber an die

Kreisleitung der Partei am 6. Oktober 1936: »Frau M. vertritt den Standpunkt, daß man bisher ihrem schweren Los keinerlei Rechnung getragen hätte und daß auch heute die Versprechungen weitergingen als die gehaltenen Tatsachen [...]. Sie sagt wörtlich: ›Die, die mich früher bekämpft haben, sitzen heute noch in den Fürsorgestellen und deshalb kann ich zu keinem Recht kommen.‹« Mit dieser Gleichsetzung der Weimarer mit der NS-Sozialbürokratie hatte Maria Merten bereits das ›Dritte Reich‹ kritisiert. Der Ortsgruppenleiter listete noch weitere Punkte auf, die aus seiner Sicht gegen Maria Merten sprachen: So habe sie vor 1933 mit Hilfe eines kommunistischen Funktionärs, danach über die NS-Kriegsopferversorgung ihre finanzielle Situation zu verbessern versucht. Sie benutze ihre Armut als Ausrede, nicht für die NS-Volkswohlfahrt zu spenden und keine nationalsozialistische Zeitung zu beziehen. Trotz ausdrücklicher Aufforderung habe sie beim Verlassen des Zimmers den ›deutschen Gruß‹ nicht verwendet. »Im Gegensatz hierzu wird jedoch mit Unterstützung der Stadtverwaltung ihrer Tochter ein medizinisches Studium ermöglicht. Selbst bei der Tochter habe ich aus der Unterhaltung heraus nicht das Empfinden gehabt, daß sie als Studentin nationalsozialistisch, wie heute ein junges Mädchen sein soll, eingestellt ist.« Der Funktionär war überzeugt, zwei ›unbelehrbare‹ Frauen vor sich zu haben, die sich bewußt der ›Volksgemeinschaft‹ entzogen. Er informierte die Kriegsopferfürsorgestelle über Mertens abfällige Bemerkungen zu ihrer dortigen Behandlung und über die gegen sie schwebende Anzeige. Dann reichte er seinen Bericht, dem Dienstweg in solchen Fällen entsprechend, dem Kreisleiter der NSDAP ein.

Bei der Kreisleitung blieb die Anzeige mehrere Wochen unbearbeitet liegen. Ende November wurde sie von der Gestapo angefordert. Die politische Polizei hatte durch die Beschuldigte selbst von der Angelegenheit erfahren und nahm nun Ermittlungen auf.

Maria Merten hatte nämlich inzwischen die ersten Folgen ihrer angeblichen Äußerungen zu spüren bekommen. Die Zuschläge zum Regelsatz ihrer Rente waren ihr nicht ausbezahlt worden. Als sie sich nach dem Grund dafür erkundigte, wurde ihr gesagt, »daß ich als Ersatz für die gekürzte Rente ursprünglich einen Mantel erhalten sollte, doch sei derselbe gestrichen worden, weil ich mich abfällig über den Führer geäußert hätte.« Solange diese Sache nicht geklärt sei, erfuhr sie weiter, werde ihr nur der Regelsatz ausgezahlt. Maria Merten hatte nichts zu verschenken und war auch nicht diejenige, die sich einschüchtern oder eine Leistung vorenthalten ließ, auf die sie ein Recht zu haben glaubte: Sie zog in den Kampf für ihren Wintermantel.

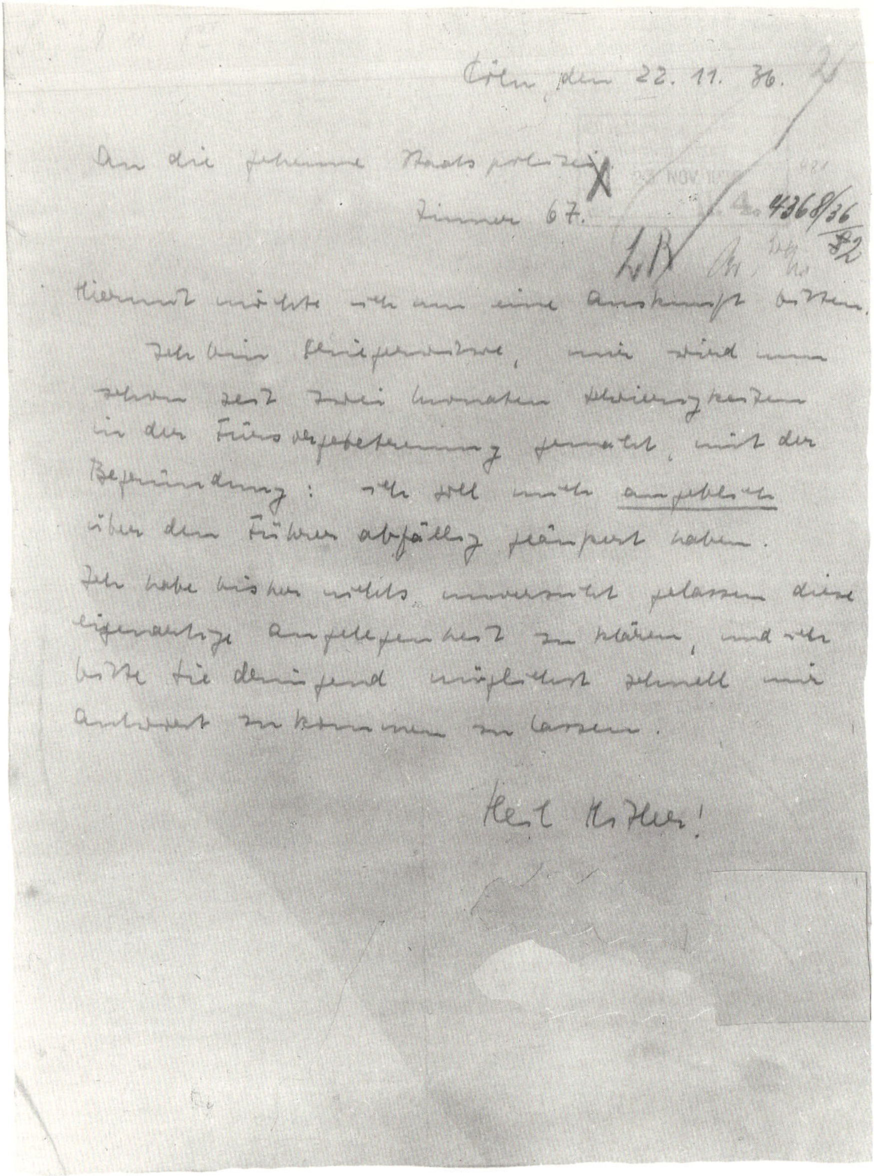
Cöln, den 22. 11. 36.

An die geheime Staatspolizei

Zimmer 67.

Hiermit möchte ich um eine Auskunft bitten.

Ich bin Kriegerwitwe, mir wird nun schon seit zwei Monaten Schwierigkeiten in der Fürsorgeerziehung gemacht, mit der Begründung: ich soll mich angeblich über den Führer abfällig geäußert haben.

Ich habe bisher nichts unversucht gelassen diese eigenartige Angelegenheit zu klären, und ich bitte Sie dringend möglichst schnell mir Antwort zukommen zu lassen.

Heil Hitler!

Abb. 1 (Quelle 1): Brief Maria Mertens an die Gestapo vom 22.11.36. Die Namen wurden durch den Verlag unkenntlich gemacht.

Zunächst versuchte sie herauszufinden, wo die Anzeige erstattet worden war. Sie wurde an verschiedene Ämter und Parteistellen verwiesen, bevor sich schließlich die NSDAP-Ortsgruppe Neumarkt bei ihr meldete. Nach der schon geschilderten Befragung durch den Ortsgruppenleiter bemühte sie sich, die Auszahlung der Sonderleistung bzw. die Genehmigung des Mantels durchzusetzen. Dabei wurde sie letztlich zwischen der Gestapo und dem Wohlfahrtsamt hin und her geschickt. Im Wohlfahrtsamt hieß es, die Klärung der Vorwürfe gegen sie müsse abgewartet werden. Der Gestapo, an die sie sich daraufhin mit der Bitte um Auskunft und beschleunigte Ermittlungen wandte, lag die Anzeige noch nicht vor.

Brief Maria Mertens, Transkription (Quelle 1, Abb.1):

> *Köln, den 22.11.36*
> *An die Geheime Staatspolizei*
> *Zimmer 67*
> *Hiermit möchte ich um eine Auskunft bitten.*
> *Ich bin Kriegerwitwe, mir wird nun*
> *schon seit zwei Monaten Schwierigkeiten*
> *in der Fürsorgevertretung gemacht, mit der*
> *Begründung: ich soll mich angeblich*
> *über den Führer abfällig geäußert haben.*
> *Ich habe bisher nichts unversucht gelassen diese*
> *eigenartige Angelegenheit zu klären, und ich*
> *bitte Sie dringend möglichst schnell mir*
> *Antwort zukommen zu lassen.*
> *Heil Hitler!*

In diesem Hin und Her konnte sie einmal mit Paul Schlosser, dem Leiter des Wohlfahrtsamtes, sprechen. Dieser entschied zwar hinsichtlich der Studienförderung von Anna Merten zu deren Gunsten, erklärte aber, ansonsten nichts für sie tun zu können. Vor und nach diesem Gespräch erschien Maria Merten angeblich fast täglich bei Lydia Derkum, der Sekretärin Schlossers. Nach deren Aussage wurde sie bei diesen Besuchen wiederholt ausfällig. Vor der Gestapo sagte Derkum dazu: »[Über die Ablehnung der Sonderleistungen] wurde die Frau Merten wild [...]. Unterdessen hatte ich mich bei der Kreisleitung über den Stand der Sache unterrichtet und hatte den Bescheid erhalten, daß Frau Merten nicht nur wegen des erwähnten Falles, sondern wegen ihres ganzen allgemeinen Verhaltens für die Sonderleistungen nicht mehr in Frage käme. Als ich ihr dieses sagte, erklärte sie u.a. folgendes: ›Ich weiß, daß ich ins Gefängnis komme, es sind ja tausende unschuldig ins Konzentrationslager gekommen und tausende auf die Seite geschafft worden, wovon keiner etwas weiß.‹ [...] Nachdem ist die Frau Merten noch öfter in meinem Büro gewesen und hat sich in jedem Falle ungebührlich benommen. Nachdem sie im Oktober in Anwesenheit von drei Berliner Herren wieder einen Aufzug in meinem Büro machte, habe ich veranlaßt, daß sie mein Büro nicht mehr betreten darf.« Derkums Kollegin Grete Strüwe bestätigte diese Aussage. Die beiden Frauen hatten den Vorfall vom 24. Oktober 1936, bei dem Merten sich über die Konzentrationslager äußerte, auf den Rat ihres Vorgesetzten Schlosser in einem Aktenvermerk festgehalten.

Ende November 1936 lag der Kölner Gestapo schließlich die Anzeige Anna Mosers über Mertens Bemerkung im Warteraum der Kriegsopferfürsorgestelle vor, ergänzt durch den Bericht des Ortsgruppenleiters, in dem ihre Verweigerung des ›Hitler-Grußes‹ und ihre Kritik an den BeamtInnen des Wohlfahrtsamtes festgehalten waren. Die beim Wohlfahrtsamt über sie existierenden Akten wurden deshalb hinzugezogen und dabei der Vermerk der beiden Stenotypistinnen entdeckt. Die Gestapo hatte damit drei Hinweise auf regimekritische Reden Maria Mertens.

Aus den bis hierher geschilderten Vorgängen geht die bereits 1936 erreichte enge Zusammenarbeit zwischen Stadt, Partei und Gestapo hervor. Auch wenn die Kontrolle der Bevölkerung keineswegs lückenlos war und es immer wieder zu ›Pannen‹ kam in dem Sinne, daß einzelne BeamtInnen die Weitergabe von Informationen unterließen, waren die Grundzüge des Überwachungssystems doch aufgebaut. Die Gestapo war als zentrale Instanz gedacht, der die kommunalen Ämter und die Dienststellen der NSDAP ihre Kenntnisse über regimekritisch eingestellte Personen mitteilen sollten. Die gegenseite Information diente außerdem dazu, gegen die Betroffenen Sanktionen verhängen zu können (hier die Verweigerung des Wintermantels), noch bevor es zu einem gerichtlichen Schuldspruch gekommen war.

Am 8. Dezember 1936 wurden Maria und Anna Merten sowie eine Zeugin von der Gestapo vernommen. Maria Merten wies die Anschuldigungen zurück. Im Warteraum der Kriegsopferfürsorge habe sie sich mit ihrer Tochter unterhalten und alles andere nur am Rande wahrgenommen. Im Vorzimmer des Wohlfahrtsamtsleiters sei es lediglich einmal zu einer Auseinandersetzung gekommen: »Ich bin wohl Ende Oktober auf dem Vorzimmer gewesen, um wieder in meiner Sache vorstellig zu werden. An dem Tage war es naß und kalt, so daß ich nasse Füße hatte. Als ich bereits im Zimmer war, kamen 2 Herren, die von der Derkum empfangen wurden. Mich ließ die Derkum wie ein Bettler stehen. Sie hatte nur einen Augenmerk auf die beiden Herren und nur Sorge, daß die beiden Herren gut unterkamen. Durch ein Fräulein Strüwe wurden für die beiden Herren Zigaretten gekauft. Mir riß der Geduldsfaden und ich fragte in Gegenwart dieser Herren, warum mir nicht geholfen würde, denn seit 4 Wochen laufe ich hier schon hin.« Aus Schilderungen der Beteiligten in den Jahren 1947/48 geht hervor, daß es sich bei den ›Herren‹ um Revisionsbeamte handelte, die das Amt zu überprüfen hatten. Ihnen gegenüber verwies Merten auf den Zustand ihrer Schuhe, um die unzureichende Hilfe durch die Behörde zu demonstrieren. Die von Lydia Derkum und Grete Strüwe als hochgradig peinlich empfundene Situation brachte Derkum dazu, Maria Merten das künftige Betreten des Büros zu untersagen.

Am Ende ihrer Vernehmung sprach Maria Merten die Vermutung aus, daß die Angestellten des Wohlfahrtsamtes gegen sie eingestellt seien, weil sie dem Amtsleiter Schlosser in einem Brief Ende Oktober 1936 vorgeworfen habe, sie selbst und die Interessen der Kriegsopferhinterbliebenen allgemein schlecht zu vertreten.

Anschließend wurde Anna Merten vernommen. Sie bestätigte, daß ihre Mutter in dem Warteraum nur mit ihr gesprochen habe. Eine von Maria Merten benannte Entlastungszeugin erklärte, die gesamte Szene nicht mitbekommen zu haben.

Im Anschluß an die Befragung der drei Frauen faßte der Gestapobeamte den bisherigen Stand der Ermittlungen zusammen. Er beschrieb auch das Verhalten Maria Mertens, die sich mehrfach »gehässig und ausfallend« gegen die Belastungszeuginnen gewandt habe, »so daß sie von mir zurechtgewiesen werden mußte [...]. Die Vernehmung der Merten gestaltete sich zeitweise derartig dramatisch, daß ich gezwungen war, einen zweiten Beamten [...] hinzuzuziehen.« Natürlich ist diese Stellungnahme eines Gestapomitarbeiters mit größter Vorsicht zu bewerten. So bleibt es fraglich, ob es sich bei den ›gehässigen‹ Angriffen auf die Zeuginnen nicht um den entschiedenen Widerspruch Mertens gegen Aussagen handelte, die immerhin geeignet waren, sie ins Gefängnis zu bringen. Andererseits bestätigte der Gestapobeamte ein Muster, das aus allen Unterlagen hervorgeht: Das Erscheinen Maria Mertens in einem beliebigen Amtszimmer bedeutete Ärger für die dort Arbeitenden, während Merten sich ungerecht behandelt fühlte.

Maria Merten wollte die ihr zustehenden und die darüber hinaus möglichen Geld- und Sachleistungen möglichst schnell und komplett erhalten; sie hatte nicht die Wahl zwischen mehreren, sondern nur zwischen einem oder keinem Wintermantel. Sie befand sich in ständigem Streit mit allen Behörden, zu denen sie Kontakt hatte, sämtliche Sachbearbeiterinnen und -bearbeiter in der Weimarer Republik, im Nationalsozialismus und in den Nachkriegsjahren gaben negative Urteile über sie ab. Die Konflikte reichten bis zu den schon kurz angesprochenen Vorfällen in den zwanziger Jahre zurück. Aus den erhaltenen Akten läßt sich die damalige Geschichte nur bruchstückhaft rekonstruieren, doch war Maria Merten wohl durch ihre Schwiegereltern und die Kriegsopferfürsorge wegen Prostitution und Kuppelei angezeigt worden. 1925 wurde ihr deshalb und wegen angeblicher Vernachlässigung das Sorgerecht für ihre Tochter aberkannt, das sie sich in den beiden Folgejahren aber gerichtlich zurückerkämpfte. Die Aufhebung des Sorgerechtsentzugs sowie die Tatsache, daß Anna Merten studierte und darin von ihrer Mutter bestärkt und unterstützt wurde, läßt die Berechtigung der Vorwürfe gegen sie fraglich erscheinen.

Die Episode führte offenbar zu Maria Mertens Überzeugung, nicht nur außergewöhnlich arm, sondern auch ständig in der Gefahr zu sein, von den Ämtern übervorteilt zu werden.

Hinzu kamen starke soziale Vorbehalte, wie sie aus der Schilderung der Szene mit den ›beiden Herren‹ deutlich werden. Entsprechend energisch und, wie die Studienförderung für ihre Tochter zeigt, durchaus erfolgreich verfocht sie ihre Interessen. Sie schreckte auch nicht davor zurück, sich schriftlich über den Leiter des Wohlfahrtsamtes zu beschweren oder die Gestapo zu beschleunigten Ermittlungen aufzufordern.

Für die beteiligten BeamtInnen stellte sich ihr Verhalten ganz anders dar: Laut, unsachlich, mit drastischen Worten und Gesten, hochemotional und aggressiv waren ihre Auftritte, bei denen sie sich weder beruhigen noch einschüchtern ließ. Ihre finanzielle Lage war zwar schlecht, aber nicht schlimmer als die vieler tausend anderer Kölnerinnen und Kölner, die für die Verwaltung weniger unbequem wurden. Da sie als Frau laut und »unbeherrscht« (!) auftrat, galt sie als »hysterisch«.

Solche Einschätzungen über Maria Merten hatten sicherlich sehr wenig mit spezifisch nationalsozialistischen Bewertungskriterien und sehr viel mit den unterschiedlichen Interessen, Rollen und Verhaltenserwartungen der Wohlfahrtsverwaltung auf der einen, ihrer Klientin auf der anderen Seite zu tun. Im ›Dritten Reich‹ aber fiel sie in ganz spezifischer Weise auf, und zwar nicht nur, weil ihr Benehmen nicht dem gängigen Weiblichkeitsbild entsprach, und sie in ihre Tiraden offenherzige politische Kommentare einbaute, sondern einfach weil sie laut war – ein Verhalten, das nicht nur einigen BeamtInnen unangenehm, sondern vielmehr vom Regime unerwünscht war.

Mit ihren gefühlsgeladenen Ausbrüchen entzog sich Maria Merten dem verordneten Schweigen ebenso wie dem befohlenen Jubel. Sie bestand auf ihrer Individualität, indem sie ihre – tatsächlichen oder vermeintlichen – Rechte verfocht; sie war viel zu arm, zu temperamentvoll und zu sehr voller sozialer Ressentiments, um sich davon abbringen zu lassen. Damit aber hatte sie im ›Dritten Reich‹ kaum eine Chance, nicht in das Räderwerk des Terrorapparates zu geraten. In einer Gesellschaft, in der die Schweigegebote immer weiter ausgedehnt, die äußerliche wie innerliche Uniformierung ständig vorangetrieben wurde, mußte sie früher oder später nicht nur anecken, sondern zu einem politischen Ärgernis werden.

Die von der Propaganda ständig hervorgehobenen sozialen Leistungen des neuen Staates kamen bei ihr, so Maria Merten, nicht an. Sie fühlte sich von den gleichen Leuten in gleicher Weise ungerecht behandelt wie in der Weimarer Republik. Sie bestritt, daß es der ›arischen‹ Bevölkerung im NS-Staat besser gehe als in der Demokratie. Bei ihrer Befragung durch den Ortsgruppenleiter lehnte sie sowohl die Korrektur dieser Wahrnehmung als auch das Schweigen darüber ab. Seine Aufforderung, durch künftigen Einsatz für die NSDAP ihre Fehler wiedergutzumachen, wies sie durch demonstratives Ignorieren des ›Hitler-Grußes‹ zurück. Während der Auseinandersetzung im Wohlfahrtsamt ging sie über die Verweigerung der Anpassung an nationalsozialistische Verhaltensnormen noch hinaus. Indem sie sich, lautstark wie immer, über die Konzentrationslager und deren unschuldige Insassen ausließ, verstieß sie gegen eines der striktesten Redetabus des ›Dritten Reichs‹. Entsprechend war die Reaktion ihrer Gesprächspartnerin. Lydia Derkum erklärte, Frau Merten habe nach ihrer Bemerkung das Zimmer verlassen: »Ich ging ihr aber nach und sagte ihr, daß ich das nicht gehört haben wollte, was sie eben sagte.«

Beide Frauen wußten also genau, wovon sie sprachen und wie schwerwiegend Mertens Bemerkung war. Bei aller Ich-Bezogenheit, die sowohl aus ihrem Geschimpfe bei dem Ortsgruppenleiter als auch aus ihrem Kommentar über die Konzentrationslager spricht (»*Ich* weiß, daß *ich* ins Gefängnis komme [...]«) hatte sie sehr wohl wichtige Entwicklungen in ihrer Umwelt wahrgenommen. Im Gegensatz zu ihr akzeptierte Lydia Derkum zumindest am Arbeitsplatz die herrschenden Redeverbote. Sie wollte über die Lager nichts hören und versuchte, Maria Mertens Tabubruch zu heilen, indem sie ihr das Sprechen, später dann auch die Anwesenheit zu verbieten versuchte. Zusammen mit ihrer Kollegin, die die Äußerung ebenfalls gehört hatte, suchte sie einen Weg, die möglichen Folgen dieses Einbruchs der Realität in die Schweigezone für sich selbst abzuwenden. ZeugInnen solcher Grenzverletzungen, wie Merten sie begangen hatte, setzten sich der Gefahr aus, als SympatisantInnen angesehen zu werden, wenn sie nicht energisch gegen die HeimtückerednerInnen vorgingen. Der Aktenvermerk, in dem Lydia Derkum und Grete Strüwe auf Anraten ihres Chefs den Vorfall festhielten, war insofern ein Kompromiß: Sie zeigten Maria Merten nicht an, konnten aber gegebenenfalls nachweisen, daß sie Mertens Vergehen erkannt und sie zurechtgewiesen hatten. Die beiden Frauen hielten, wie sie 1948 aussagten, eine solche Absicherung für nötig, weil in den Nachbarbüros überzeugte NationalsozialistInnen arbeiteten, die Mertens Kritik vielleicht gehört hatten.

Auch wenn es sich dabei vielleicht um eine Schutzbehauptung handelte, wird hier doch einer der wichtigsten Faktoren im Zusammenhang mit Denunziationen angesprochen, nämlich die Angst der ›Volksgenossinnen und Volksgenossen‹ voreinander, die in den weiteren Schilderungen dieses Buchs immer wieder eine Rolle spielen wird. Im vorliegenden Fall führte die Sorge der beiden Stenotypistinnen, ihre KollegInnen könnten die Ausbrüche Maria Mertens gehört haben und ihrerseits Anzeige erstatten, allerdings nicht unmittelbar zu einer Denunziation, jedoch zu weiterem Belastungsmaterial.

Zwischen Dezember 1936 und Februar 1937 wurden sämtliche Zeuginnen und Zeugen zu den Vorfällen bei der Kriegsopferfürsorge und beim Wohlfahrtsamt ermittelt, mehrfach befragt und der weiterhin alles abstreitenden Beschuldigten gegenübergestellt. Die Regimekritik Mertens vor dem Ortsgruppenleiter wurde von der Staatsanwaltschaft eingestuft als »strafrechtlich nicht faßbar, da sie sich lediglich gegen örtliche Zustände richtet«.

Der Grund für die Passivität der Gestapo gegenüber Oskar Meier, gegen den kein Verfahren eingeleitet wurde, ist nicht erkennbar. Meier war 1932 für einige Monate in der sozialdemokratischen Organisation ›Reichsbanner‹ Mitglied gewesen, »daß er aber der SPD oder gar KPD angehört hat, konnte nicht festgestellt werden«. Im Dezember 1933 war er SA-Mann geworden, verrichtete aber keinen Dienst und ging nicht zu den Versammlungen. Obwohl diese Fakten gegen seine politische Zuverlässigkeit sprachen, folgte die Gestapo der Einschätzung der Zeugin Moser und den Versicherungen Meiers, wonach er den städtischen Beamten, nicht aber Hitler, den Reichsparteitag oder die NSDAP habe verspotten wollen. Auch Anna Merten wurde nur kurzzeitig als Mitbeschuldigte angesehen. Die ZeugInnen waren sich darüber einig, daß sie nichts zu Meiers Bemerkungen gesagt hatte. Der ermittelnde Gestapobeamte folgte ihrer negativen Beurteilung durch den Ortsgruppenleiter nicht, sondern entwickelte offenbar Sympathie für sie angesichts ihrer schwierigen Lage: »Im übrigen macht die Tochter Anna nicht den Eindruck, als wenn sie staatsfeindlich eingestellt ist [...]. Bei der Tochter handelt es sich um einen begabten Menschen, der nur seinem Studium nachgeht und nur das Ziel kennt, den an ihn geforderten Ansprüchen gerecht zu werden [...]. Die Lebensweise der Anna Merten ist die denkbar einfachste und hungert sich durch ihr Studium hindurch.«

Die ZeugInnenaussagen ergaben kein klares Bild über Maria Mertens Verhalten in dem Warteraum. Nur Anna Moser belastete Merten eindeutig, weshalb die Staatsanwaltschaft letztlich in ihrer Anklageschrift vom 29. April 1937 neben den Sekretärinnen Strüwe und Derkum nur die Frauenschaftsleiterin als Zeugin benannte.

Das Sondergericht sah Maria Mertens Schuld als erwiesen an. Sie habe das »deutsche Reich gewissermaßen als einen Tummelplatz der Willkür« dargestellt. Eine »gewisse Hysterie«, die bei ihr feststellbar sei, entbinde sie nicht von der Verantwortung für ihre Reden. Das Gericht verurteilte sie am 12. Mai 1937 zu vier Monaten Gefängnis, wobei für die Höhe der Strafe ihr beleidigendes Verhalten gegenüber den ZeugInnen während der Hauptverhandlung eine Rolle spielte.

Merten verbrachte die Haftzeit im Kölner Gefängnis ›Klingelpütz‹, aus dem sie am 12. September 1937 entlassen wurde. In den folgenden Jahren scheint sie weder politisch noch in sonstiger Weise bei Ämtern und Justiz aufgefallen zu sein. Die Bestrafung »wegen ihres ganzen Verhaltens«, wie Lydia Derkum sich ausdrückte, war also im Sinne des Regimes erfolgreich, indem sie Maria Merten zu unauffälligerem, leiserem Auftreten brachte. Anzunehmen ist, daß auch Anna Merten ihre Mutter beeinflußte, um ihr Studium und die Stipendien nicht zu gefährden. In diese Richtung deuten zumindest Aussagen von Paul Schlosser und Lydia Derkum, die in den Ermittlungen 1947 bis 1949 behaupteten, Anna Merten habe sich bei verschiedenen Gelegenheiten über ihre Mutter beklagt und sich für sie entschuldigt.

Zum Zeitpunkt dieser Aussagen waren Derkum und Schlosser allerdings keine neutralen ZeugInnen. Maria Merten hatte sich nach Kriegsende erfolgreich um ihre Anerkennung als politisch Verfolgte bemüht. Im Sommer 1947 besuchte sie eine Versammlung der ›Vereinigung der Verfolgten des Naziregimes‹ (VVN), bei der die TeilnehmerInnen aufgefordert wurden, die früheren VerfolgerInnen anzuzeigen. Merten erstattete daraufhin bei der städtischen ›Untersuchungs- und Fahndungsstelle‹ Anzeige gegen den Wohlfahrtsamtsleiter Paul Schlosser: »Ich beschuldige Dr. Schlosser, durch seine Anzeige mich der Gestapo ausgeliefert zu haben.« Außerdem habe Schlosser die Frauenschaftsleiterin Moser als Spitzel auf sie angesetzt, seine beiden Untergebenen Derkum und Strüwe unter Druck gesetzt und einen Mitarbeiter entlassen, der Merten vor seinen Intrigen gewarnt habe.

Oberverwaltungsdirektor Schlosser war 1937 Mitglied der NSDAP geworden. In seinem Entnazifizierungsverfahren wurde er 1946 als ›entlastet‹ eingestuft. Mertens Anzeige gefährdete diese Einstufung und damit seine berufliche Position, so daß er sich mit allen juristischen Mitteln zur Wehr setzte. Er erstattete Strafanträge gegen Merten wegen Verleumdung und falscher Anschuldigung. Als leitender Angestellter wurde er darin durch das Rechtsamt der Stadt Köln unterstützt.

In langwierigen Ermittlungen brachen Maria Mertens Anschuldigungen zusammen. Es wurde eindeutig geklärt, daß NSDAP und Gestapo durch die Anzeige der inzwischen verzogenen oder verstorbenen Frauenschaftsleiterin Moser auf sie aufmerksam geworden waren. Dennoch hielt es Schlosser im Zusammenspiel mit Lydia Derkum und Grete Strüwe für nötig, die Vorwürfe durch teilweise falsche Angaben zu entkräften: Die drei behaupteten, daß sich die Vorfälle auf dem Wohlfahrtsamt schon 1935 abgespielt hätten. Anlaß sei die damals fragliche Studienförderung für Anna Merten gewesen. Ende 1936 war der Vermerk in den Akten des Wohlfahrtsamtes von der Gestapo entdeckt worden, als gegen Merten wegen der Bemerkungen im Warteraum der Kriegsopferfürsorge ermittelt worden sei. Der nach diesen Aussagen statt wenige Wochen anderthalb Jahre betragende Abstand zwischen der Niederschrift des Aktenvermerks und seiner Entdeckung durch die Gestapo sollte wohl die Glaubwürdigkeit von Schlossers (richtiger) Behauptung erhöhen, er habe mit der Denunziation nichts zu tun gehabt. Da den Nachkriegsbehörden die Sondergerichtsunterlagen aus dem ›Dritten Reich‹ nicht vorlagen und Maria Merten sich sehr schnell um jegliche Glaubwürdigkeit brachte, wurde diese Verschleierung nicht aufgedeckt.

Maria Merten hatte ihren Kampf gegen die diversen Ämter 1947/48 wiederaufgenommen und sich schließlich auch mit ihrer Interessenvertretung, der VVN, zerstritten. Sie beschuldigte vor allem das Wohnungsamt und die ›Hilfsstelle für politisch Verfolgte‹, ihr die Möbel und die Wohnung weggenommen zu haben. Sie lebe nun auf einem Zimmer, besitze nur eine Matratze, und ihre Gesundheit sei vollständig ruiniert. In einem Brief an den Kölner Regierungspräsidenten, in dem sie sich über den Leiter der Hilfsstelle für politisch Verfolgte beschwerte, schrieb sie u.a.: »Nun muß ich die Frage stellen, warum hat man mir das alles angetan? Waren die Motive politischer oder sadistischer Art, oder waren da Verehrer, die ich als junge Kriegerwitwe [Mitte der zwanziger Jahre] nicht erhören wollte?!« Aufgrund solcher und ähnlicher Äußerungen und wegen ihres Festhaltens an nachweislich falschen Behauptungen folgte das Gericht dem Antrag ihres Rechtsanwalts und ordnete ihre Untersuchung auf Zurechnungsfähigkeit an. Maria Merten wechselte daraufhin den Anwalt und wehrte sich energisch dagegen, ihre Vorwürfe auf Unzurechnungsfähigkeit zurückführen zu lassen. Ob die Untersuchung auf Zurechnungsfähigkeit durchgeführt wurde, ist aus den Akten nicht ersichtlich.

Im August 1949 kam es schließlich zu einer durch das Gericht vermittelten Einigung: Maria Merten ließ ihre Beschuldigungen gegen Schlosser fallen, der wiederum seine Strafanträge zurückzog. Das Gericht stellte daraufhin die Verfahren ein. In den fünfziger Jahren erreichte Maria Merten die Streichung des Urteils aus dem Jahr 1937 aus dem Strafregister; ob ihr Antrag auf Wiedergutmachung, den sie dann stellte, Erfolg hatte, ließ sich nicht herausfinden.

In einem Schriftsatz vom Juni 1949 hatte das Rechtsamt der Stadt Köln erklärt, Maria Merten stehe »von Natur aus feindlich jeder Behördenordnung« gegenüber. Sie und ihr Verteidiger versuchten nunmehr, so das Rechtsamt, diesen Charakterzug als »antifaschistische Gesinnung« hinzustellen. In dem Bemühen, einen leitenden Angestellten zu verteidigen, machten sich die Vertreter der Stadt die Beurteilung Mertens einfach. Zwar zeigt ihr Beharren auf falschen Behauptungen, daß spätestens nach 1945 ihre Realitätswahrnehmung stark gestört war. Aus heutiger Sicht ist jedoch ihr klarer Blick für die politischen Verhältnisse im ›Dritten Reich‹ bemerkenswert. Während sie sich in den Vernehmungen bei der NSDAP und der Gestapo zunächst über das angeblich ihr persönlich von den Wohlfahrtsbehörden angetane Unrecht beklagte, tat sie, als sie sich provoziert fühlte, ihre Meinungen über den NS-Staat insgesamt kund. Sie durchschaute ihn, wie das Sondergericht ungewollt korrekt feststellte, als »Tummelplatz der Willkür«. Mit ihrer Bemerkung, daß tausende Unschuldige in Konzentrationslagern verschwunden seien, offenbart sie im übrigen, daß bei ausreichender Aufmerksamkeit und Sensibilität selbst eine ›Volksgenossin‹, die keinerlei Zugang zu privilegierten Informationen hatte, von diesen Vorgängen wissen konnte.

Dennoch unterschätzte sie die Gefahr, in die sie sich selbst brachte bzw. das Ausmaß, in dem sowohl die sie umgebenden Menschen als auch die Bürokratie auf den unteren Ebenen bereits den neuen Verhaltensnormen gehorchten. Mit dem zeitweiligen Entzug des Sorgerechts über ihre Tochter und der Anordnung einer Untersuchung auf geistige Zurechnungsfähigkeit hatten die

Institutionen der Weimarer Republik und der Nachkriegsjahre das Ausmaß ihrer Verfügungsmacht über eine von öffentlichen Geldern abhängige, streitlustige und unangepaßte Frau demonstriert. Trotz solch massiver Sanktionen stellte Mertens Behandlung durch den nationalsozialistischen Staat eine andere Qualität dar. Hatte sie vor 1933 und nach 1945 ihre Interessen recht erfolgreich verfochten, lieferte sie 1936 mit ihren politischen Kommentaren die Handhabe, sie erfolgreich einzuschüchtern. Ihre bisherigen Strategien waren nicht mehr wirksam, da sie, neben Mertens persönlichen Durchsetzungsfähigkeit, einen rechtsstaatlichen Rahmen für ihr Funktionieren benötigten. Während Maria Merten mit Beschwerdebriefen, Anfragen, Verweisen auf Rechte u.ä. ihre materiellen Lebensgrundlagen zu sichern versuchte, waren die Strukturen, in denen sie sich bewegte, vollständig verändert worden. Hinter der vertrauten Fassade der Ämter, Verwaltungsvorgänge und Formulare war nicht mehr die Unterstützung Bedürftiger wichtigste Aufgabe der Sozialbürokratie, sondern die Mitwirkung an der politischen Kontrolle der KlientInnen. Die Geschichte der Konflikte zwischen Maria Merten und den städtischen Wohlfahrtsbehörden verdeutlicht, welche weitgehenden Möglichkeiten im ›Dritten Reich‹ bestanden, Menschen zu disziplinieren, die sich den herrschenden (neuen oder traditionellen) Verhaltensnormen nicht anpassen wollten oder konnten.

Ein deutscher Lebenslauf

Die Gestapo war nachtragend – einer der Gründe für die weitverbreitete Angst vor ihr. Wer einmal als Beschuldigte oder Beschuldigter von ihren Beamten verhört oder gar wegen politischer Vergehen verurteilt worden war, mußte mit der weiteren Aufmerksamkeit der politischen Polizei rechnen: Besuche und Durchsuchungen durch ihre Ermittler, Vorladungen mit Verdächtigungen neuen Fehlverhaltens, Schwierigkeiten bei Behörden, Berufs- und Wirtschaftsverbänden u.a. gehörten zu ihrem Repertoire, um Menschen einzuschüchtern, sie weiterer Vergehen zu ›überführen‹ oder sich für erfolglose Ermittlungen bzw. Freisprüche zu rächen. Insbesondere solche Personen, die von der Gestapo mit der verbotenen KPD in Verbindung gebracht wurden, wurden häufig solcher Behandlung ausgesetzt und mußten zudem darauf gefaßt sein, Ziel von Spitzeln oder Provokateuren zu werden.[118] Kamen noch Denunziationen aus ihrem privaten Umfeld dazu, hatten die Verfolgten, auch wenn sie nicht von einem Gericht verurteilt wurden oder in einem Konzentrationslager verschwanden, kaum ein Chance, je wieder ein unbehelligtes Leben zu führen. Ihre tatsächlichen Verhaltensweisen und politischen Meinungen spielten keine Rolle, wenn die zuständige Gestapo-Dienststelle einmal beschlossen hatte, in ihnen StaatsfeindInnen und RegimegegnerInnen zu sehen.

Die folgende Schilderung zeigt mit besonderer Deutlichkeit, wie in solchen Fällen die Feindbilder der Gestapo und ihre gezielten Ermittlungen mit Konflikten aus der privaten Umgebung der Verfolgten zusammenwirkten.

Der Kölner Autoreifenhändler und -monteur Paul Gerber war der Gestapo Anfang oder Mitte 1937 aufgefallen. In welcher Angelegenheit damals gegen ihn ermittelt wurde, lassen die erhaltenen Akten nicht erkennen, jedoch war Gerber offenbar in den Verdacht geraten, Kommunist zu sein und Kontakte zu kommunistischen Widerstandskreisen zu haben.[119] Ein Informant wurde auf Gerber angesetzt. Dabei handelte es sich wahrscheinlich um seinen ehemaligen Angestellten Anton Schieder, der ebenfalls eine Autoreifenhandlung besaß. Schieder und seine Schwester waren KommunistInnen gewesen. Während die Schwester wegen Aktivitäten für die KPD 1934 zu 18 Monaten Gefängnis verurteilt worden war, kam Anton Schieder straflos davon – vielleicht im Austausch für Spitzeldienste. Dieser Schluß liegt nahe, weil sein Name und seine politische Vergangenheit mehrfach von Gerber und den ZeugInnen genannt wurden, ohne daß gegen ihn Ermittlungen aufgenommen oder er auch nur als Zeuge vorgeladen wurde.

Der in den Akten anonym bleibende Informant erstattete am 11. Oktober 1937 bei dem Gestapobeamten Hoegen über Gerber einen ersten Bericht (Quelle 2, Abb. 2). Viel konnte er allerdings nicht mitteilen: Einem Angestellten gegenüber hatte Gerber angeblich geäußert, er würde lieber in Rußland trockenes Brot als in Deutschland Sahnekuchen essen. Ansonsten gab er nur Vermutungen zu Protokoll: »Es ist sehr wahrscheinlich, daß Gerber auch sonst noch deutschfeindliche Propaganda treibt und [. . .] mit Russland Verbindung hat.«

Der Informant erhielt offenbar die Anweisung, diese mageren Angaben zu ergänzen, konnte aber in den folgenden Wochen nur herausfinden, »daß Gerber vor wie nach über das dritte Reich schimpft.« Kriminalsekretär Hoegen beschloß daher, den Angestellten, dem gegenüber Gerber Deutschland und Rußland verglichen haben sollte, zu vernehmen. Adolf Heinrich war mit Gerber verwandt und in dessen Betrieb als Vulkaniseur, Reifenmonteur und Verkäufer tätig. Zu Beginn seiner Vernehmung am 8. Dezember 1937 beklagte er sich über seinen Chef: »Bei schwerer Arbeit von morgens früh bis abends

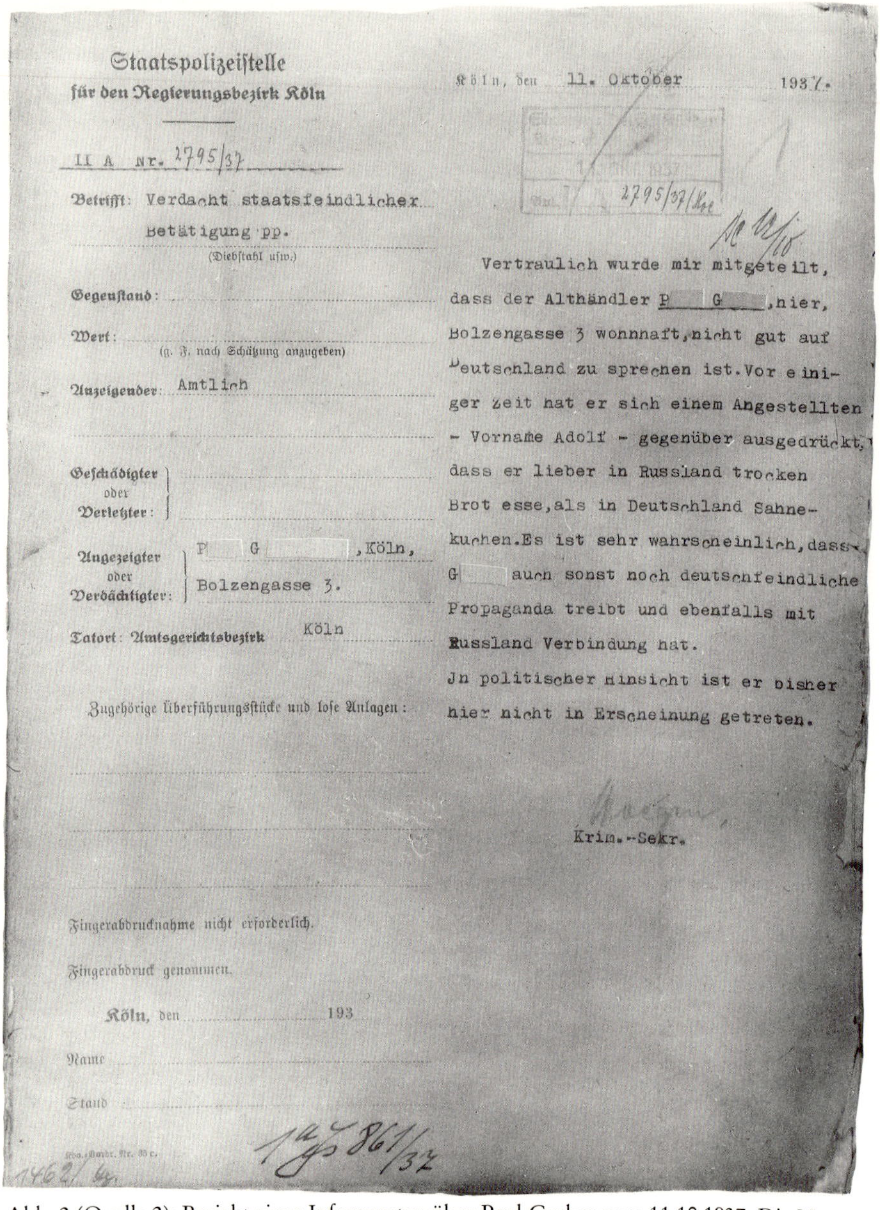

Staatspolizeistelle
für den Regierungsbezirk Köln

II A Nr. 2795/37

Betrifft: Verdacht staatsfeindlicher Betätigung pp.
(Diebstahl usw.)

Gegenstand:

Wert:
(g. F. nach Schätzung anzugeben)

Anzeigender: Amtlich

Geschädigter oder Verletzter:

Angezeigter oder Verdächtigter: P G , Köln, Bolzengasse 3.

Tatort: Amtsgerichtsbezirk Köln

Zugehörige Überführungsstücke und lose Anlagen:

Fingerabdrucknahme nicht erforderlich.

Fingerabdruck genommen.

Köln, den 193

Name

Stand

Köln, den 11. Oktober 1937.

2795/37

Vertraulich wurde mir mitgeteilt, dass der Althändler P G ,hier, Bolzengasse 3 wohnhaft,nicht gut auf Deutschland zu sprechen ist.Vor einiger Zeit hat er sich einem Angestellten – Vorname Adolf – gegenüber ausgedrückt, dass er lieber in Russland trocken Brot esse,als in Deutschland Sahnekuchen.Es ist sehr wahrscheinlich,dass G auch sonst noch deutschfeindliche Propaganda treibt und ebenfalls mit Russland Verbindung hat.
Jn politischer Hinsicht ist er bisher hier nicht in Erscheinung getreten.

Krim.-Sekr.

1a Js 861/37

Abb. 2 (Quelle 2): Bericht eines Informanten über Paul Gerber vom 11.10.1937. Die Namen wurden durch den Verlag unkenntlich gemacht.

spät verdiene ich pro Woche 25,- RM netto.« Heinrich bestätigte die Bemerkung über den »Sahnekuchen« und konnte die allgemeinen Angaben des Informanten etwas konkretisierten: Gerber fühle sich durch den Staat in seiner Gewerbefreiheit eingeschränkt, spende nicht für die NS-Volkswohlfahrt, wolle sich nicht zum Luftschutz heranziehen lassen und höre den »Moskauer Sender« sowie den »Freiheitssender«, den deutsche KommunistInnen von Holland aus betrieben. Heinrich bat darum, seinen Namen geheim zu halten, da er sonst Rache zu befürchten habe. Er wies außerdem darauf hin, daß Gerber seine Ehefrau und seine Kinder äußerst schlecht behandele. Hoegen notierte dazu, daß ein »besonderer Vorgang wegen Kindesmißhandlung bezw. Körperverletzung in den Geschäftsgang gebracht worden« sei.

Anton Heinrichs Moralvorstellungen schlossen offensichtlich nicht ein, eine ihm unsympathische, jedoch von staatlicher Verfolgung bedrohte Person zu schützen. Bei seiner Aussage ließ er sich ganz von seiner Abneigung gegen Gerber führen; er sah keinen Grund, sich von seinen Gefühlen zu distanzieren und Gerber gegen die Fragen der Gestapo so weit wie möglich zu decken. Das Protokoll seiner Vernehmung läßt keinen Versuch erkennen, falsche oder ausweichende Antworten zu geben oder Informationen zurückzuhalten, wie sie trotz der im ersten Kapitel beschriebenen Manipulationen und Drohungen durch die Gestapo bei anderen ZeugInnenbefragungen zu finden sind.[120] Geleitet von seiner Verärgerung und konfrontiert mit dem Vorwissen des Gestapobeamten, erzählte Heinrich alles, was in seinen Augen Gerber als Regimegegner auswies. Dabei schreckte er auch vor offensichtlichen Spekulationen nicht zurück, wenn er berichtete, »daß bei dem Gerber ein gewisser Paul Stübben sehr oft verkehrt, von dem er auch den Radioapparat gekauft hat. Was die beiden zusammen haben und in was für einem politischen Verhältnis sie stehen, kann ich nicht sagen, weil sie stets sehr geheimnisvoll tun. So habe ich erst vor einigen Tagen bemerkt, daß sie etwas gemeinsam schrieben. Als ich hinzu kam, legte Gerber das Schreiben auf die andere Seite, sodaß ich von dem Inhalt nichts mitbekam. Stübben hat dieselbe politische Gesinnung wie der Gerber. Über dessen politische Vergangenheit vermag ich keine Angaben machen zu können.« Gerber und Stübben waren also offensichtlich der Ansicht, daß der Inhalt ihrer Gespräche und der Papiere, mit denen sie sich befaßten, Heinrich nichts anging, was im Zusammenhang mit den anderen Vorwürfen als verdächtiges Verhalten interpretiert wurde.

Heinrich versuchte bei der Vernehmung in keiner Weise, sich als besonders regimeloyal hinzustellen. Seine Aussagen beruhten nicht auf einer tatsächlichen oder angeblichen nationalsozialistischen Überzeugung, wie sie viele Zeuginnen und Zeugen für sich reklamierten. Das Verhältnis zu Gerber basierte auf der beruflichen Hierarchie zwischen ihnen. Es war nicht durch politische Differenzen, sondern durch Heinrichs Verärgerung über den niedrigen Lohn, vielleicht auch durch das Gefühl der Abhängigkeit geprägt. Auch ein Familienstreit dürfte eine Rolle gespielt haben. Aus den Akten läßt sich entnehmen, daß zwischen Gerber und seinen Cousins und Cousinen Spannungen bestanden. Der junge Adolf Heinrich, Sohn einer der Cousinen, war bislang nicht unmittelbar darin verwickelt, sie dürften aber in seinem Ärger über die harte Arbeit und den geringen Lohn die Abneigung gegen Gerber verstärkt haben.

Laut Adolf Heinrich hatte Gerber die Unwilligkeit, sich am Luftschutz zu beteiligen, gegenüber einem Wachtmeister der Schutzpolizei geäußert. Die Gestapo machte den Mann ausfindig; dessen Bericht lag Hoegen bereits zwei Tage nach der Befragung Heinrichs vor. Der Hauptwachtmeister bestätigte Heinrichs Darstellung und fühlte sich genötigt, seine Passivität der politischen Polizei gegenüber zu rechtfertigen: »Da ich [...] des öfteren mit Gerber dienstlich zu tun habe, wollte ich ihn noch beobachten, ob er noch mehr derart staatsfeindliche Äußerungen machen würde, um ihn dann zur Anzeige zu bringen. Ich hatte nach dieser Zeit keine Gelegenheit mehr, mich mit Gerber zu unterhalten.«

Schon am nächsten Tag, dem 13. Dezember 1937, wurde die Gestapo gegen Paul Gerber aktiv. Während ein Assistent den Laden überwachte, durchsuchten die beiden Kriminalsekretäre Hoegen und Trierweiler die Wohnung, nahmen dann Gerber in seinem Geschäft fest und durchsuchten auch die Firmenräume. Paul Frings, ein zufällig anwesender Geschäftsfreund, wurde an Ort und Stelle, dann ein zweites Mal im EL-DE-Haus über seine Beziehungen zu Gerber und über dessen politische Einstellung befragt. Er gab zu Protokoll, daß Gerber über die für ihn zuständige Handelsorganisation schimpfe und den Gruß »Heil Hitler« mit »Heil Du ihn doch, ich bin kein Nervenarzt« erwidere. Trotz dieser konkreten Benennung einer ›heimtückischen‹ Äußerung scheint Hoegen mit dem Ergebnis der Befragung nicht zufrieden gewesen zu sein und den Eindruck gehabt zu haben, daß Frings Informationen zurückhielt. Wie es sonst nur selten geschah, wurde die daraufhin ausgesprochene Verwarnung des Zeugen im Protokoll festgehalten; Frings bestätigte durch seine Unterschrift: »Mir ist eröffnet worden, daß ich dann mit meiner Festnahme zu rechnen habe, wenn mir nachgewiesen wird, daß ich Gerber bewußt schütze. Ich habe kein Interesse daran, den Gerber zu decken.« Da dies die einzige Vernehmung von Frings blieb, war nicht feststellbar, ob er tatsächlich Kenntnis von weiterem ›staatsfeindlichen‹ Verhalten seines Geschäftspartners hatte. Für die Gestapo war er allein schon durch seine Anwesenheit in der Firma des Beschuldigten verdächtig.

Es stellt sich die Frage, warum die Gestapo so energisch gegen Gerber vorging. Selbst wenn der Informant, der ihn im Oktober bei Hoegen gemeldet hatte, nicht gezielt auf ihn angesetzt gewesen sein sollte, betrieb die Kölner Gestapo die Ermittlungen doch mit großem Aufwand und, nach dem Scheitern des zweiten Versuchs, über den Spitzel Informationen zu erhalten, mit hoher Schnelligkeit und massivem Druck. Hoegen und seine Vorgesetzten vermuteten offensichtlich, nach der Zerschlagung des kommunistischen Widerstands in den Jahren zuvor nun einer neuen aktiven kommunistischen Gruppe auf der Spur zu sein. Der Informant glaubte entweder an entsprechende Verbindungen von Gerber oder wollte seinen Wert für die Gestapo erhöhen. Jedenfalls wandte er sich an die für die Bekämpfung des linken Widerstands zuständige Gestapo-Abteilung.

Dort nahm Hoegen seine vagen Andeutungen ernst, denn er behielt die Sache in seiner Zuständigkeit, obwohl die wenigen konkreten Vorwürfe gegen Gerber Delikte nach dem Heimtückegesetz waren, das nicht in Hoegens Arbeitsgebiet fiel. Ausschlaggebend war für ihn, daß Gerber angeblich kommunistische Rundfunksender hörte. Die Tatsache, daß zunächst weiter verdeckt ermittelt und der Zeuge Adolf Heinrich nicht sofort befragt wurde, spricht dafür, daß die Gestapo an organisierte oppositionelle Tätigkeiten des Reifenhändlers glaubte. Bei Untersuchungen von Heimtückevergehen war ein solches Vorgehen nicht üblich und für die Polizei auch nicht sinnvoll, da es in erster Linie um die Einschüchterung der Bevölkerung ging. Es wurden deshalb normalerweise zunächst die möglichen ZeugInnen, dann der oder die Beschuldigte vernommen. Bei Ermittlungen gegen vermutete Widerstandsgruppen hingegen kamen Spitzel zum Einsatz, wurden Objekte und Personen überwacht, bis die Gestapo glaubte, die Gruppe ausheben zu können.[121] Auch bei Gerber wurde so vorgegangen, jedoch ohne Ergebnis. Hoegen stellte zwei Monate nach der ersten Meldung des Informanten über Gerber fest: »Da die weiteren Nachforschungen in vorstehender Angelegenheit bisher zu keinem Erfolg geführt haben, muß der Zeuge zu der Angelegenheit gehört werden.« Da auch Heinrich sich in Andeutungen über mögliche kommunistische Verbindungen seines Chefs erging, ließ Hoegen die Aktionen weiter nach dem Muster des Vorgehens gegen Widerstandsgruppen ablaufen: Gerber und Stübben wurden gleichzeitig verhaftet, Wohnung und Geschäft von

Gerber währenddessen durchsucht, das Telefon überwacht und der zufällig Anwesende Paul Frings vernommen.

Paul Gerber stand also unter dem Verdacht kommunistischer Aktivitäten und schwebte deshalb in ungleich größerer Gefahr, der Folter ausgesetzt oder in ein Konzentrationslager gebracht zu werden als eine Person, bei der die Gestapo Verstöße gegen das Heimtückegesetz vermutete. Er zeigte sich davon zunächst nicht beeindruckt. Hoegen ließ im Protokoll festhalten: »Der Beschuldigte Gerber war bei seiner Vernehmung äußerst renitent, sodaß eine weitere Vernehmung nicht durchführbar war. Er wurde vorerst auftragsgemäß sistiert«, d.h. festgenommen. Eine erste Vermutung zur Interpretation dieses Vermerks war, daß Gerber nach seiner Verhaftung die Aussage verweigert oder nicht das gesagt hatte, was die Beamten hören wollten. Weitere Äußerungen von und über Gerber aus der NS- und der Nachkriegszeit lassen es allerdings auch als möglich erscheinen, daß sein oftmals aufbrausendes Verhalten tatsächlich eine Befragung zunächst unmöglich machte. Er verbrachte daraufhin den Rest des Tages und die folgende Nacht in einer der Zellen des EL-DE-Hauses. Es ist wahrscheinlich, daß er auch darüber hinaus mißhandelt wurde, da das Vernehmungsprotokoll vom 14. Dezember 1937 mit der Formulierung beginnt: »Auf Vorhalt muß ich zugeben [...]«, die häufig auf vorausgegangene Mißhandlungen hinweist.[122]

Josef Hoegen war einer der meistgefürchteten Gestapo-Mitarbeiter in Köln. Er war einer der wenigen, die nach Ende des ›Dritten Reichs‹ vor Gericht gestellt wurden. Im Dezember 1949 wurde er wegen Körperverletzung und Aussageerpressung zu neun Jahren Zuchthaus verurteilt.[123]

Gerber wurde entsprechend der üblichen Routine zunächst zur Person befragt. Die Gestapo konfrontierte ihn mit ihrem Wissen über seine Vorstrafen. Nachdem er Verurteilungen wegen Devisenvergehen, versuchten Münzverbrechen, unlauterem Wettbewerb, Diebstahl und Steuerhinterziehung hatte einräumen müssen, schilderte Gerber seinen Lebenslauf und eine politische Vergangenheit, die den Kommunismusverdacht der Gestapo erschüttern mußte. Er wurde 1897 geboren und war im Ersten Weltkrieg Soldat. Nach seiner Demobilisierung, so Gerber, habe er sich 1919 bei der Kommission der Reichsbahn gemeldet, die für die Überführung der als Kriegsentschädigungen an Frankreich abzuliefernden Lokomotiven und Waggons zuständig war. Er habe alle drei von ihm nach Frankreich gebrachten Lokomotiven dort unbrauchbar gemacht, was ihm die Strafverfolgung durch die Behörden der

Siegermächte einbracht habe. Gerber erklärte außerdem, 1919 ein halbes Jahr im Baltikum gegen die Bolschewisten gekämpft zu haben. Nach dem Kapp-Putsch 1920 habe er auf Druck des Betriebsrates seine Stelle bei der Reichsbahn in Köln-Deutz verloren. Für die Zeit danach erwähnte er kein politisches Engagement mehr, doch konnte er mit den genannten Taten rechtsextreme ›Verdienste‹ aus der Weimarer Republik vorweisen, die die der meisten ›Alten Kämpfer‹ der NSDAP in den Schatten stellten.

Nach der Niederlage im Ersten Weltkrieg hatte sich Deutschland im Versailler Vertrag verpflichtet, an die Siegermächte Entschädigungen in Form von Geld und Industriegütern zu leisten. Der Widerstand gegen den Friedensvertrag gehörte zum Credo aller rechten politischen Parteien und Gruppierungen. Die Reparationen wurden teilweise boykottiert bzw. die abgelieferten Maschinen durch Sabotage unbrauchbar gemacht. – Nach Kriegsende fanden sich zahlreiche entlassene Soldaten in sog. Freikorps zusammen, die in den bürgerkriegsähnlichen Zuständen 1919/20 durch die von der SPD dominierte Regierung gegen Demonstrationen, Streiks und Umsturzversuche eingesetzt wurden, die aber immer weniger von der Regierung kontrolliert werden konnten. Die Einheiten wurden zunehmend von Rechtsradikalen beherrscht. Viele Freikorps beteiligten sich an den Kämpfen im Baltikum, wo Estland und Lettland mit ihrer Hilfe die soeben erreichte Unabhängigkeit gegen die sowjetische ›Rote Armee‹ bewahrten. Die Freikorpskämpfer verstanden sich dabei als Beschützer der im Baltikum lebenden Nachfahren deutscher Siedler und als Vorkämpfer gegen den Bolschewismus. Aus dieser Haltung heraus waren zahlreiche Freikorps 1920 an einem rechten Umsturzversuch (Kapp-Putsch) beteiligt. Anschließend versuchten die Gewerkschaften teilweise erfolgreich, die Einstellung ehemaliger Freikorpsleute, vor allem der ›Baltikumer‹ und Putschisten, zu verhindern bzw. ihre Entlassung durchzusetzen.

Zu den Vorwürfen gegen ihn befragt, beteuerte Gerber seine Treue zu Staat und Regierung: »Wenn mir daraufhin vorgehalten wird, daß ich mich wiederholt sehr abfällig über die heutige Regierung ausgesprochen und geäußert habe, so muß ich dies zugeben, weil ich schon mal verärgert war, weil die Wirtschaftsordnung zu langsam vor sich ging. Was ich eigentlich alles gesagt habe, weiß ich heute nicht mehr anzugeben. Ich bedauere heute aufrichtig, daß ich mich soweit hinreißen ließ und die Äußerungen tat. Hierbei bemerke ich aber ausdrücklich, daß die von mir getanen Äußerungen niemals aus dem Herzen kamen, sondern nur oberflächlich waren.« Er gab seine Ironisierung des Hitler-Grußes ebenso zu wie die Ankündigung, den Luftschutzdienst verweigern zu wollen; an die Bemerkung mit dem Sahnekuchen könne er sich nicht erinnern. Es habe ihm ferngelegen, Maßnahmen der Regierung sabotieren zu wollen, er sei lediglich »äußerst nervös und schnell erregbar [...]. In solchen Augenblicken sage ich viel, was ich später nicht mehr weiß.«

Durch die Behandlung seit seiner Festnahme war der vorherige Widerstand von Gerber weitgehend gebrochen. Hoegen hatte das Verhör langsam auf die ihn vor allem interessierenden Punkte hingesteuert. Erst nachdem er den Beschuldigten durch die Fragen zur Person und zu den drei Heimtücke-Äußerungen ans Reden gebracht hatte, befragte er ihn nach den vermeintlichen kommunistischen Kontakten, nämlich zu seinem früheren Angestellten Schieder (dem vermutlichen Informanten Hoegens) und seinem Bekanntem Stübben. Über Schieder sagte Gerber lediglich, dieser sei sozialistischer Funktionär gewesen und habe dennoch heute die Gewerbeerlaubnis für den Handel mit Autoreifen, worüber er sich geärgert habe. Das Abhören des deutschsprachigen Moskauer Rundfunkprogramms und des ›Freiheitssenders‹ gab Gerber zu. Im Gegensatz zu Heinrichs Aussage beharrte er jedoch darauf, stets allein zugehört zu haben; Heinrich sei nie dabei gewesen. Paul Stübben habe ihm lediglich den Radioapparat beschafft, aber keine Sendungen mit ihm gehört. Stübben sei schon lange arbeitslos und werde deshalb bei seinen Besuchen von Gerber mit Mahlzeiten versorgt.

Am Schluß seiner Vernehmung führte Gerber weitere Fakten an, von denen er hoffte, daß sie seine Unschuld in den Augen der Gestapo glaubwürdiger erscheinen lassen würden: Seine Ehefrau sei seit mehreren Jahren Mitglied der NS-Frauenschaft, die beiden Söhne in der HJ. Als Zeugen für seine politische Zuverlässigkeit benannte er zwei SA-Männer. Schließlich bat er um seine baldige Freilassung, damit seine gutgehende geschäftliche Existenz nicht gefährdet werde: »Ich bin bereit, im Falle meiner Freiheit eine größere Geldbuße und zwar den Betrag von 500,- RM an die NSV [NS-Volkswohlfahrt] zu zahlen.« Diese Bemerkung zeigt, daß er auch jetzt noch seine Situation falsch einschätzte. Er war sich seines aufbrausenden Temperaments bewußt und sah ein, daß er gegen den nationalsozialistischen Verhaltenskodex verstoßen hatte. Er glaubte, dies durch eine Spende, eine übliche Methode der Loyalitätsbezeugung im nationalsozialistischen Deutschland, wiedergutmachen zu können. Er scheint nicht erkannt zu haben, in welche Richtung der Vernehmungsbeamte gezielt hatte und welche Folgen für ihn daraus entstehen konnten.

Für die Gestapo war die Vernehmung ein Mißerfolg. Zwar gestand Gerber die abfälligen Redereien über Hitler und den Zustand der deutschen Wirtschaft ein, doch waren dies nur weitverbreitete Spötteleien und Meckereien und keineswegs die erhofften Hinweise auf organisierte Widerstandshandlungen. Beim nachfolgenden Verhör Stübbens mußte die Gestapo ebenfalls von ihren Vermutungen abrücken und feststellen, daß Adolf Heinrich kein sehr zuverlässiger Zeuge war.

Paul Stübben erwies sich als in jeder Hinsicht unbequem: Seine Angaben über ihre Bekanntschaft sowie die Beschaffung, nicht aber gemeinsame Nutzung des Radios stimmten mit denen von Gerber überein; staatsfeindliche Äußerungen des Gerber habe er nie gehört. Zudem war auch Stübben in der ›Kampfzeit‹ der NSDAP aktiv gewesen. Er konnte nicht nur vier Orden aus dem Ersten Weltkrieg und den Freikorps-Kämpfen im Baltikum vorweisen, er war auch schon Anfang der zwanziger Jahre Mitglied der NSDAP gewesen. Nachdem die Partei als Folge ihres gescheiterten Putsches 1923 verboten worden war, hatte er sich dem ›Bund der Getreuen‹ angeschlossen, einer Tarnorganisation der NSDAP. Wegen seines politischen Engagements war er mehrmals kurz verhaftet, aber nicht verurteilt worden. Diese ›Verdienste‹ hätten Stübben bei Widersprüchen zwischen seinen und Gerbers Aussagen oder bei massiveren Belastungen durch ZeugInnen nicht viel genutzt (im Falle seiner Verurteilung wäre wohl seine Strafe niedriger ausgefallen als bei anderen Beschuldigten). Da die Vorwürfe gegen ihn aber ohnehin auf schwachen Füßen standen, dürfte seine Vergangenheit die Ermittler mit von seiner Unschuld überzeugt haben. Er wurde schon am Abend des 14. Dezember 1937 wieder aus der Haft entlassen.

Die beiden von Gerber benannten Zeugen für seine politische Zuverlässigkeit schilderten ein früheres Engagement des Reifenhändlers für die nationalsozialistische ›Bewegung‹, das Gerber in seiner Vernehmung nicht erwähnt hatte. Josef Krüger und Wilhelm Norden waren Partei- und SA-Mitglieder und wurden am 16. Dezember 1937 befragt. Dabei stellte sich heraus, daß Josef Krüger Anfang 1933 bei Straßenkämpfen mit Kommunisten verletzt worden war. Gerber hatte, so Krüger, durch die Zeitung davon erfahren, ihn im Krankenhaus besucht und anschließend Krügers Familie durch Lebensmittelgeschenke unterstützt. Auch später half Gerber ab und zu aus, bis Krüger schließlich eine Stelle als Marktaufseher gefunden hatte. Ähnlich äußerte sich der Straßenbahner Wilhelm Norden, der mit seiner Familie in den Jahren seiner Arbeitslosigkeit von Gerber öfter Geld erhalten hatte. »Gerber ist es gewesen, der mir 1933 mit Geldmitteln dazu verhalf, in die NSDAP eintreten zu können. Er hat mir sogar meine erste SA-Uniform komplett gekauft.«

Beide beteuerten, daß Gerber nach wie vor die Regierung unterstütze und sich in ihrer Gegenwart nie abfällig geäußert habe. Allerdings rede er »schon mal was daher« (Krüger) und sei als »Hamburger Großschnauze« (Norden) bekannt, so daß andere Personen ihn vielleicht mißverstehen könnten.

An einem der folgenden Tage wurde Gerber vorläufig freigelassen. Er blieb jedoch unter Beobachtung, außerdem wurde seine Untersuchung auf Zurechnungsfähigkeit angeordnet. In diesem Vorgehen mischen sich in typischer Weise Reste rechtsstaatlicher Verfahrensregeln mit der Willkür der nationalsozialistischen Polizei und Justiz. Aus den spezifischen Sicherheitsbedürfnissen und durch die Polizeimethoden der Diktatur war Gerber in die Mühlen des Verfolgungsapparates geraten. Sein Verhalten bei der ersten Vernehmung und vielleicht auch danach in der Zelle nahm die Gestapo zum Anlaß, an seiner Zurechnungsfähigkeit zu zweifeln. Es wurde deshalb, wie es in einem Rechtsstaat geschehen würde, ein Arzt eingeschaltet. Dieser schilderte seine Untersuchung im Januar 1938: »G. [brachte] eine Reihe von Fotografien mit, auf denen er bei patriotischen Aufzügen mit der Fahne dem Zug voranmarschierte [...]. Er redete ununterbrochen [...] und versuchte immer wieder zu beweisen, daß er der anständigste und tüchtigste Autoreifenhändler in Köln sei. Er gab zu, daß er gerne Reden halte und in Prozessen seine Gegner schwer beschimpft habe, so daß er später seine Äußerungen habe zurücknehmen müssen.« Der Arzt kam zu dem Schluß: »Intelligenzdefekte waren bei ihm nicht nachweisbar. Es handelt sich bei G. um einen leicht erregbaren, unbeherrschten Menschen, der von Natur ein hypomanisches Temperament besitzt. Er neigt zu Selbstüberschätzung, drängt sich überall vor, redet, wenn er in Erregung gerät, viel, was er nicht verantworten kann [...]. Eine verminderte Zurechnungsfähigkeit besteht bei ihm nicht. Immerhin dürfte bei den ihm zur Last gelegten Straftaten der bei ihm vorhandene geistige Zustand zu berücksichtigen sein.«

Auch wenn dieses Gutachten nicht von einem Psychologen stammte und ärztliche Gutachten im Nationalsozialismus mit größtem Mißtrauen betrachtet werden müssen, gibt es keinen Grund, an der Beschreibung des Verhaltens von Gerber zu zweifeln.

Die Kölner Gestapo sah keinen Anlaß, in der Aufmerksamkeit für Gerber nachzulassen. Sie glaubte zwar nicht mehr an Kontakte von Gerber in linksoppositionelle Kreise, verdächtigte ihn nun aber aufgrund der dem Arzt gezeigten Fotos sowie seiner und Stübbens Aussage der Zugehörigkeit zur ›Reaktion‹.

Das NS-Regime bekämpfte nicht nur die linke Opposition oder den aus religiösen Überzeugungen gespeisten Widerstand. Auch die rechten Organisationen wurden ›gleichgeschaltet‹

oder aufgelöst. Ihre führenden MitarbeiterInnen wurden nicht der scharfen Verfolgung ausgesetzt, wie sie vor allem KommunistInnen und SozialdemokratInnen erlitten, wurden aber mißtrauisch beobachtet, teilweise auch verhaftet. Wie der im ersten Kapitel wiedergegebene Geschäftsverteilungsplan der Kölner Gestapo zeigt, war die Bekämpfung der ›Reaktion‹ ebenso wie die Ausschaltung innerparteilicher Opposition eine der Aufgaben der politischen Polizei.

Die über Paul Gerber angelegte Akte ging nunmehr an die für die Beobachtung der ehemaligen Freikorps- und Baltikumkämpfer zuständige Gestapo-Abteilung. Von dort wurde Adolf Heinrich als Spitzel auf Gerber angesetzt – ein geschickter Schachzug, da Heinrich seinen Verwandten nicht leiden konnte und vielleicht auch wegen seiner ersten, unzureichenden Zeugenaussage unter Druck gesetzt werden konnte. Zudem hatte er Anfang März seine eigene Firma gegründet und war deshalb von Gerber nicht mehr abhängig.

Heinrich meldete sich am 11. März im EL-DE-Haus und gab zu Protokoll, daß Gerber seit seiner Freilassung häufig im Geschäft gefragt worden sei, wie es in der Gestapo-Haft gewesen sei: »Woher die Kundschaft die Festnahme des Gerber erfahren hatte, weiß ich nicht. Gerber gab den Leuten zur Antwort, daß er in einer Nachbarzelle des Stapogebäudes Schreien gehört habe. Unten seien lange SS-Leute gewesen. Die würden diejenigen kriegen, die sich nicht fügten.«

Die Gestapo erfuhr, daß Gerber auch der Familie seines Freundes Norden von Folterungen im EL-DE-Haus erzählt habe. Gerber wurde daraufhin im Juli 1938 zusammen mit Heinrich vorgeladen. Bei einer Gegenüberstellung wiederholte Heinrich auch seine früheren Beschuldigungen. Gerber gab zu, daß der damals bei ihm wohnende Heinrich »bei dem Abhören der beiden Sender zugegen« war. Er sagte dann: »Es ist weiter richtig, daß ich damals [...] in einer Nachbarzelle Schreien gehört habe. Ich muß erläuternd aber erklären, daß ich nicht gehört oder bemerkt habe, daß dort ein Gefangener geschlagen wurde. Vielmehr kam ein Beamter, den ich zwar nicht gesehen habe, aber den ich [...] an der Stimme glaubte zu kennen, mit einem Gefangenen, um diesen in die Zelle zu führen. Der Gefangene weinte, weil er eingeliefert wurde. Mit meiner Erzählung wollte ich bei Heinrich auf keinen Fall den Eindruck erwecken, als wenn jemand bei der Gestapo geschlagen worden sei.« Mit dieser ›Richtigstellung‹ war die Gestapo zufrieden. Ihr war es ausschließlich um die Einschüchterung von Gerber gegangen, der offensichtlich zuvor noch nicht verstanden hatte, daß Erzählungen über seine Hafterlebnisse von der Gestapo nicht als geeigneter Stoff für Gespräche mit seiner Kundschaft angesehen wurden. Die politische Polizei hatte damit einmal mehr die nationalsozialistischen Redeverbote durchgesetzt. Die Vernehmungsbeamten gingen jetzt davon aus, daß Gerber seine Lektion gelernt hatte: Der Gefangene, den er vorher hatte »schreien« hören, »weinte, weil er eingeliefert wurde«. Die Polizei stellte die aktive Beobachtung von Gerber ein. Der offiziell festgehaltene Vorwurf der Körperverletzung seiner Ehefrau und Mißhandlung seiner Kinder spielte zu keinem Zeitpunkt eine Rolle.

Bis hierher ergab sich die Verfolgung Gerbers aus Ermittlungsergebnissen und Interessen der Gestapo. Mit Hilfe von Informanten suchte sie in seinem Umfeld zunächst nach linken, dann nach rechten Oppositionellen und nutzte zwei dabei entdeckte privat motivierte Feindschaften aus. Als sie im Spätsommer 1939 wiederum Ermittlungen gegen Gerber aufnahm, wurde sie aufgrund einer Denunziation aus dem familiären Umfeld tätig und behandelte ihn dieses Mal von Anfang an als Heimtückeredner.

Nach ihrer Scheidung im Herbst 1938 zog Frieda Engels, eine Cousine von Gerber, von Gummersbach nach Köln. Mit ihr zusammen kam ihr ebenfalls gerade geschiedener Freund Erich Schelling. Im Sommer 1938 hatte der bisherige Justizinspektor, der als Offizier im Ersten Weltkrieg mehrfach schwer verwundet worden war, seine Frühpensionierung aus gesundheitlichen Gründen durchgesetzt. Das Paar wollte nun in Köln leben, abseits des Kleinstadtgeredes über ihre in der damaligen Zeit skandalöse Beziehung. Frieda Engels fand zunächst bei ihrem Cousin Gerber und dessen Ehefrau Unterkunft, während Erich Schelling ein möbliertes Zimmer in der Nähe mietete.

Paul Gerber behauptete 1948, als er die inzwischen verheirateten Schellings der Denunziation beschuldigte, in seiner Gutmütigkeit und Rücksichtnahme auf die verwandtschaftlichen Beziehungen ausgenutzt worden zu sein: »Frau Engels [...] hat dann 11 Monate kostenlos bei mir gewohnt und ebenso kostenlos bei mir die gleiche Zeit [...] Verpflegung genossen. Schelling seinerseits hat ebenfalls die ganze Zeit bei mir kostenlos die Mahlzeiten eingenommen. Beide erbaten auch meine Hilfe für ihn, um eine neue Existenz zu finden [...].« Nach Darstellung Frieda Schellings hatte sie »längere Zeit [...] bei der Familie Gerber gewohnt und geholfen. Eine geldliche Gegenleistung forderten sie nicht, da ich durch meine Arbeit ja noch etwas herausbekommen hätte müssen. Durch diesen Umstand wurde auch mein jetziger Mann oft zum Essen eingeladen.« Ihr Ehemann schilderte die Situation ebenso und betonte, sein Pensionierungsverfahren sei zur Zeit des Umzugs bereits abgeschlossen gewesen. Mit einer Pension von 400,-- RM sei er keineswegs mittellos und auf Hilfe von Gerber angewiesen gewesen.

Neben diesen Widersprüchen schilderten die drei Beteiligten einige Punkte identisch: Cousin und Cousine hatten über mehrere Jahre hinweg kaum Kontakt zueinander gehabt. Bei einem Aufenthalt in Köln 1938 nahm Frieda Engels die Gelegenheit wahr und besuchte zusammen mit ihrem späteren Ehemann ihre Verwandtschaft. Dadurch lebte die Beziehung wieder auf. Es waren dann die Eheleute Gerber, die Frieda Engels im August 1938 ein Zimmer anboten, woraus sich für die nächsten Monate ein enges Zusammenleben der beiden Paare entwickelte. Es kam jedoch alsbald zu Konflikten, die anfangs beigelegt werden konnten, sich aber schließlich so weit zuspitzten, daß Frieda Engels im Sommer 1939 auszog (wie sie sagte) bzw. herausgeworfen wurde (wie Paul Gerber angab). Die beiden Paare brachen den Kontakt zueinander ab. Die Ursachen der Streitigkeiten wurden in den Ermittlungen 1948/49 sehr unterschiedlich benannt.

Paul Gerber gab in seiner Anzeige vom Dezember 1948 an, gegenüber Schelling und Engels aus seiner anti-nationalsozialistischen Haltung keinen Hehl gemacht zu haben, worüber es zu Auseinandersetzungen gekommen sei. Einige Wochen vor Kriegsbeginn habe er die Geduld verloren: »Im amtlichen Auftrage [kam] ein Offizier in mein Geschäft, besichtigte es und wollte meinen Betrieb zum Wehrmachtsbetrieb machen. Ich habe aber abgelehnt. Hiervon habe ich auch dem Schelling erzählt und mich dabei geäußert, daß das alles auf einen Krieg hinsteuere, daß dies ein Verbrechen sei und daß sich eigentlich auch die Offiziere eines Verbrechens schuldig machten, die in einem solchen Kriege, der offensichtlich ein reiner Angriffskrieg sei, mitmachten. Hier stand Schelling auf und erklärte, er sei auch Offizier und er ließe sich nicht Verbrecher schimpfen. Nunmehr habe ich ihn aufgefordert, meine Wohnung zu verlassen. Die gleiche Aufforderung richtete ich anschließend an die Frau Engels.«

Die Eheleute Schelling leugneten, Gerber bei der Gestapo angezeigt zu haben; sie seien lediglich als ZeugInnen vernommen worden. Sie erklärten bei ihrer Befragung im März 1949, daß der Bruch aus ihrer Unterstützung für die Ehefrau Gerber entstanden sei, die von der Nachkriegsjustiz nicht befragt wurde. Frau Gerber habe ihren Ehemann immer wieder gebeten, den Moskauer Rundfunk nicht mehr abzuhören und dabei an seine frühere Inhaftierung erinnert. Erich Schelling behauptete, daß Gerber wegen des Radiohörens »mit seiner Ehefrau laufend die schwersten Auseinandersetzungen hatte und seine Ehefrau und Kinder dabei mißhandelte, so daß ich verschiedentlich dazwischen getreten bin. Über diese Sachen wurde ich bei der Gestapo befragt und habe sie wahrheitsgemäß beantwortet. Auch stimmte, daß bei irgendeiner Auseinandersetzung [...] Gerber allgemein den Offiziersstand beleidigte und ich ihm entgegen trat«, von einer Beschlagnahme seines Geschäftes sei ihm jedoch nichts bekannt. Auf Bitten der Ehefrau Gerber habe sie, so Frieda Schelling, ihren Vetter gedrängt, den ausländischen Sender nicht mehr zu hören. Bei der Gestapo habe sie über die Mißhandlungen berichtet und angegeben, daß Gerber seine Ehefrau mehrfach zur Abtreibung gezwungen habe. Sie habe geglaubt, damit im Interesse von Frau Gerber zu handeln, die sie öfters um Hilfe gebeten habe und die auch gegen ihren Auszug gewesen sei. »Die Hauptursache meines Wohnungswechsels entstand dadurch, daß [Gerber] im Laufe eines Gesprächs zu mir sagte, wenn es zu einem Krieg durch Hitler käme, gönne er mir, daß meine beiden Söhne die Knochen ineinander geschossen bekämen, damit auch ich einmal die Nase voll bekäme.« Auch habe Gerber damit gedroht, daß er nach einer Regierungsübernahme durch die Kommunisten alle »braunen Hunde aus der Verwandtschaft«, auch Schelling und einen Bruder von Frieda Engels, an den Pranger stellen werde.

Die Konflikte zwischen Engels und Gerber scheinen auch eine Wiederaufnahme alter Familienstreitigkeiten gewesen zu sein, an denen die beiden Brüder von Frieda Engels und vielleicht weitere Verwandte beteiligt waren, und in die sich spätestens jetzt der junge Adolf Heinrich verwickeln ließ, indem er seine Tante zur Untermiete aufnahm.

In seiner Anzeige vom Dezember 1948 beschuldigte Gerber seine Verwandten, seine verächtlichen Äußerungen über Propagandaminister Goebbels und Robert Ley, den Chef der ›Deutschen Arbeitsfront‹, der Gestapo gemeldet zu haben. Sie hätten ihn außerdem bezichtigt, mit einem Freund zusammen Patente ins Ausland verschoben zu haben. Weiter hätten sie behauptet, er habe seine Ehefrau mehrmals zu Abtreibungen gezwungen. Das Ermittlungsverfahren gegen den angeblich beteiligten Arzt sei nach zwei Wochen eingestellt, er selbst hingegen wegen der politischen Vorwürfe fünf Monate in Untersuchungshaft behalten worden.

Die Aussagen der Eheleute Schelling aus dem Jahr 1949 zeigen, daß Paul Gerber tatsächlich, wie ihm von der Gestapo vorgeworfen worden war, den deutschsprachigen Moskauer Rundfunk abzuhören pflegte. Seit seiner Jugend im Ersten Weltkrieg hatte Gerber persönlich und ideologisch einen weiten Weg zurückgelegt, der in weiten Teilen typisch für die Männer seiner Generation war: Nach Kriegsende 1918 fand er nicht ins zivile Leben zurück und schloß sich den Freikorps an, die mit Aktionen gegen Besatzung und Reparationen, gegen streikende Arbeiter und mit den Kämpfen im Baltikum ihren Frustrationen Luft machten. Sie beteiligten sich im Kapp- und im Hitler-Putsch an den rechtsradikalen Versuchen, die Republik zu beseitigen. Zur

Zeit von Hitlers Putschversuch im November 1923 gehörte Gerber nicht mehr zu den Aktivisten, sympathisierte aber nach wie vor mit den rechten Parteien und Verbänden. Er hatte 1920 geheiratet und nach seiner Entlassung von der Reichsbahn als Vertreter für Autoöle mühsam sein Geld verdient. Wahrscheinlich aus finanziellen Notlagen heraus beging er kleine Diebstähle und beteiligte sich an Devisenschiebereien. Mitte der zwanziger Jahre konnte er vom allgemeinen wirtschaftlichen Aufschwung profitieren. Trotz der inzwischen herrschenden Wirtschaftskrise gelang es ihm, sich 1930 mit einem Geschäft für Autoreifen, technische Öle, Autozubehör und Reifenreparaturen selbständig zu machen. Nach seiner Scheidung 1925 hatte er 1927 erneut geheiratet und in zweiter Ehe zwei Kinder. Der Aufstieg der NSDAP und der Beginn der nationalsozialistischen Herrschaft brachten ihn nicht dazu, erneut politisch aktiv zu werden. Hatte er sich nach Ende des Ersten Weltkriegs von rechten Ideologen, Soldatenkameraderie und Perspektivlosigkeit zu lebensgefährlichen Einsätzen bewegen lassen, blieb er jetzt ›Privatmann‹, ohne ganz abseits bleiben zu wollen. Er trat weder in die NSDAP noch in eine ihrer Organisationen ein, half aber arbeitslosen SA-Männern mit Essen und Geld. Kessler und Norden unterstützte er über einen längeren Zeitraum. Es bleibt unklar, ob er in dieser Zeit an den Nationalsozialismus glaubte, oder ob er Wege suchte, bei Vertretern der neuen Machthaber Eindruck zu machen. Das Bedürfnis, anderen zu helfen, scheint aber echt gewesen zu sein, zumal er sich ja später gegenüber seiner Cousine und deren Freund ähnlich hilfsbereit verhielt.

Eigene und fremde Aussagen in den Akten erwecken den Eindruck, daß Gerbers Hilfsbereitschaft Teil seines Geltungsbedürfnisses war. Der Gedanke liegt nahe, daß beides darauf zielte, die Jahre der Entwurzelung, Halbkriminalität und finanziellen Not zwischen 1918 und 1927 zu kompensieren.[124] Der Wunsch, jemand besonderes zu sein und sich von der jeweiligen Mehrheitsmeinung abzuheben, war es vielleicht auch, der den Wandel seiner politischen Haltung begründete. Während er sich Anfang der zwanziger Jahre in den Freikorps, in den Jahren 1932-34 als Helfer für SA-Männer betätigt hatte, hörte er spätestens ab 1937 kommunistische Rundfunksender und führte vor Angestellten, KundInnen und Verwandten abfällige Reden über die Regierung, einzelne Funktionäre, die Wirtschaftspolitik und die Kriegsvorbereitungen. Dies bedeutet nicht, daß er zum überzeugten ›Kommunisten‹ geworden wäre. Sein geradezu demonstrativ nach der ersten Verhaftung fortgesetztes Abhören der kommunistischen Sender, seine Reden über kommende Barrikadenkämpfe und die Abrechnung mit den »braunen Bonzen« waren symbolische Handlungen, Metaphern einer Unzufriedenheit, für die es im Nationalsozialismus, insbesondere für eine so unausgeglichene, rechthaberische und von der Aufmerksamkeit seiner Umgebung abhängige Persönlichkeit wie Gerber keine vom System gebilligte Ausdrucksmöglichkeit gab.

In seiner Situation mußte Gerber die Inspektion seines Betriebes durch einen Wehrmachtsoffizier als neue Zumutung erscheinen. Der Offizier hatte wahrscheinlich feststellen sollen, ob die Firma als Zulieferbetrieb für die in Mobilisierung befindliche Wehrmacht in Frage kam. Gerber hätte also, zumal er den Krieg als unmittelbar bevorstehend erkannte, mit seiner Zustimmung ein gutes Geschäft machen können. Er sah jedoch nur die mit der Einbindung in Wehrmachtsaufträge verbundene erneute Beschränkung seiner Entscheidungsbefugnisse. Im Gespräch mit seiner Cousine und deren Freund steigerte sich seine Empörung noch, als er feststellen mußte, daß beide seine Haltung über den Krieg nicht teilten. Nach diesem Streit Anfang August 1939 löste sich die bis dahin noch mühsam aufrechterhaltene Beziehung zwischen den Eheleuten Gerber sowie Frieda Engels und Erich Schelling auf.

Am 23. August 1939 wurde Paul Gerber erneut von der Gestapo verhaftet. Laut Gerber und seinem damaligen Rechtsanwalt Kreitz hatten ihn Frieda Engels und Erich Schelling angezeigt. Die heute vernichteten Akten aus dem Jahr 1939 waren bei den Ermittlungen in der Nachkriegszeit zumindest teilweise noch erhalten. Nachdem sie gefunden worden waren, wurde das zunächst mangels Beweisen eingestellte Verfahren gegen die Schellings nochmals aufgenommen und Frieda Schelling ein zweites Mal vernommen. Der weitere Verlauf des Verfahrens ist in den Akten nicht erhalten.

Die Unterlagen aus dem ›Dritten Reich‹ enthielten eine Anzeige von Frieda Schelling vom 22. August 1939. Außerdem war eine zuvor von ihrem jüngeren Bruder erstattete Anzeige (oder ein Hinweis auf eine solche) vorhanden. Damit konfrontiert, zog sie ihre erste Aussage zurück und gab zu, aus eigener Initiative bei der Gestapo über ihren Cousin ausgesagt zu haben. Die Begründung ihres Verhaltens fiel sehr umständlich aus: Paul Gerber habe ihr gegenüber ihren älteren Bruder als »Bonzen« bezeichnet und ihn der Unterschlagung von Parteigeldern beschuldigt. Ihr Bruder sei schwer krank gewesen, weshalb sie ihm nichts davon erzählt, sondern ihren jüngeren Bruder aufgefordert habe, Gerber wegen Verleumdung anzuzeigen. Sie selbst sei kurz nach ihrem Auszug aus Gerbers Wohnung einem von dessen Kunden auf der Straße begegnet: »Dieser erzählte mir, Gerber sei verhaftet worden, weil er über die Grenze gewollt habe und dann ein Buch, betitelt: ›Das wahre Gesicht Deutschlands‹ habe herausgeben wollen. Ich war nun in einer schwierigen

Lage, weil ich fürchtete in diese Angelegenheit verwickelt zu werden und daß man mir unter Umständen nachweisen würde, daß ich von den Plänen des Gerber Kenntnis hätte. Dieser Nachweis wäre sehr leicht gewesen, weil ich ja längere Zeit in seinem Haus gewohnt habe und er bei den verschiedensten Gelegenheiten offen über diese Pläne sprach. Ich habe dann, um mich aus dieser Verlegenheit zu ziehen, die GStapo angerufen und gesagt, daß ich über die Sache Gerber orientiert wäre und, wenn es sein müßte, Angaben machen würde. Ich wurde dann auf denselben Tag nachmittags vorgeladen.« Sie beharrte auf dieser Darstellung auch, nachdem ihr der Untersuchungsrichter vorgehalten hatte, daß Gerber nicht *vor* ihrer Vernehmung verhaftet worden sei, sondern einen Tag *danach* und damit wahrscheinlich als Folge ihrer Angaben bei der Gestapo.

Im Laufe der zwei Befragungen hatte Frieda Schelling eine zumindest mitentscheidende Verwicklung in die Verhaftung ihres Vetters zugegeben. Zunächst hatte sie behauptet, ihm neutral gegenübergestanden und im Interesse von Frau Gerber deren Ehemann bei der Gestapo als Zeugin, nicht als Anzeigende belastet zu haben. Dann deckte sie eigene Motive auf, indem sie die verbale Bedrohung nationalsozialistisch eingestellter Verwandter und ihrer Söhne durch Gerber einräumte. Schließlich gab sie zu, daß nicht die Gestapo mit ihr, sondern sie mit der Gestapo Kontakt aufgenommen hatte. Ihre Aussage dazu vom November 1949 ist typisch für die Selbstdarstellung vieler Frauen, die in den Nachkriegsjahren der Denunziation beschuldigt oder als Zeuginnen in die Prozesse verwickelt wurden.[125] Noch stärker als Männer tendierten sie dazu, sich neben dem nationalsozialistischen Apparat anzusiedeln, ohne Kontakte mit seinen Vertretern, ohne Verbindung zu seiner Macht. Das bedeutet nicht, daß sie passiv gewesen waren oder sich im Nachhinein so präsentierten. In ihren privaten Zusammenhängen waren sie aktiv und selbstbewußt, mit Vertretern des Staates oder der Partei aber hatten sie, so zumeist ihre Behauptung, nur zufällig, jedenfalls nicht aufgrund eigener Initiative zu tun. Trotz dieser Stilisierung gab Frieda Schelling jedoch gleichzeitig einen Einblick in die nationalsozialistische Realität, in der auch Frauen gedrängt wurden, ihre in der Weimarer Republik mehrheitlich beibehaltene Distanz zur politischen Sphäre im Interesse des Regimes aufzugeben. In einer Gesellschaft, in der alles Handeln zustimmend und unterstützend auf den Staat und seine Ziele bezogen sein sollte, konnte sie eine persönlich motivierte Anzeige gegen Gerber als ihre Pflicht als ›Volksgenossin‹ sehen. Da sie sich ohnehin mit ihm verfeindet und eine Möglichkeit gesucht hatte, ihm zu schaden, wurde sie aktiv und wandte sich an die politische Polizei.

Ein wichtiges Argument der Staatsanwaltschaft für die Verfahrenseinstellung im August 1949 war die Aussage des ehemaligen Gestapobeamten Hoegen. Dieser hatte angegeben, daß Gerber wegen krimineller Delikte angezeigt und verhaftet worden sei, an politische Anzeigen gegen ihn könne er sich nicht erinnern. Hoegen stand zu dieser Zeit wegen zahlreicher Verbrechen gegen die Menschlichkeit unter Anklage, hätte sich also durch die ›Erinnerung‹ an eine politische Anzeige gegen Gerber selbst zusätzlich belastet – ein Aspekt, den die Nachkriegsjustiz in ihre Gewichtung der Aussage nicht mit einbezog.[126] Weiter argumentierte die Staatsanwaltschaft, Gerber habe über die Dauer seiner Untersuchungshaft (bis Januar oder Februar 1940) unsichere, über weitere Verhaftungen aus politischen Gründen widersprüchliche Angaben gemacht, die wegen Vernichtung der Akten nicht mehr überprüfbar seien.

Aus im Kölner Gefängnis Klingelpütz erhalten gebliebenen Karteien konnten die Ermittler 1949 entnehmen, daß Paul Gerber im Februar 1940 und im September 1941 je einen Tag in Polizeihaft gewesen war, jedoch ging aus den Unterlagen nicht hervor, ob sich daran, wie von Gerber behauptet, Untersuchungshaft angeschlossen hatte. Die Kartei der Berliner Haftanstalt Plötzensee dokumentierte, daß er dort wegen eines beim Volksgerichtshof gegen ihn anhängigen Prozesses eingesessen und am 16. April 1945 entlassen worden war. Der Grund für das Verfahren vor dem Volksgerichtshof ist nicht erkennbar. Gerber hatte erklärt, er sei Anfang 1940 aus dem Klingelpütz entlassen worden, da sein Rechtsanwalt die Staatsanwaltschaft von der Unglaubwürdigkeit der ZeugInnen Schelling und Engels habe überzeugen können. Mit den späteren Verhaftungen hätten beide nichts zu tun gehabt, doch seien ihre Beschuldigungen vom Volksgerichtshof wieder aufgegriffen und zu einem zusätzlichen Anklagepunkt gemacht worden. Der Volksgerichtshof habe 1944 den Prozeß zunächst vertagt, im Chaos der letzten Kriegsmonate sei es dann nicht mehr zu einer Verhandlung gekommen.

An den Vorwürfen gegen Gerber, Ehefrau und Kinder mißhandelt zu haben, zeigte die Justiz der Jahre 1948/49 ebensowenig Interesse wie die NS-Justiz. Beide konzentrierten sich auf die politischen Vorwürfe, luden Frau Gerber nicht als Zeugin und befragten den Beschuldigten nicht zu diesem Punkt.

Auch wenn die Einzelheiten offen bleiben müssen, geben die vorhandenen Dokumente doch eindeutig darüber Aufschluß, daß es Gerber seit 1937 bis zum Ende des ›Dritten Reichs‹ nicht gelang, der gefährlichen Aufmerksamkeit der Gestapo zu entgehen. Sie ließ ihn nicht, wie so viele andere, die sie keiner staatsfeindlichen Handlung überführen konnte, in einem Konzentrationslager verschwinden. Er wurde jedoch mindestens fünfmal verhaftet unter dem Vorwurf, gegen die nationalsozialistischen Redeverbote verstoßen zu haben. Die Staatsanwaltschaft wurde aber erst nach der letzten Verhaftung 1943 oder 1944 eingeschaltet. Da oft schon dürftigste Beweise und fadenscheinigste Begründungen zu harten Urteilen durch die Sondergerichte oder den Volksgerichtshof ausreichten, hat sich hier vielleicht Gerbers rechtsradikale Vergangenheit zu seinen Gunsten ausgewirkt. Als ihm schließlich der Prozeß gemacht werden sollte, hatte er durch die Vertagung der Verhandlung erneut Glück, denn in den beiden letzten Jahren der NS-Herrschaft hatten die Urteile des Volksgerichtshofs endgültig jedes Maß verloren. Ein Beschuldigter, der schon in den Jahren zuvor aufgefallen war, hatte keine Chance mehr, nach einigen Monaten Untersuchungshaft entlassen bzw. zu einer ›geringen‹ Haftstrafe verurteilt zu werden.

›Glück‹ ist in diesem Zusammenhang natürlich nur eine teilweise richtige Bezeichnung. Rund sieben Jahre lang wurde Gerber immer wieder verhaftet, war mindestens fünf Monate in Untersuchungshaft, wurde wahrscheinlich auch Mißhandlungen im EL-DE-Haus und im Kölner Gefängnis ausgesetzt. Er war dort und in Berlin den alliierten Bombenangriffen ungeschützt ausgesetzt und mußte monatelang mit der Angst vor dem Volksgerichtshof-Prozeß leben.

Gerber überlebte und trug keine körperlichen Schäden davon. Im Gegensatz zu zahlreichen Menschen, die wiederholt oder auch nur einmal von der Gestapo eines politischen Vergehens verdächtigt wurden, kam es nie zu einer Verurteilung, und wurde er nicht in ein KZ verschleppt. Dies ist umso erstaunlicher, weil ihm eine im ›Dritten Reich‹ eigentlich überlebenswichtige Fähigkeit weitgehend fehlte, nämlich die ständige Selbstkontrolle bei Gesprächen mit anderen. Zusammen mit seiner Ich-Bezogenheit und seinem Bedürfnis zur Selbstdarstellung wurde daraus ein naiv wirkender Umgang mit dem politischen System. Er sah dessen wirtschaftliche Probleme, sein Streben nach Krieg und sein Unterdrückungspotential, erkannte das Ausmaß seiner Bedrohung aber nur unzureichend und gab sich nur wenig Mühe, sein Verhalten den politischen Normen anzupassen. Insoweit wurde Gerber letztlich auch keine Chance gelassen, denn nachdem der Verdacht organisierter Widerstandshandlungen endlich ausgeräumt war, brachten ihn Intrigen aus seinem familiären Umfeld wieder in das Gesichtsfeld der politischen Polizei.

Die Geschichte des Paul Gerber kann gedeutet werden als Lebenslauf eines in seinen politischen Hoffnungen immer wieder enttäuschten Menschen. Leider geben die erhaltenen Unterlagen keine Hinweise darauf, warum er sich nach Ende des Ersten Weltkriegs dem rechten Spektrum zuwandte und wie im einzelnen seine politischen Vorstellungen aussahen. Die Ereignisse der folgenden Jahre legen nahe, daß er aus ähnlichen Motiven wie zahlreiche ehemalige Frontsoldaten handelte: Die Erfahrung der Entwurzelung durch den Krieg, die Entfremdung vom Zivilleben und eine durch das Gefühl der Macht innerhalb einer bewaffneten Männergruppe gespeiste Abenteuerlust machten sie für rechte Ideologen ansprechbar.[127]

Gerber näherte sich schließlich der immer erfolgreicheren nationalsozialistischen ›Bewegung‹ an, indem er mittellose SA-Männer unterstützte. Als dann die NSDAP die Regierung übernommen hatte und in seinen Alltag hineinzuregieren begann, änderte sich seine Einstellung. Er war zwar nicht mehr der Abenteurer, der als Saboteur und Söldner seine politischen Vorstellungen umzusetzen versuchte, doch war ihm wahrscheinlich wie vielen ehemaligen Freikorpsleuten und Angehörigen der SA der politische Alltag des Regimes zu unspektakulär. Vielleicht war es ihm einfach zu langweilig, erstmals in seinem Leben auf der Seite der Mehrheit zu stehen. Da er sich, nachdem er endlich beruflich erfolgreich war, außerdem in der Leitung der eigenen Firma bevormundet fühlte, wandte er sich vom Nationalsozialismus ab.

Das Abhören kommunistischer Rundfunksender und die angeblichen Drohungen gegen die ›braunen Bonzen‹ in seiner Verwandtschaft sind nicht als Ausdruck einer neu angenommenen kommunistischen Überzeugung zu werten. Die Sendungen der Emigranten und Radio Moskaus lieferten ihm lediglich einen Rahmen für seine Unzufriedenheit und darüber hinaus die Möglichkeit, seine unmittelbare Umgebung zu provozieren und auf seine Haltung aufmerksam zu machen.

Damit bot er sich den Mitarbeitern der Gestapo als Projektionsfläche ihrer Feindbilder geradezu an. Hatten sie ihn zunächst als Kommunist verfolgt, vermuteten sie dann rechte Opposition und ordneten ihn schließlich als Regimekritiker ohne organisatorischen Hintergrund ein. Diese Verfolgung und die Aufklärung durch die Rundfunksendungen führten den unzufriedenen, mit den Widrigkeiten seines Alltags befaßten Gerber dazu, den Charakter der Regierung als nach Krieg strebender Terrorherrschaft zu erkennen. Er unterschätzte jedoch das Ausmaß, in dem das Regime in sein persönliches Umfeld eingedrungen war und feindseligen Verwandten oder verärgerten Angestellten Möglichkeiten bot, sich für angeblich oder tatsächlich durch ihn erlittene Ungerechtigkeiten zu rächen.

In der Chefetage

Die folgenden Ereignisse spielten sich im Management einer großen Kölner Firma ab. Aus ihnen geht hervor, daß auch Angehörige der mittleren und oberen Gesellschaftsschichten Opfer von Denunziationen werden und Verhaftung und Gefängnis nicht in jedem Fall abwenden konnten. Es zeigt sich auch, wie ein bestimmtes Milieu sich vom Einfluß des Regimes abzugrenzen versuchte, ohne anti-nationalsozialistisch eingestellt zu sein oder die mit Rüstung und Krieg verbundenen wirtschaftlichen Vorteile zurückzuweisen. Außerdem wird deutlich, wie individuelle Interessen, zäh verfolgte Intrigen und die umfangreichen Vernehmungen der Gestapo solche Abschottungen aufbrechen konnten.

Im Frühjahr 1941 war der politischen Polizei mitgeteilt worden, daß Eugen Schinkel, Betriebsdirektor einer großen Kölner Firma, die Offiziere des Rüstungskommandos Köln als »Arschlöcher« bezeichnet hatte. Auch sein Stoßseufzer »Dieser Scheißkrieg, und zu Fressen hat man auch nichts!« war zusammen mit zahlreichen anderen Bemerkungen zu den Akten gelangt.

Im Zuge der daraufhin aufgenommenen Ermittlungen versuchte die Gestapo zunächst, ihn der ›heimtückischen‹ und ›wehrkraftzersetzenden‹ Reden zu überführen. Nachdem dies gescheitert war, rückte Schinkels Angewohnheit, britischen Rundfunk abzuhören und die Nachrichten am Arbeitsplatz weiterzuerzählen, in den Mittelpunkt des Interesses. Seit Ende 1942 wurde deshalb erneut gegen ihn ermittelt. Diesmal kam es zu einem Prozeß vor dem Sondergericht Köln, der mit einem Schuldspruch gegen Schinkel endete.[128]

Schinkel wurde am 2. Februar 1876 in Augsburg in eine Fabrikantenfamilie hineingeboren. Nach Beendigung seines Elektrotechnikstudiums in München und Darmstadt wurde der junge Ingenieur 1901 Angestellter bei der Firma Felten & Guilleaume Carlswerk AG in Köln-Mülheim. Einige Jahre später stieg er dort zum Leiter der Elektrotechnischen Versuchsanstalt auf. Im Zusammenhang mit dieser Arbeit promovierte er 1923 an der Technischen Hochschule Karlsruhe. Seit Mitte der zwanziger Jahre stand er als Betriebsdirektor dem technischen Bereich der fünf F & G-Betriebsabteilungen vor. 1936 war er in den fünfköpfigen Vorstand der Felten & Guilleaume Carlswerk AG berufen worden und bezog ein Monatseinkommen von 2.500 RM. Die F & G AG war mit ihren damals über 5000 Angestellten und ArbeiterInnen und ihren zahlreichen Tochterunternehmen einer der wichtigsten Kölner Betriebe. Für die deutsche Aufrüstung waren die Stark- und Schwachstromkabel und elektrischen Anlagen der Firma in der Nachrichtentechnik von großer Bedeutung.

Über Eugen Schinkels Privatleben ließ sich lediglich herausfinden, daß er seit Anfang des Jahrhunderts verheiratet war und zwei Kinder hatte. Der frühere Protestant gab bei seiner Verhaftung 1943 die nationalsozialistische Bezeichnung ›gottgläubig‹ als Religion an. Seit 1933 war er Mitglied der NSDAP. Er spielte Geige und lud ab und zu Werksangehörige als Zuhörer zu Hausmusikabenden ein. Spätestens seit Beginn des Zweiten Weltkriegs lebte seine Ehefrau in den Alpen – wegen der Fliegerangriffe, wie Schinkel sagte, wegen einer chronischen Erkrankung, wie eine Zeugin 1949 meinte, wegen Zerrüttung der Ehe, wie das Betriebsgerede behauptete. Nach dem Wegzug der Ehefrau kamen im Werk weitere Gerüchte auf. So erklärte ein leitender Angestellter während einer Zeugenvernehmung durch die Gestapo, Schinkel stehe »den Juden nicht ablehnend gegenüber. Wie ich hörte – von wem weiß ich nicht mehr, man sprach nur davon – soll Dr. Schinkel eine jüdische oder halbjüdische Frau haben. Ich könnte fast sagen, sie sieht etwas jüdisch aus.«

Die Existenz dieses Gerüchtes verweist auf grundlegende Kommunikationsstrukturen in einer Gesellschaft, in der der Rahmen dessen, was im ›Privatleben‹ erlaubt und erwünscht war, durch Staat und Partei sehr eng gefaßt war. Klatsch und Tratsch kamen im NS-Staat nicht zum Erliegen, mußten aber in ihren Inhalten und Urteilen das nunmehr vorgeschriebene, nicht mehr diskussionsfähige Wertesystem berücksichtigen. Das hier wiedergegebene Beispiel zeigt dies sehr deutlich. Der eigentliche Gegenstand des Geredes unterschied sich nicht von möglichen Pausengesprächen vor oder nach der NS-Herrschaft. Durch ihr Getrenntleben wichen die Schinkels vom traditionellen Bild einer Ehe ab, was bei der herausgehobenen Position Eugen Schinkels Gegenstand der Unterhaltungen seiner Mitarbeiter wurde. Die Schlußfolgerungen, die bei solchen Gesprächen aus den wenigen bekannten Fakten gezogen werden, entziehen sich in der Regel der Beeinflussung durch die Betroffenen. Einer von Schinkels engsten Mitarbeitern äußerte beispielsweise: »In familiärer Hinsicht lebt er – soweit mir und auch anderen bekannt ist – getrennt von seiner Frau. Wenn Dr. Schinkel erklärt, seine Frau habe sich lediglich wegen der Fliegerangriffe von ihm getrennt, so steht dies im Gegensatz zu dem, was über seine Familie uns bekannt ist.« Gerüchte werden üblicherweise im Weitererzählen aufgebauscht und ausgeweitet. In diesem Fall wurde ein von der NS-Gesellschaft unabhängiger Inhalt – der tatsächliche oder vermeintliche Streit zwischen den Eheleuten Schinkel – mit Spekulationen über die jüdische Herkunft der Ehefrau verbunden und damit eine durch das Regime verfolgte Lebensform, die ›gemischtrassische Ehe‹, angesprochen. Dabei wurde nicht benannt, worauf dieser Teil des Geredes zielte; es reichte den Beteiligten zunächst, den neuen Aspekt ins Spiel zu bringen. Bevor das so erweiterte Gerücht verfestigt wurde und eine bestimmte Zielrichtung erhielt, wurde Schinkel verhaftet.

Vielleicht hatte sich das Gerücht von der jüdischen Herkunft der Ehefrau Schinkel auch deshalb nicht sehr weit verbreitet, weil Schinkels übliche Verhaltensweisen die These von der zerrütteten Ehe plausibel genug erscheinen ließen. In allen Aussagen seiner Untergebenen und Kollegen und einem Nachruf in der Werkszeitung aus dem Jahr 1951[129] finden sich ausführliche Kommentare zu seiner »pessimistischen«, »kritischen« Lebenshaltung, die sich offensichtlich in drastischen Worten bzw. cholerischen Ausbrüchen äußerte. So erklärte der Betriebsleiter Otto Schrader, der insgesamt versuchte, Schinkel vor der Gestapo zu decken: »Ich kenne Dr. Schinkel als einen Menschen, der schon immer zu allen Erscheinungen des Lebens negativ eingestellt war und über alles und jedes abfällige Kritik übt. Dabei ist er in seinen Äußerungen hemmungslos und überlegt durchaus nicht die Auswirkungen [...]. Er wirft mit Ausdrücken um sich wie ›Scheißkrieg, Schweinerei, Arschlöcher‹.« Der Vorstandsvorsitzende der Felten & Guilleaume AG, Fritz Lehmann, war bemüht, in einem Schreiben an die Gestapo die positiven Aspekte eines solchen Verhaltens herauszustreichen: Schinkel wolle seine kritische Haltung allen Mitarbeitern vermitteln, um sie zu genauen Überlegungen und abgesicherten Entscheidungen zu zwingen. Einige Untergebene versuchten, sich selbst und anderen Schinkels Schimpfereien und persönliche Beleidigungen mit dem Hinweis auf seine bayrische Herkunft zu erklären. Andere Mitarbeiter sagten aus, den Kontakt mit ihm nach Möglichkeit zu vermeiden, was aufgrund der zentralen Rolle Schinkels allerdings nur wenigen unter den leitenden Angestellten möglich war.

Zum weiteren Verständnis der Vorfälle sind hier einige Erklärungen zur Struktur von F & G notwendig: Die zur luxemburgischen ARBED gehörende Felten & Guilleaume Carlswerk AG bestand aus fünf Fabriken (›Betriebsabteilungen‹), daneben gab es zahlreiche Tochterunternehmen und Beteiligungen. Das Carlswerk hatte sich nach der Weltwirtschaftskrise zunächst nur langsam erholt. Ab 1936 wies die Entwicklung in allen Sparten wieder deutlich nach oben. Nach einem durch den Kriegsbeginn und den damit verbundenen Umstellungen bedingten Rückgang stiegen Auftragseingänge, Umsatz und Gewinn seit Anfang 1941 stark an;[130] in den fünf Betriebsabteilungen wurde unter Hochdruck für die deutsche Wehrwirtschaft produziert. Die

Leiter der fünf Betriebe unterstanden unmittelbar Eugen Schinkel als technischem Betriebsdirektor, ihnen waren jeweils ein oder mehrere Assistenten zugeordnet. Schinkel nicht bzw. nur in Teilbereichen untergeordnet waren die Leiter der Personal- und Sozialabteilung und der Bauabteilung. Als ›Abwehrbeauftragter‹ der Firma war Schinkel zudem direkter Vorgesetzter des Werkschutzleiters.

Zur möglichst reibungslosen Abwicklung der Produktion hielt Schinkel im täglichen Wechsel Besprechungen mit den Betriebsleitern der einzelnen Werke und deren Assistenten ab. Einmal wöchentlich fanden Sitzungen mit allen Betriebsleitern, deren ersten Assistenten sowie nach Bedarf weiteren führenden Mitarbeitern statt. Neben den bisher Genannten betraf dies vor allem den Leiter des Auftrags- und Rohstoffbüros. Für den gesamten technischen Bereich entscheidend war aber als inneres Gremium die Runde aus Schinkel und den fünf Betriebsleitern. Josef König, geboren 1880, war seit 1907 Angestellter bei F & G und 1938 Prokurist geworden.[131] Der 1884 geborene Michael Büsing gehörte seit 1922 der Firma an. Es ließ sich nicht feststellen, wann er Leiter der Starkstromkabelfabrik geworden war; Prokura erhielt er erst 1943.[132] Die drei anderen waren wesentlich jünger. Otto Schrader, geboren 1896, war seit 1923 im Werk und 1941 zum Betriebsleiter ernannt worden.[133]

Dr. Franz Uhlenbruch, geboren 1900 und 1925 eingestellt, war mit Schinkel schon bei der elektrotechnischen Versuchsanstalt gewesen. Über verschiedene Karrierestufen war er Schinkel gefolgt und 1935 Leiter der Schwachstromkabelfabrik geworden. Anfang der vierziger Jahre übernahm er auch Leitungsfunktionen in der Tochterfirma Land- und Seekabelwerke. Er war ebenso Prokurist wie August Lingen. Der Jüngste in der Runde (geb. 1901) war erst seit 1930 im Carlswerk, aber schon 1932 durch Förderung von Schinkel Betriebsleiter geworden. Wie Schinkel, der damals einer entsprechenden Aufforderung durch Generaldirektor Lehmann nachgekommen war, war er seit 1933 Mitglied der NSDAP. Schrader wurde 1936 Parteigenosse, Uhlenbruch 1940. König und Büsing, die nach Schinkel Ältesten der Gruppe, gehörten der Partei nicht an. Sowohl bei Uhlenbruch als auch bei Schinkel wird aus den Vernehmungen durch die Gestapo deutlich, daß sie aus Rücksicht auf ihre berufliche Position glaubten, Parteimitglied werden zu müssen.

In den Konferenzen mit den Betriebsleitern fühlte sich Eugen Schinkel offenbar völlig sicher; er sah keine Notwendigkeit, sich in seinen Äußerungen zurückzuhalten. Zu betriebsinternen wie auch außerbetrieblichen Fragen nahm er in der für ihn typischen drastischen Art und Weise Stellung. Auch wenn der Kriegsverlauf erörtert oder politische Fragen gestreift wurden, äußerte er seine Meinung ohne Bedenken. Bei den Konferenzen mußte zwar auf die wehrwirtschaftlichen Anforderungen des Regimes reagiert werden, und speziell er selbst war nicht nur gegenüber der Konzernleitung, sondern auch gegenüber dem Rüstungskommando der Wehrmacht für die Produktionsleistung der Firma verantwortlich. Aus diesen Anforderungen und ihrer Erfüllung erwuchs aber auch eine Machtstellung, derer er sich deutlich bewußt war. Tadelnd hielt das Sondergericht in seinem Urteil am 26. Juni 1943 fest, daß Schinkel »in Überschätzung seiner Person glaubt, daß er sich über Reichsgesetze hinwegsetzen könne«. Ausschlaggebend dafür war sicher nicht nur sein Temperament, sondern ebenso seine seit mehr als fünfzehn Jahren ausgeübte Machtposition und das Wissen darum, daß alle bei den Besprechungen Anwesenden, die er zum größten Teil seit Jahrzehnten kannte, ihre Stellung seiner Zustimmung zu verdanken hatten. Dementsprechend stellte bei den ersten Ermittlungen gegen Schinkel im Sommer 1941 der zuständige Kriminaloberassistent fest: »Sämtliche Zeugen halten mit ihren Angaben zurück, denn der Beschuldigte ist ihr Vorgesetzter.«

In Schinkels Augen gab es keine Veranlassung, an der Loyalität seiner Mitarbeiter zu zweifeln. Ganz selbstverständlich gab er daher während der Sitzungen Nachrichten des englischen Rundfunks wieder, erläuterte die hinsichtlich des weiteren Kriegsverlaufs pessimistischen Folgerungen, die er daraus zog, und ermunterte seine Gesprächspartner, ebenfalls ausländische Rundfunksender abzuhören. Der innere Führungszirkel war für Schinkel ein Ort, in den die nationalsozialistische Meinungs- und Redezensur nicht hereinzureichen schien: »Gefallen sind meine Bemerkungen«, erklärte er im Verhör am 4. März 1943, »sämtlich in offiziellen Betriebsbesprechungen, die streng geheim waren und nur mit den Leitern und Assistenten der 5 großen Fabriken vor sich gingen, die sämtlich von mir für Persönlichkeiten gehalten wurden, die man nicht irgendwie zu beeinflussen hatte oder auf gewisse Meinungen zu dressieren, sondern die wie ich auf hoher Warte stehen und der Wirklichkeit und ihren Schwierigkeiten ins Auge sehen.« Aus dieser Aussage wird sein Selbstbewußtsein ebenso deutlich wie die für ihn selbstverständliche Annahme, daß die Vertraulichkeit des Gesagten durch seine Untergebenen gewahrt bleibe. Ganz nebenbei deutete er an, daß er nationalsozialistische Meinungen für andressierte Glaubenssätze ohne Bezug zur Realität hielt.

Anfang März 1941 erwies sich zum ersten Mal, daß der technische Führungszirkel bei Felten & Guilleaume nicht so hermetisch gegen die Augen und Ohren des Regimes abgeschlossen war, wie Schinkel und mit ihm wohl die meisten Beteiligten geglaubt hatten. August Lingen, einer der leitenden Angestellten, hatte über Schinkels Verhalten und seine Bemerkungen mit Andreas Krenz, einem Sachbearbeiter aus der Personalabteilung, gesprochen. Am 3. März 1941 erstattete dieser schriftlich Anzeige bei der Kölner Gestapo. Krenz fragte in seinem Brief: »Wie soll da zum Schluß die Einstellung des einfachen Arbeiters werden, wenn ein Mann in derartig privat und staatlich bevorzugter Stellung so dumm und verantwortungslos reden darf?« Er bat darum, möglichst bald mündlich vernommen zu werden und kündigte an, dann Zeugen für Schinkels defätistische Einstellung zu benennen.

Auf seine Zeugenvernehmung zehn Tage später schien Krenz sich gut vorbereitet zu haben. Ohne eine entsprechende Frage des aufnehmenden Beamten erläuterte er zunächst seine private Situation, um dann ausführlich zu versichern, daß sie nicht das Motiv für seine Anzeige sei. Krenz hatte seit Anfang der zwanziger Jahre in der Personalabteilung von Felten & Guilleaume gearbeitet. Seine Ehefrau war seit 1927 krank. Nach Aussage von Krenz hatten sich die Eheleute wegen der Behandlungskosten verschulden müssen. Krenz wandte sich schließlich Ende 1940 an den Generaldirektor der Firma mit der Bitte um ein Darlehen; eine Aufstellung seiner Schulden und der beiden bisherigen Darlehensgeber, einer davon der Betriebsleiter August Lingen, fügte er seinem Gesuch bei. Die Reaktion der Werksleitung auf seine Bitte um ein Darlehen war von traditionellen Wertvorstellungen bestimmt. Ein verschuldeter Werksangehöriger, der sich noch dazu in Abhängigkeit von Kollegen bzw. Vorgesetzten begeben hatte, war nicht erwünscht. Krenz wurde schriftlich nahegelegt, die Firma zu verlassen. Dazu wurde ihm eine Abfindung angeboten. »Über diese Entscheidung bin ich sehr in meiner Ehre gekränkt, sodaß ich am 31.1.1941 aus der Firma ausgetreten bin. Ich versichere ausdrücklich, daß die Firma keinen weiteren Grund hatte, als den, daß ich mir von 2 Arbeitskameraden Geld geliehen hatte [...] Meine Angaben [gegen Schinkel] werden nicht aus Gehässigkeit gemacht, lediglich fühle ich mich als Pg. [NSDAP-Parteigenosse] verpflichtet, der Behörde von den Machenschaften solcher an verantwortlicher Stelle sitzender Staatsfeinde Kenntnis zu geben.« Die drei Betriebsleiter König, Lingen und Uhlenbruch sowie der Abwehrbeauftragte Weising könnten bezeugen, daß Schinkel abfällig über Hitler und Offiziere der Rüstungsinspektion Köln gesprochen habe und fortwährend ausländische Rundfunksender höre. Außerdem habe er Folter in Konzentrationslagern erwähnt und Mitleid mit der jüdischen Bevölkerung geäußert. Krenz fügte noch hinzu, daß Schinkel nur formal und nicht aus Überzeugung Mitglied der NSDAP sei.

Angaben von Krenz beruhten also nur auf Hörensagen. Dennoch wogen sie schwer, denn Äußerungen der Sympathie für die verfolgten jüdischen Menschen und die Benennung der Konzentrationslager als Orte des Terrors verletzten zwei der striktesten Redetabus des ›Dritten Reichs‹.

Im Verlauf des Aprils 1941 wurden die von Krenz benannten Zeugen gehört. Im Gegensatz zu den umfassenden, in Frage und Antwort protokollierten Vernehmungen zwei Jahre später waren die Befragungen des ersten Ermittlungsverfahrens äußerst kurz. Neben Krenz äußerte sich nur August Lingen ausführlich zum Sachverhalt. Er bestätigte Krenz' Angaben und belastete Schinkel zusätzlich, indem er weitere ›staatsfeindliche‹ Bemerkungen seines Chefs wiedergab. Die drei anderen Zeugen waren bemüht, Schinkel zu decken, indem sie seine Redensarten als nicht ernst gemeint und temperamentsbedingt hinstellten. In ähnlicher Weise rechtfertigte sich Schinkel selbst, als er schließlich Ende April 1941 verhört wurde: »Keinesfalls kann man mir unterstellen, daß ich gegen den heutigen Staat eingestellt bin [. . .]. Über die mir vorgehaltenen Äußerungen kann ich nur sagen, daß die Möglichkeit besteht, daß ich mich in einem gewissen Kreise über solche politischen Angelegenheiten unterhalten habe [. . .]. Jedenfalls dürfte mir eine böswillige Äußerung niemals nachgesagt werden können [. . .]. Immer wieder muß ich mir den Vorwurf machen, oft zu unvorsichtig gewesen zu sein hinsichtlich der Ohren, vor denen ich burschikose, aber nicht meine wahre Meinung darstellende Äußerungen machte.«

Wie schon erwähnt, war der zuständige Gestapobeamte mit dem Ergebnis der Zeugenbefragungen nicht zufrieden. Er vermutete (zu Recht, wie sich zwei Jahre später zeigen sollte), daß die Mitarbeiter, mit Ausnahme Lingens, Schinkel deckten.

Die Ermittlungen wurden im Juni 1941 zunächst ausgesetzt, vielleicht wegen des sich verschlechternden Gesundheitszustandes von Schinkel, der sich im Herbst 1941 einer schweren Krebsoperation unterziehen mußte. Im Dezember 1941 wurden sie mit einer Gegenüberstellung des Beschuldigten mit dem Zeugen Lingen wiederaufgenommen. Dabei belastete Lingen seinen Vorgesetzten erneut. Schinkel verteidigte sich, indem er bestimmte Äußerungen erläuterte, kritische Bemerkungen nicht als seine grundsätzliche Einstellung gelten ließ, sondern auf Einzelfälle bezogen darstellte, und sich ansonsten mit seiner drastischen Ausdrucksweise entschuldigte. Schließlich ging er in die Offensive und versuchte, die Glaubwürdigkeit des Zeugen zu erschüttern. Er legte einen Aktenvermerk vom August 1941 vor, in dem die finanziellen Beziehungen zwischen Lingen und dem ursprünglichen Denunzianten

Krenz erwähnt wurden. Bei dem Versuch, die finanziellen Beziehungen zu Krenz und vor allem die enorme Höhe der Summe von 19.000 RM, die er Krenz zur Verfügung gestellt hatte, zu erklären, verwickelte sich Lingen in Widersprüche.

Durch die undurchsichtigen finanziellen Transaktionen zwischen Lingen und Krenz befürchtete die Gestapo anscheinend, daß selbst ein Sondergericht die Glaubwürdigkeit des Hauptbelastungszeugen Lingen als nicht ausreichend ansehen werde. Dies galt umso mehr, als sich die Beschuldigungen gegen einen erfolgreichen Rüstungsmanager richteten, der den nationalsozialistischen Ehrentitel ›Wehrwirtschaftsführer‹ trug. Da Lingen erwähnt hatte, daß der Werkschutzleiter Weising sich bei ihm über Schinkels Reden beschwert hatte, wurde Weising nochmals vernommen. Dieser erklärte jedoch, er habe sich nur über persönliche Beleidigungen Schinkels aufgeregt, für die der sich inzwischen entschuldigt habe. Ansonsten nahm er seinen Vorgesetzten ein zweites Mal in Schutz: »Es handelte sich in fast allen Fällen dann um regelrechte Kraftausdrücke, die Herr Dr. Schinkel in seiner bayuvarischen Art in Beziehung auf den einen oder anderen gemacht hatte [...]. Von staatsfeindlichen Äußerungen habe ich überhaupt nie etwas [...] gehört [...]. Der Grundton seines Verhaltens ist eben durch seine landsmannschaftliche Herkunft bedingt und sein Krankheitszustand hat natürlich diese Einstellung stärker werden lassen.« Im übrigen, so fügte Weising noch an, sei er von Lingen selbst vor einigen Jahren gewarnt worden, er – Lingen – sei hinterhältig und unzuverlässig.

Trotz der schwachen Beweislage gab die Gestapo ein Ermittlungsverfahren wegen Heimtücke an die Staatsanwaltschaft weiter. Im Februar 1942 stellte die Oberstaatsanwaltschaft Köln die Ermittlungen gegen Schinkel ein. Krenz, so die Behörde, wolle sich offensichtlich für seine Entlassung rächen. Die Vorwürfe von Krenz seien durch Lingens Aussagen nicht zu belegen, da die Verbindungen zwischen Krenz und Lingen letzteren als nicht glaubwürdig erscheinen ließen. Die anderen Zeugen hätten Schinkel nicht belastet. Ein Strafantrag wegen des Abhörens ausländischer Rundfunksender sei von der Staatspolizei nicht gestellt worden, auch hätten die Offiziere des Rüstungskommandos Köln, die Schinkel angeblich als »Arschlöcher« bezeichnet hatte, keine Anzeige wegen Beleidigung erstattet. Hinsichtlich der von Schinkel zugegebenen Äußerungen kam die Staatsanwaltschaft zu dem Schluß, daß sie nicht im öffentlichen Rahmen gefallen seien, sondern in vertraulichen Besprechungen. Des weiteren wurden die Entschuldigungen bzw. Begründungen Schinkels akzeptiert, wonach er seiner Wut über bestimmte, die Produktion behindernde Unzulänglichkeiten Luft gemacht oder aber Tatsachen zum Kriegsverlauf lediglich festgestellt, keinesfalls aber entstellt wiedergegeben habe.

Die Beamten unternahmen nicht den Versuch, die neben Lingen angegebenen weiteren Zeugen unter Druck zu setzen, akzeptierten vielmehr deren knappe Äußerungen zur Sache. Die Gestapo konzentrierte sich ganz auf Lingen, der sich um seine Glaubwürdigkeit brachte. Der – im Verhältnis zu ihren Machtmitteln halbherzige – Versuch der Staatspolizei, mit Weising einen neuen Belastungszeugen aufzubauen, scheiterte: Der Werkschutzbeauftragte blieb, obwohl seine ursprüngliche Freundschaft zu Schinkel durch dessen rabiate Art gelitten hatte, diesem gegenüber loyal. Des weiteren verzichtete die Polizei darauf, eine politische Beurteilung Schinkels durch die zuständige Parteistelle einzuholen.

Die Staatsanwaltschaft schloß sich hinsichtlich der von Schinkel zugegebenen Äußerungen dessen Argumentationen an. Sie ließ über die von Krenz benannten Zeugen hinaus keine Werksangehörigen vernehmen. Auch folgte sie Schinkels Behauptung, die Betriebsleiterkonferenzen seien geheim, seine Bemerkungen daher nicht in der Öffentlichkeit gefallen (wie es das Heimtückegesetz vorsah).

All diese Einzelheiten zeigen deutlich, daß zu diesem Zeitpunkt weder die Staatspolizei noch die Staatsanwaltschaft geneigt waren, über einen minimalen Ermittlungsaufwand hinaus der Sache nachzugehen oder durch Drohungen und Gesetzesverdrehungen zu einer Verurteilung zu kommen. Insofern scheiterte Andreas Krenz in seinem Bemühen, sich durch die Denunziation eines Vorgesetzten für sein Ausscheiden aus der Firma Felten & Guilleaume zu rächen. Schinkel stand in der gesellschaftlichen Hierarchie zu weit oben, als daß er zu diesem Zeitpunkt ohne ein von einflußreicher Seite energisch vorgebrachtes Interesse hätte angeklagt und im Betrieb entmachtet werden können.

Ein solches Interesse muß Laufe des nächsten Jahres aufgekommen sein, denn Ende 1942 nahm die Gestapo ihre Ermittlungen mit großer Entschlossenheit wieder auf. Der damals zuständige Gestapobeamte Liedtke erklärte dazu 1953: »Soweit ich mich erinnern kann, war die Initiative zur Einleitung eines neuen Ermittlungsverfahrens nicht von meiner damaligen Dienststelle, sondern von der übergeordneten Dienststelle, nämlich dem Reichssicherheitshauptamt, ausgegangen.« Ihm sei die Akte mit der Anweisung übergeben worden, die Sache nochmals aufzugreifen. Zur Abfassung der Anzeige hätten die Ergebnisse der früheren Ermittlungen sowie Hinweise aus den Berichten des Reichssicherheitshauptamtes gedient; eine erneute Anzeige durch einen F & G-Mitarbeiter habe es nicht gegeben.

Liedtke war natürlich bemüht, seine eigene Rolle in der Angelegenheit herunterzuspielen, indem er sich als reinen Befehlsempfänger darstellte. Für seine Behauptung spricht jedoch ein Bericht, den er am 5. April 1943 verfaßt hatte. Er hatte darin festgehalten, daß »die politischen und sozialen Verhältnisse im Carlswerk [...] durch die hierfür zuständigen Dienststellen der NSDAP wiederholt [hatten] beanstandet werden« müssen. Diese Bemerkung könnte tatsächlich ein Hinweis darauf sein, daß die NSDAP, die Gestapo oder eine andere einflußreiche NS-Organisation die Felten & Guilleaume AG mißtrauisch betrachtete, mit ihrer Leistung und politischen Ausrichtung nicht zufrieden war und deshalb die Firma und ihre leitenden Angestellten im Sinne des Regimes zu disziplinieren versuchte.

Betriebsdirektor Eugen Schinkel bot sich zu diesem Zweck an: Gegen ihn gab es bereits belastendes Material; die alten Vorwürfe würden sich erhärten lassen, wenn sich, im Gegensatz zum ersten Ermittlungsverfahren, die Gestapo über Schinkels Machtposition und seine Bedeutung für die Rüstungswirtschaft hinwegsetzen und den Druck auf die Zeugen entsprechend verschärfen würde. Die Tatsache, daß auch ein Mann in Schinkels Stellung vor dem Zugriff der politischen Polizei nicht sicher war, würde auf sämtliche Werksangehörigen Eindruck machen. Auf diese Weise, so vielleicht die Spekulation, würden SkeptikerInnen unter der Werksbelegschaft zu regimekonformem Verhalten bewogen, überzeugte Nationalsozialistinnen und Nationalsozialisten in ihrem Glauben an die klassenübergreifende Gerechtigkeit des Regimes bestärkt.

Leider finden sich in den staatsanwaltlichen Akten ebensowenig wie in den Unterlagen des Werksarchivs genauere Hinweise, ob es die Kölner Gestapo, eine übergeordnete Dienststelle (wie Liedtke behauptete) oder eine andere politische Kraft war, die seit Ende 1942 entschlossen war, die von August Lingen im Vorjahr eingeleitete Intrige gegen Schinkel nochmals aufzugreifen.

Die Ermittlungen wurden jetzt energisch vorangetrieben. Zunächst wurde August Lingen vernommen, der neben allgemeinen Vorwürfen ausführlich und unter Angabe von Namen und Daten einzelne ›Vergehen‹ Schinkels referierte und ihn beschuldigte, die Stimmung der Werksbelegschaft negativ zu beeinflussen. Er stützte sich dabei auf Notizen, die er sich in den Betriebsleiterkonferenzen gemacht hatte.

In seiner Vernehmung am 22. Februar 1943 beschrieb Lingen Schinkel als einen »ausgesprochene[n] Pessimist[en], mit anderen Worten der typische

›Meckerer‹ auf allen Gebieten.« Ähnlich wie bei der oben zitierten Bemerkung über das ›jüdische Aussehen‹ der dem Sprecher unbekannten Frau Schinkel zeigt sich in solchen und zahlreichen weiteren Redepassagen die bewußtseinsprägende Kraft der nationalsozialistischen Herrschaft und ihrer Propaganda: Die Behauptungen von der Existenz ›jüdischer Rassemerkmale‹ werden geglaubt und einer Unbekannten zugeschrieben, aus einem Pessimisten wird ein ›Meckerer‹, im Sprachgebrauch des ›Dritten Reichs‹ damit ein Staatsfeind.[134]

Ab dem 24. Februar 1943 wurden in rascher Folge alle von Lingen als weitere Zeugen benannten F & G-Angestellten vernommen. Der Ablauf der Vernehmungen war immer gleich. Die Anworten auf die einleitenden Fragen Liedtkes nach Dauer der Werkszugehörigkeit, eigener Position und Umfang des Kontaktes zu Schinkel wurden als fortlaufender Text niedergeschrieben. Die Fragen Liedtkes zu Schinkels Bemerkungen und die Antworten darauf wurden dann im einzelnen protokolliert, was natürlich Auslassungen und andere Gestapo-übliche Manipulationen nicht ausschließt. Die Befragten wurden sofort massiv unter Druck gesetzt. Typisch ist die Reaktion Liedtkes schon auf die ersten beiden Antworten eines Zeugen: »Der Verhandlungsführer muß immer wieder feststellen, daß Sie versuchen, in gewundenen Erklärungen um den Kern der Sache herumzugehen. Sie werden gebeten, klare und erschöpfende Antworten auf die gestellten Fragen zu geben, damit nicht der Eindruck entsteht, als wollten Sie Dr. Schinkel begünstigen.« Wenn ein Zeuge sich an bestimmte Äußerungen Schinkels nicht erinnern konnte bzw. behauptete, nicht anwesend gewesen zu sein, wurde er mit dem Hinweis auf die Aussagen der anderen Zeugen konfrontiert. Diese Dominotaktik führte zu weiteren Belastungen Schinkels auch durch die Zeugen, die nach wie vor versuchten, Entlastendes vorzubringen.

Liedtke verfolgte zunächst zwei Stränge, indem er sowohl den Vorwürfen der ›heimtückischen‹ bzw. ›defätistischen‹ Äußerungen Schinkels nachging als auch der Beschuldigung, der Betriebsdirektor höre fortlaufend ausländische Rundfunksender und gehe davon aus, daß seine Untergebenen dies ebenfalls täten. Nachdem ein Zeuge zugegeben hatte, ausländische Sender gehört zu haben, setzte Liedtke den Schwerpunkt seiner Fragen bei den ›Rundfunkvergehen‹. Die im Jahr zuvor noch intakte Abschottung der leitenden Angestellten brach jetzt zusammen. Es stellte sich heraus, daß auch Uhlenbruch, Weising und Schrader sich der ›Rundfunkvergehen‹ schuldig gemacht hatten. Damit waren sie von Verhaftung bedroht und konnten zu weiteren Aussagen erpreßt werden. Ähnlich ging es anderen Zeugen, denen nachgewiesen wurde, daß sie von Schinkels Rundfunkhören seit längerem wußten. Zwei mußten außerdem zugeben, früher dem im Nationalsozialismus verbotenen Freimaurertum angehört zu haben. Polizei und Justiz konzentrierten sich dennoch ganz auf Schinkel. Sie hatten, so ist zu vermuten, kein Interesse daran, die unter Hochdruck laufende Rüstungsproduktion durch Verhaftung gleich mehrerer leitender technischer Angestellter zu gefährden. Rationeller war es, sie durch bedrohliche Verhörsituationen und die Verhaftung ihres Chefs einzuschüchtern und an ihren Arbeitsplätzen zu belassen.

Als weiteres Druckmittel fungierte ein Brief, den die als Zeugen Vernommenen im Vorjahr an den F & G-Generaldirektor Lehmann gerichtet hatten. Anscheinend hatte August Lingen im Sommer 1942 erneut versucht, gegen Schinkel vorzugehen. Bei dieser Gelegenheit wurde seinen Kollegen bekannt, daß die ursprünglichen Vorwürfe von Andreas Krenz auf Notizen beruhten, die sich Lingen während oder unmittelbar im Anschluß an gemeinsame Besprechungen gemacht und später an Krenz weitergegeben hatte. Somit war aufgedeckt, daß die Aktionen gegen Schinkel von Anfang an auf einer Intrige Lingens beruhten.

Franz Uhlenbruch und der Leiter der Personal- und Sozialabteilung setzten daraufhin ein Schreiben an den Generaldirektor auf, in dem sie Lingen aufgrund seines Verhaltens als »höchst unerwünschten Kollegen« bezeichneten. Er habe Bemerkungen aus dem Zusammenhang gerissen und an werksfremde Personen weitergegeben. »Die Unterzeichneten müssen aber vor allem auch damit rechnen, daß Herr Lingen bei ihm passend erscheinender Gelegenheit auch gegen den einen oder anderen von ihnen in gleicher Weise vorgehen könnte. Denn es ist kaum möglich, in dienstlichen Besprechungen [...] jedes Wort auf die Goldwaage zu legen oder gar sich wortgetreue Notizen zu machen, [...] um bei etwaigen behördlichen Verfahren [...] gegen Denunziationen geschützt zu sein.« Die Unterzeichner, neben den beiden Verfassern die drei anderen Betriebsleiter, der Werkschutzbeauftragte Weising sowie sechs weitere leitende Angestellte, schlossen mit der Bemerkung, daß sie »deshalb eine gedeihliche Zusammenarbeit mit Herrn Lingen nicht länger für möglich« hielten.

Auch wenn hier eine Verteidigung Schinkels nur sehr vorsichtig erfolgte, handelte es sich doch um eine Initiative, die eindeutig auf die Ausgrenzung oder Entlassung des Denunzianten zielte. Die Gruppe wollte sich vom Einblick des Staates, den Lingen ermöglicht hatte, wieder abschließen. Jeweils am Ende der Verhöre eröffnete der Gestapobeamte Liedtke den Vernommenen, daß die Polizei von ihrem Brief wußte. Die Zeugen sahen sich damit konfrontiert, vor der Gestapo als Unterstützer eines Heimtückeredners und als Feinde eines loyalen ›Volksgenossen‹ dazustehen, was sie wiederum erpreßbar machte.

Diesem verstärkten Druck gaben die neun Zeugen nach. Neben Bemerkungen über Schinkels schwierigen Charakter wurde er jetzt von allen auch in politischer Hinsicht belastet. Die meisten Zeugen, insbesondere Otto Schrader, versuchten zunächst noch, den Fragen Liedtkes auszuweichen, auch Entlastendes über ihren Vorgesetzten vorzubringen bzw. so wenige Informationen wie möglich mitzuteilen. Einige hofften offenbar, sich mit allgemeinen Bemerkungen (Schinkel sei »kein Nationalsozialist« oder »politisch nicht aktiv genug«) weiteren Nachfragen zu entziehen. Liedtke ließ jedoch ihre Manöver nicht zu. Er trieb sie durch Hinweise auf eigene ›Verfehlungen‹ (das gemeinsame Schreiben an Lehmann, das Abhören ausländischer Rundfunksender, die frühere Mitgliedschaft in einer Freimaurerloge), immer detailliertere Nachfragen und die Konfrontation mit den Aussagen anderer in die Enge. Als Beispiel soll hier eine längere Passage aus der Vernehmung Otto Schraders vom 24. Februar 1943 wiedergegeben werden.

»Frage: Aus den vielen Äußerungen Dr. Schinkels [...], auf die Sie sich aber nicht erinnern wollen bzw. können, mußte jeder Zuhörer schließen, daß Dr. Schinkel den ausländischen Nachrichtendienst abhört. Bitte äußern Sie sich hierzu. – Antwort: Es sind mir keinerlei Äußerungen erinnerlich, die darauf schließen lassen, daß sie in Verbindung bzw. aus der Kenntnis des Abhörens feindlicher Sender getan worden sind. – Frage: Es erscheint befremdend, daß eine Reihe von Zeugen sich genau derartiger Äußerungen erinnern können, die gleich Ihnen an den wöchentlichen Besprechungen bei Dr. Schinkel teilnahmen. Können Sie hierzu eine Erklärung abgeben? – Antwort: Die wöchentlichen Besprechungen finden nur zwischen Herrn Dr. Schinkel und mir statt. – Frage: Dann nehmen Sie nicht an den gemeinsamen Betriebsleiterbesprechungen teil? – Antwort: Daran nehme ich wohl teil. – Vorhalt: Also war Ihre obige Beantwortung der Frage [...] nicht zutreffend. Ich bitte, nochmals zu dieser Frage Stellung zu nehmen. – Antwort: Ich möchte darauf hinweisen, daß bei der bekannten Einstellung des Herrn Dr. Schinkel kritisierende Bemerkungen gemacht worden sind. – Frage: In welchen Bahnen bewegte sich diese Kritik? – Antwort: Nach meiner Auffassung sind [Schinkels Bemerkungen] durchaus nicht geeignet, die Stimmung im günstigen Sinne zu beeinflussen. [...] – Frage: Zu welchen Fragen nimmt Dr. Schinkel eine abträgliche, kritische Stellung ein? – Antwort: Es wird so viel gesprochen, und nun soll ich mich äußern, zu allem was gesprochen worden ist. – Frage: Die

Fragen sollen noch präziser gestellt werden? [...]« Im folgenden stellte Liedtke detaillierte Fragen und trieb Schrader jedesmal so weit in die Ecke, bis dieser die Schinkel belastenden Fakten zugab.

Hauptbelastungszeuge der Gestapo blieb jedoch August Lingen, der als einziger seinen persönlichen und politischen Lebenslauf nicht angeben und den aggressiven Zwischenfragen und versteckten wie offenen Drohungen nicht ausgesetzt wurde, da er von Anfang an bereitwillig und ausführlich aussagte.

Generaldirektor Fritz Lehmann wurde nicht offiziell als Zeuge vernommen, sondern äußerte sich schriftlich, nachdem er von einem leitenden Gestapobeamten darum gebeten worden war.

Fritz Lehmann, geboren 1882 in Trier, war 1920 als Generaldirektor der städtischen Bahnen Köln eingesetzt worden. Zuvor war er unter anderem bei der Reichsbahn und der AEG tätig gewesen. Zwischen 1923 und 1927 war er als städtischer Beigeordneter neben Verkehrsfragen für Arbeitslosenfürsorge und Notstandsarbeiten verantwortlich. Am 1.5.1927 wurde er in den Vorstand der Felten & Guilleaume AG berufen, 1934 übernahm er dessen Vorsitz. Mit dem NS-Regime arrangierte er sich schnell: Seit dem 1.5.1933 war er Mitglied der NSDAP, zwischen 1934 und 1938 auch Fördermitglied der SS. Seit 1936 im Beirat der Industrie- und Handelskammer, wurde er Anfang 1937 IHK-Vizepräsident, 1938 Ratsherr. – Im Entnazifizierungsverfahren wurde er im Oktober 1947 in die Kategorie III eingestuft und mußte seine beruflichen Positionen aufgeben. Wie fast alle ehemaligen Wirtschaftsführer wurde er sehr schnell rehabilitiert und erneut Vizepräsident der IHK sowie von 1952 bis 1962 Aufsichtsratsvorsitzender der Felten & Guilleaume-Werke. Anläßlich seines 75. Geburtstages erhielt er die Ehrendoktorwürde der Kölner Universität, die Ehrenbürgerschaft der Rheinisch-Westfälischen Technischen Hochschule in Aachen und das Große Verdienstkreuz der Bundesrepublik. Er starb 1965 in Köln.[135]

Lehmann verteidigte Schinkel. Falls dieser staatsfeindliche oder defätistische Meinungen geäußert haben sollte, sei dies nur auf seine Unbeherrschtheit und seine allgemein kritische Lebenseinstellung zurückzuführen. Lehmann erläuterte dann ausführlich Schinkels Unersetzlichkeit für die Firma und stellte klar, daß der Produktionsablauf bei F & G empfindlich gestört werden würde, wenn Schinkel ausscheiden müßte. Dies vor allem, wenn sich das Ausscheiden »unter Begleitumständen vollzöge, die noch zusätzliche Unruhe und Erschütterungen im Betrieb zur Folge hätten«, wie es bei einem Strafverfahren gegen den Betriebsdirektor der Fall sein würde. Lehmann bat deshalb darum, zumindest kein Strafverfahren einzuleiten und schloß mit der Aufforderung: »Ich möchte bitten, die vorstehenden Erwägungen im Interesse der Rüstungswirtschaft bei der Erledigung des Falles Schinkel, wenn irgend möglich, zu berücksichtigen.« Diese letzte Bemerkung zeigt beispielhaft das Bewußtsein der eigenen einflußreichen Stellung, das Lehmanns Ton und Wortwahl bestimmte. Ähnlich wie Schinkel selbst glaubte er, daß eine Argumentation mit den Bedürfnissen der Firma und der deutschen Rüstungswirtschaft die ermittelnden Beamten oder die Richter des Sondergerichts beeindrucken würde. Was im Jahr zuvor funktioniert hatte, erwies sich jedoch jetzt als unzureichend.

Weder Lehmann noch Lingen erwähnten gegenüber der Gestapo eine Unterredung im Jahr zuvor, am 1. September 1942. Als Reaktion auf den Protestbrief der leitenden Angestellten hatte Lehmann, was die Absender des Briefs nicht erfuhren, Lingen zu sich zitiert. In Anwesenheit des nationalsozialistischen Betriebsobmanns Stiehl beschuldigte er Lingen des schweren Vertrauensbruchs: Der Betriebsleiter hätte sich, wenn er über die politischen Äußerungen Schinkels so entsetzt gewesen sei, Lehmann oder Stiehl anvertrauen müssen, statt sich an den untergeordneten Angestellten Krenz und letztlich an Institutionen außerhalb des Werks zu wenden. Auf die Frage, warum er erneut gegen Schinkel aktiv geworden sei, erklärte Lingen seinem obersten Vorgesetzten, »eine amtliche Stelle« habe nachgefragt, ob Schinkel weiterhin »verfängliche« Äußerungen gemacht habe. »Alles in allem«, so der Text von Lehmanns Aktenvermerk, »sei mein Vertrauen in Herrn Lingen durch sein Verhalten stark erschüttert. Auch seine Arbeitskollegen hätten mir erklärt, daß es ihnen nicht möglich erscheine, weiterhin mit jemand gedeihlich zusammenzuarbeiten, der sich in vertraulichen Besprechungen Notizen mache, um sie später anderswo zu verwenden. Herr Lingen meinte, solche Erklärungen könnten ja auch beeinflußt sein, versicherte aber auf meine Frage, daß er damit in keiner Weise mich gemeint habe.« Lehmann wies ihn hinsichtlich der Darlehen an Krenz in scharfer Form zurecht und verabschiedete den Betriebsleiter mit der Aufforderung darüber nachzudenken, wie die entstandene Situation wieder bereinigt werden könnte.

Lehmann hatte also einen Versuch unternommen, Lingen im Sinne der Firma und der Vertraulichkeit der dortigen Geschehnisse unter Druck zu setzen. Lingens Erwiderung zeigt, wie sicher er sich fühlte. Er war, wie seine Kollegen erst im Sommer 1942 erfuhren und wie erst aus den Akten des zweiten Verfahrens gegen Schinkel erkennbar ist, von Anfang an die zentrale Figur in dem sich langsam entwickelnden Drama.

In einer Bemerkung Eugen Schinkels während seiner ausführlichen Vernehmung am 4. März 1943 scheint der Schlüssel zu Lingens Intrige zu liegen. Bei der Schilderung seines beruflichen Lebenslaufs erklärte Schinkel: »Mit dem 2.2.1941 hätte ich mich nach dem Hausgesetz zur Ruhe setzen müssen. Mit Rücksicht auf die Heimatfront habe ich mich selbstverständlich freiwillig zur weiteren Verfügung gestellt.« Einen Monat, nachdem Schinkel eigentlich hätte in Rente gehen sollen, erstattete Andreas Krenz seine Anzeige. Ein Blick auf die Situation der Firma und einige persönliche Daten der fünf Betriebsleiter läßt vermuten, daß Lingen die Empörung von Krenz über seine Entlassung für eigene Interessen ausnutzte.

Die Betriebsleiter dürften gehofft haben, daß Aufsichtsrat und Vorstand Schinkels Nachfolger aus ihrem Kreis bestimmen würden. Lingen konnte bis Ende 1940 annehmen, in der Frage der Nachfolge gute Karten zu haben. Gegen ihn sprach zwar, daß er der jüngste Kandidat war und die mit Abstand kürzeste Werkszugehörigkeit vorweisen konnte. Andererseits nahm Schrader zu diesem Zeitpunkt noch nicht den gleichen Rang wie seine Kollegen ein (er wurde erst einige Monate später befördert). Josef König war nur vier Jahre jünger als Schinkel, wäre demnach nur eine Zwischenlösung. Außerdem war König ebensowenig wie Michael Büsing Mitglied der NSDAP. Für das Prestige der Firma aber wäre ein langjähriger ›Parteigenosse‹ eine bessere Wahl als ein Manager, der sich erst aus Anlaß seiner Beförderung um die Mitgliedschaft in der Partei bemühte. Damit aber hatte Lingen auch einen Vorsprung vor Franz Uhlenbruch und Otto Schrader. Zudem konnte er auf die Fürsprache des ausscheidenden Schinkel hoffen, der ihn schon 1932, nach nur zwei Jahren bei F & G und im Alter von erst 31 Jahren, zum Betriebsleiter gemacht hatte und zu dem er, wie er selbst, Schinkel und weitere Zeugen aussagten, immer ein gutes Verhältnis gehabt hatte.

Ende 1940, spätestens im Januar 1941 dürfte der Beschluß der Werksleitung, Schinkel trotz Erreichen der Altersgrenze in seiner Stellung zu belassen, bekanntgegeben worden sein. Die genannten Fakten rechtfertigen die Spekulation, daß Lingen nunmehr nach Wegen suchte, die erhoffte Position doch noch zu erlangen. Der soeben aus der Firma gedrängte und bei ihm verschuldete Andreas Krenz war das geeignete Werkzeug, die eigene Rolle bei einer Intrige gegen Schinkel zu verbergen. In den Folgemonaten mußte Lingen erkennen, daß er sich in mehrfacher Hinsicht geirrt hatte. Die Denunziation durch Krenz und seine eigenen belastenden Aussagen wogen Schinkels Einfluß und die Entlastungen durch die anderen Zeugen nicht auf. Die Kölner Gestapo ging die Abwehrmauer, die die Mehrzahl der Zeugen bildete, nicht energisch an. Es kam nicht zu einer Anklage gegen Schinkel, der weder durch diese Affäre noch durch seine schwere Krankheit zum Rückzug ins Privatleben bewogen wurde. Für den Generaldirektor und den Aufsichtsrat war Schinkel durch die Ermittlungen keineswegs zu einer unhaltbaren Belastung geworden, sie beließen ihn weiterhin in seiner Position.

Die Leitung der F & G-Werke war natürlich in die Ansprüche des NS-Staates eingebunden und sorgte dafür, daß die Firma von diesen Ansprüchen durch Beteiligung an der Rüstungsproduktion profitierte. Dennoch verstanden sich die Beteiligten einschließlich des Vorstandsvorsitzenden und unabhängig von einer eventuellen NSDAP-Mitgliedschaft in erster Linie als ›Carlswerker‹. Im Verlauf ihrer Firmenzugehörigkeit hatten sie gelernt, den Betrieb als eine nach außen abgeschlossene Einheit zu sehen. Innere Vorkommnisse gingen die Außenwelt nichts an, Einmischungen von außen wurden nach Möglichkeit abgewehrt. Die Schweigemauer gegen die anfänglichen Gestapo-Ermittlungen 1941/42, und das Vorgehen sowohl der Kollegen als auch Lehmanns gegen Lingen im Sommer 1942 lassen sich als Versuch deuten, dieses traditionelle Verständnis einer Firmenidentität gegen den totalitären Staat aufrechtzuerhalten.

Lingens Versuch, das Eingreifen der Gestapo für seine privaten Interessen zu nutzen, scheiterte. Er hatte die Stabilität der Firmenidentität und die Unabhängigkeit der Werksleitung bei ihren Personalentscheidungen unterschätzt. Zwar suchten Vorstand und Aufsichtsrat nach einem auch politisch opportunen Nachfolger für Schinkel, doch ignorierten sie Lingen.

Auf der anderen Seite unterlag auch Eugen Schinkel einem Irrtum. Das zuvor gute Verhältnis zu Lingen war seit der ersten Anzeige natürlich äußerst schlecht. Schinkel scheint jedoch nicht versucht zu haben, Lingen zu entlassen. Auch nahm er das erste Verfahren gegen sich nur kurze Zeit als Warnung, sich vorsichtiger zu verhalten. Ohnehin ausgestattet mit großem Selbstbewußtsein und einer von vielen Befragten als äußerst arrogant empfundenen Haltung (»Dr. Schinkel ist ein ausgesprochener Herrenmensch.« – »Dr. Schinkel ist das, was man landläufig einen ›Grobian‹ nennt, insbesondere im Hinblick auf diejenigen Personen, denen er glaubt, dies bieten zu können.« – »Bei [Schinkel] fing – allerdings viele Jahre zurückliegend – der Mensch erst beim Akademiker an oder beim Betriebsleiter, wobei allerdings zu bemerken ist, daß in den letzten Jahren er doch ein starkes Mitgefühl auch für den kleinsten Arbeiter gezeigt hat.«), kommentierte er weiterhin offenherzig die Kriegs-, Ernährungs- und Wirtschaftslage Deutschlands. Er glaubte offenbar, daß die Verfahrenseinstellung weiteren Denunziationen den Boden entzogen hatte.

In seiner Vernehmung vom 4. März 1943 versuchte er, sich mit der schon einmal erfolgreich angewandten Taktik zu verteidigen, indem er seine Äußerungen nicht als allgemeine Kritik am Staat, sondern als auf Einzelfälle bezogene, spontan und übertrieben geäußerte Unzufriedenheit darzustellen versuchte. Im übrigen verwies er auf seine Verdienste. Die ihm vorgeworfenen Bemerkungen seien bedeutungslos »gegenüber dem großen, von mir geleisteten Erfolg der gesamten Kriegsproduktion. Daß dies keine Ruhmredigkeit ist, bitte ich Herrn Baron Schröder, unseren Aufsichtsrat-Vorsitzenden und Generaldirektor Lehmann als wichtige Zeugen zu vernehmen. Sie werden dann auch folgendes bezeugen können: Am 2. Febr. 41 wäre ich berechtigt gewesen und im Frieden sogar gezwungen gewesen, nach unserem Hausgesetz in den Ruhestand zu treten. [...] Ich habe diese Möglichkeit freiwillig abgelehnt. Im September des gleichen Jahres hatte ich mich einer schweren Unterleibsoperation auf Tod und Leben [...] zu überstehen gehabt. Hiernach wäre das in-den-Ruhestand-treten doppelt begreiflich gewesen. Ich habe trotzdem aus freien Stücken, aus Werks- und Staatstreue die technische Leitung in Händen behalten und sie während des ganzen Jahres 1942 bis jetzt ohne einen Urlaubstag durchgeführt.«

Prominente Namen und eigene Verdienste sollten die Gestapo und später auch das Sondergericht beeindrucken. Im Gegensatz zu den Ermittlungen 1941/42 reichte eine solch traditionelle Argumentationsweise nicht mehr aus. Die Ziele der Staatspolizei waren nicht traditionell; es ging ihr, so die These, nicht in erster Linie um die Festsetzung des Übeltäters Schinkel. Sie zielte vielmehr auf die politische Disziplinierung der gesamten Firma.

Im April 1943 wurde das Verfahren gegen Eugen Schinkel wegen Heimtücke eingestellt, jedoch wegen Rundfunkvergehen Anklage erhoben. Am 26. Juni 1943 wurde er schuldig gesprochen. Das Sondergericht erkannte als strafmildernd neben seinem straflosen Vorleben, seinem Alter und Gesundheitszustand »seine Verdienste um die Firma Felten & Guilleaume und um die deutsche Aufrüstung in Frieden und Krieg« an. Da er im wesentlichen geständig war, wurde die dreimonatige Untersuchungshaft auf die verhängte Haftzeit von zwei Jahren angerechnet. Eine Aberkennung der im ›Dritten Reich‹ ohnehin fiktiven bürgerlichen Ehrenrechte erfolgte nicht, da er nicht böswillig gehandelt habe, sondern »das Motiv der Tat [...] offenbar in seiner Überschätzung seiner Person zu finden ist«.

Zum Zeitpunkt der Verurteilung war Schinkels Krankheit weit fortgeschritten. Er verbrachte die Haftzeit im Lazarett, wurde zwischenzeitlich wegen Bombenschäden am Gefängnis und zur Ordnung seiner Angelegen-

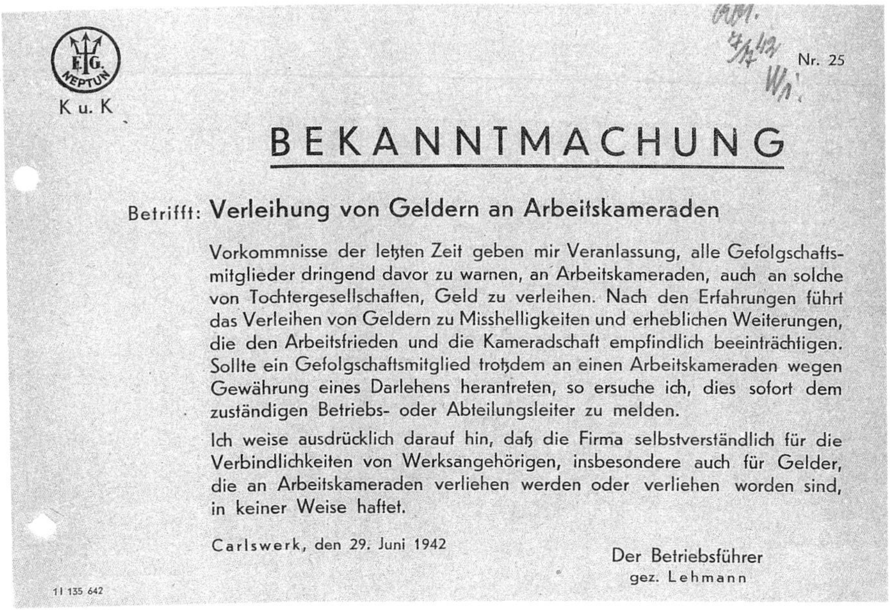

K u. K

Nr. 25

BEKANNTMACHUNG

Betrifft: **Verleihung von Geldern an Arbeitskameraden**

Vorkommnisse der letzten Zeit geben mir Veranlassung, alle Gefolgschaftsmitglieder dringend davor zu warnen, an Arbeitskameraden, auch an solche von Tochtergesellschaften, Geld zu verleihen. Nach den Erfahrungen führt das Verleihen von Geldern zu Misshelligkeiten und erheblichen Weiterungen, die den Arbeitsfrieden und die Kameradschaft empfindlich beeinträchtigen. Sollte ein Gefolgschaftsmitglied trotzdem an einen Arbeitskameraden wegen Gewährung eines Darlehens herantreten, so ersuche ich, dies sofort dem zuständigen Betriebs- oder Abteilungsleiter zu melden.

Ich weise ausdrücklich darauf hin, daß die Firma selbstverständlich für die Verbindlichkeiten von Werksangehörigen, insbesondere auch für Gelder, die an Arbeitskameraden verliehen werden oder verliehen worden sind, in keiner Weise haftet.

Carlswerk, den 29. Juni 1942

Der Betriebsführer
gez. Lehmann

11 135 642

Abb. 3 (Quelle 3): Bekanntmachung des ›Betriebsführers‹ vom 29.6.1942 über die Verleihung von Geldern an Arbeitskameraden

heiten entlassen. Ein Rechtsanwalt unterstützte ihn, dennoch blieb ein Gnadengesuch erfolglos. Nach mehreren Untersuchungen und Gutachten wurde die weitere Vollstreckung der Haftstrafe schließlich am 7. März 1944 ausgesetzt. Bereits am 11. April starb der 68-jährige. Schinkels Familie scheint nicht versucht zu haben, zu seinen Gunsten einzugreifen.

Leider finden sich in den erhalten gebliebenen Akten im Werksarchiv von Felten & Guilleaume fast nur indirekte Hinweise auf die hier geschilderten Vorgänge. Aus dem fraglichen Zeitraum sind nur wenige Besprechungsprotokolle erhalten, Beratungen über Schinkel, Lingen und das weitere Vorgehen der Firma sind darin nicht festgehalten. Neben der als Quelle 3 abgedruckten Bekanntmachung des ›Betriebsführers‹ vom 29. Juni 1942 finden sich in den Unterlagen lediglich Umbesetzungen auf der Führungsebene des Carlswerks, die in der Folge des Schinkel-Prozesses vorgenommen wurden (Abb. 3).

Betriebsleiter Michael Büsing und Abteilungsleiter Albert Hiemer erhielten im September 1943 Prokura, was darauf schließen läßt, daß sie in der Angelegenheit Schinkel in den Augen der Werksleitung weder gegen die Interessen der Firma verstoßen noch sich gegenüber Gestapo und NSDAP diskreditiert hatten. Da sie keine NSDAP-Mitglieder gewesen waren, wurden sie nach Kriegsende vom ›Werksentnazisierungsausschuß‹ und von der britischen

Militärregierung in ihren Stellungen belassen; 1951 gingen beide in Rente.[136] Im gleichen Jahr schied ein anderer Zeuge aus dem Fall Schinkel im »beiderseitigen Einvernehmen« aus der Firma aus.[137] Der Leiter der Personalabteilung kehrte nach anderthalbjähriger Suspendierung im Sommer 1947 auf seinen Posten zurück und ging 1964 in Rente.[138] Josef König starb im September 1945.[139]

Der nationalsozialistische Betriebsobmann Stiehl war weder von der Gestapo noch von den Nachkriegsbehörden zum Fall Schinkel vernommen worden. Seine Rolle beschränkte sich auf die Anwesenheit bei dem Gespräch zwischen Lehmann und Lingen, in dem er Lehmanns Position teilte. Sein Rücktritt als Betriebsobmann wurde am 31. Mai 1943, als der Prozeß gegen Schinkel schon lief, bekanntgegeben.[140] Vielleicht hatte er sich nach Auffassung der NSDAP in der Schinkel-Sache zu passiv verhalten.

Eine wahrscheinlich wegen des Prozesses mehrfach verschobene Sitzung des Aufsichtsrats von Felten & Guilleaume fand nach der Urteilsverkündung gegen Schinkel am 30. Juni 1943 statt. Unter Punkt 9 der Tagesordnung ging es um die Bestellung neuer Vorstandsmitglieder. Im Protokoll hieß es lapidar: »Da das Vorstandsmitglied Herr Direktor Dr. Eugen Schinkel mit Zustimmung des Herrn Vorsitzers des Aufsichtsrats mit dem 15.5.1943 sein Amt niedergelegt hat und pensioniert worden ist«, werde Schinkel nunmehr offiziell durch den Aufsichtsrat aus seinem Amt abberufen.[141] Seine Aufgaben wurden vorläufig von einem neuernannten Vorstandsmitglied mitübernommen.[142] Nach einigen Monaten der Suche und intensiver Gespräche entschied die Konzernleitung, den Leiter des F & G-Werks in Nordenham als zunächst stellvertretendes Vorstandsmitglied nach Köln zu holen. Bis 1948 wurde dieser in alle zuvor von Schinkel ausgeübten Aufgaben und Ämter eingeführt.[143]

Betriebsleiter Franz Uhlenbruch, der ebenso wie der Werkschutzleiter Franz Weising durch die Ermittlungen bei der Gestapo stark belastet war und als treibende Kraft hinter dem Schreiben der leitenden Angestellten an Generaldirektor Lehmann galt, wurde im Mai 1943 als Betriebsleiter zu einer Tochterfirma versetzt, seine Prokura für F & G gelöscht. Nach Aufhebung seiner Suspendierung durch die britische Militärregierung kehrte er 1947 zum Carlswerk zurück und wurde erneut Betriebsleiter und Prokurist. Nach einer schweren Erkrankung ging er 1954 oder 1955 in Ruhestand.[144]

Am 15. September 1943 ließ Lehmann bekanntgeben, daß er den Werkschutzleiter und stellvertretenden Abwehrbeauftragten Franz Weising auf dessen Wunsch von seinen Tätigkeiten entbunden habe. Als Grund wurden

»Gesundheitsrücksichten« angegeben. Weising stehe bis zu seinem endgültigen Ruhestand Lehmann für Sonderaufgaben zur Verfügung.[145] In dieser letzten Bemerkung kann eine Vertrauenserklärung für Weising gesehen werden. Er war nach seinen Versuchen, Schinkel zu schützen, und nachdem aufgedeckt worden war, daß auch er ausländische Rundfunksender abgehört hatte, als Werkschutzleiter nicht mehr tragbar, hatte aber in seiner Loyalität zu Schinkel die Interessen des Werks vertreten. Das Verhalten gegenüber Weising und Uhlenbruch zeigt, daß die Betriebsleitung bemüht war, die vor der Gestapo belasteten Angestellten zu schützen.

Schon am 3. Juli 1943, also kurz nach dem Urteilsspruch gegen Schinkel, hatte Lehmann ohne jeden Bezug auf August Lingen bekanntgegeben, daß die bislang von Lingen geleitete Fabrik für elektronische Ausrüstungen vorläufig Philipp Schilling unterstellt werde.[146] In einer Auflistung der leitenden Angestellten aus der Nachkriegszeit heißt es, daß Lingen »auf Wunsch« im Juli 1943 ausgeschieden sei.[147] Lehmann betrachtete ihn offenbar nach der Verurteilung Schinkels als unhaltbar; neben den ihm bekannten Vorbehalten der anderen Betriebs- und Abteilungsleiter zeigt die deutliche Sprache der Aktennotiz vom September 1942, daß auch Lehmann selbst Lingens Verhalten als unerträglich empfand. Darüber hinaus ging es ihm wahrscheinlich darum, die seit zwei Jahren auf der Führungsebene von F & G herrschende Unruhe und Verunsicherung endgültig zu beenden. Dafür sprechen auch die Versetzung Uhlenbruchs und das Verhalten gegenüber Weising.

Nach einer Zeugenaussage Uhlenbruchs aus dem Jahr 1946 ging August Lingen nach Beuel (heute Bonn-Beuel), wo er auf dem Gelände des dortigen Guilleaume-Werks eine Firma für Haushaltsgeräte und Spielsachen aufbaute. Diese Aussage konnte nicht überprüft werden; sollte sie zutreffen, dürfte es zwischen Lingen und der F & G-Leitung zu einer Vereinbarung gekommen sein dahingehend, daß Lingen für einen schnellen und geräuschlosen Abgang die Nutzung des Beueler Geländes zugestanden wurde.

Der ›Werksentnazisierungsausschuß‹ hatte 1946 auf Initiative einer Verwandten von Schinkel die Denunziation des früheren Betriebsdirektors wieder aufgegriffen. Die schließlich von der Staatsanwaltschaft Köln eingeleiteten Ermittlungen förderten die Akten aus dem ›Dritten Reich‹ zutage. Die Staatsanwaltschaft kam zu dem Schluß, daß Andreas Krenz die erste Anzeige gegen Schinkel erstattet habe. Da das daraus entstandene Verfahren gegen Schinkel eingestellt worden sei, habe sich Krenz keines Verbrechens gegen die Menschlichkeit schuldig gemacht. August Lingen habe Krenz mit Informationen versorgt und das Vertrauen seines früheren Vorgesetzten und seiner damaligen Kollegen mißbraucht, eine Anzeige sei ihm aber nicht nachweisbar. Im März 1953 wurde daher das Verfahren eingestellt. Dabei erklärte die Staatsanwaltschaft Köln: »Da auch ein Geständnis des Beschuldigten Lingen nicht zu erwarten ist, kann unter diesen Umständen von seiner Vernehmung Abstand genommen werden.« Die Strafverfolgungsbehörde verzichtete also auf den Versuch der Aufklärung eines Verbrechens mit dem Argument, der Beschuldigte werde ohnehin die Tat nicht zugeben!

Ähnlich desinteressiert an diesem Aspekt ihrer Vergangenheit zeigte sich in den Nachkriegsjahren die Firma Felten & Guilleaume. In den Kölner Werken des Konzerns ging es in dieser Zeit vor allem um die Beseitigung der materiellen Kriegsschäden, die Wiederaufnahme der Produktion und den Neuaufbau von Geschäftsbeziehungen im Ausland unter der Oberaufsicht der britischen Besatzungsbehörden. Die Entnazifizierung von Geschäftsführung und Belegschaft, d.h. die Entlassung bzw. Nicht-Wiedereinstellung aktiver NSDAP-Parteigenossinnen und -genossen, rückte dabei schnell in den Hintergrund.[148] Die Angehörigen der Geschäftsleitung verstrickten sich zudem sehr bald in sich über Jahre hinziehende Intrigen im Kampf um Einfluß und Positionen im Bündnis einerseits mit der luxemburgischen Konzernleitung, andererseits den britischen Behörden. Die politischen Säuberungen verkamen auf diese Weise zum »Ränkespiel«,[149] das unwillkürlich an die Intrigen August Lingens erinnerte.

Erst im Jahre 1951 wurde durch ein Porträt Eugen Schinkels in der Werkszeitung offiziell an den langjährigen Betriebsdirektor erinnert.[150] In dem Artikel hieß es einleitend, daß Schinkel »mit Rücksicht auf sein Alter« zurückgetreten sei. »Der dann folgende letzte Abschnitt seines Lebens stand im Zeichen der Verfolgung durch die Geheime Staatspolizei.« Mit dieser Formulierung wurden Schinkels Werkszugehörigkeit und seine politische Verfolgung voneinander getrennt. Der Autor des Artikels beschreibt dann Tätigkeiten und Karriere Schinkels bei F & G und geht abschließend auf dessen Persönlichkeit ein. Schinkels Ausdrucksweise und sein sarkastischer Spott seien gefürchtet gewesen, er habe allem auf den Grund gehen wollen, sich aber auch großzügig gezeigt und sich in fachlicher Hinsicht auch korrigieren lassen. »Er sagte allerdings jedem seine Meinung und hielt niemandem gegenüber damit zurück, was in politischer Hinsicht in jenen Jahren äußerst gefährlich war und 1943 zu seiner Verhaftung führte.«

Auch hier wird die Tatsache, daß Schinkel aufgrund seiner Äußerungen in Betriebsleiterbesprechungen verhaftet worden war, nicht erwähnt; ein Zusammenhang zwischen seiner Berufstätigkeit und der Verurteilung höchstens angedeutet. Auf diese Weise bleibt der Nachruf, zu dem »damals und in den ersten Nachkriegsjahren keine Möglichkeit bestand«, unvollständig und unangemessen.

Im vorliegenden Fall war der Denunziant eindeutig feststellbar. In der nachträglichen Betrachtung wirken die Ereignisse nicht nur deshalb besonders tragisch, weil sie den schwerstkranken Schinkel ins Gefängnis brachten und seinen Tod beschleunigten, sondern auch, weil sie von einem Untergebenen ausgingen, den er stets gefördert und zu dem er ein gutes Verhältnis hatte. Lingens beruflicher Ehrgeiz ließ ihn eine Intrige gegen seinen Förderer planen, als deutlich wurde, daß dieser seine Stellung nicht aufgeben würde. Aufgrund seiner Position, Kompetenz und seines offensichtlichen Rückhalts beim Generaldirektor war Schinkel nur durch politische Vorwürfe angreifbar. Lingen zögerte nicht, sie durch einen Mittelsmann zu erheben. Auch wenn er mit seiner eigentlichen Absicht, seine weitere Karriere zu erzwingen, scheiterte, steht sein Verhalten für das Ausmaß, in dem Teile der deutschen Bevölkerung durch das Regime korrumpiert waren.

In den Augen der Gestapo dürften die Ermittlungen gegen Schinkel nicht nur deshalb erfolgreich gewesen sein, weil sie zu dessen Verurteilung führten. Die politische Polizei erhielt vielmehr durch Lingens Aussagen die Möglichkeit, die technische Leitung und die Konzernführung von F & G massiv unter Druck zu setzen. Durch rüde Verhöre, die Mißachtung von Lehmanns Aufforderung, Schinkel nicht zu verhaften, und Schinkels Verurteilung stellte sie klar, daß sie auch im ›totalen Krieg‹ mächtiger zu sein beanspruchte als ein wichtiger Rüstungsbetrieb.

Eine Ehe

An der Geschichte der Eheleute Breuer erweist sich beispielhaft, daß Privatpersonen das Eingreifen des Regimes nicht nur erreichen konnten, wenn der Machtapparat sich von seinem Vorgehen weitreichende Folgen wie die politische Disziplinierung eines Großbetriebes versprach. Es gab selbst in engsten sozialen Beziehungen die Möglichkeit zu Denunziationen, denn auch in Ehen und Familien wollte das Regime Einblick haben und Kontrolle ausüben.

Einer der Wege, auf denen diese Kontrolle manchmal gelang, waren politisch begründete Anzeigen von Ehefrauen, mit denen diese gegen gewalttätige Ehemänner vorzugehen versuchten. Diese Fälle gehören zu den wenigen Quellen, in denen die im privaten Raum ausgeübte Gewalt von Männern gegenüber Frauen sichtbar wird. Sie wurde in der NS-Gesellschaft offiziell verschwiegen und ist in der Forschung bislang kein Thema gewesen.

Antonie Breuer nutzte die Möglichkeit, ihren Ehemann durch politische Beschuldigungen ›loszuwerden‹. Ihre Anzeige erhielt durch die in den Augen der Gestapo belastete politische Vergangenheit Josef Breuers besondere Brisanz.

Im Januar 1943 wurden Antonie und Josef Breuer geschieden. Das Gericht sprach Josef Breuer die überwiegende Schuld am Scheitern der Ehe zu – nicht aufgrund von Verfehlungen im Zusammenleben mit seiner Ehefrau, sondern weil er politische Straftaten begangen hatte. Den Antrag auf Scheidung der Ehe hatte Antonie Breuer gestellt.[151]

Die Eheleute Breuer hatten 1937 geheiratet und lebten in Köln-Nippes unter schwierigen finanziellen Verhältnissen. Sowohl für den 1897 geborenen Josef Breuer als auch für Antonie Breuer, geboren 1904, war es die zweite Ehe. Die beiden halbwüchsigen Kinder aus der ersten Ehe eines der beiden Partner lebten bei ihnen. Josef Breuer war Hilfsarbeiter und verdiente monatlich rund 140 Reichsmark. Nebenher arbeitete er als Helfer an einer Schiffsschaukel auf Kölner Volksfesten. Die Besitzerin der Schiffsschaukel war die Witwe eines Wohlfahrtspflegers, der jahrelang für die Familie Breuer zuständig gewesen war und Josef Breuer den Zusatzverdienst vermittelt hatte. Die Familie war wegen finanzieller Probleme und der kriminellen Vergangenheit Josef Breuers der Betreuung durch den Wohlfahrtspfleger unterstellt gewesen. Dieser städtische Angestellte war gleichzeitig ›Amtswalter‹, also Funktionär, der NSDAP. Da Josef Breuer Mitglied der Kommunistischen Partei Deutschlands gewesen und nach 1933 wegen politischer ›Vergehen‹ verurteilt worden war, dürfte er sich in besonderem Maße kontrolliert gefühlt haben.[152]

Josef Breuer war als Junge nach zwei kleineren Diebstählen für zwei Jahre in Fürsorgeerziehung eingewiesen worden. In der Volksschule hatte er zwei Klassen wiederholen müssen. Nach zwei weiteren Verurteilungen wegen Diebstahl im Frühjahr 1915 wurden die verhängten Gefängnisstrafen aufgeschoben, Breuer erneut zum Fürsorgezögling erklärt und als solcher in den Krieg geschickt.

In den zwanziger Jahren folgten weitere Verurteilungen wegen Diebstahl und Straßenraub, einmal auch wegen schwerer Körperverletzung. Nach seiner Haftentlassung 1929 war er arbeitslos und hatte in der Wirtschaftskrise ohne Ausbildung und mit zahlreichen Vorstrafen keine Chance, Erwerbsarbeit zu finden. Er glitt dennoch nicht erneut in die Kriminalität ab, sondern scheint in kommunistischen Organisationen sozialen Halt gefunden zu haben. 1932 trat er in die Kommunistische Partei ein, die für viele Erwerbslose die Hoffnung auf eine gerechtere Zukunft verkörperte.[153]

Wegen Betätigung für die vom nationalsozialistischen Regime verbotene KPD wurde Breuer 1934 verhaftet und im Januar 1935 unter dem Vorwurf der Vorbereitung zum Hochverrat zu einem Jahr elf Monaten Gefängnis verurteilt. Unmittelbar darauf, im Februar 1935, folgte eine weitere viermonatige Strafe wegen Diebstahls. Statt ins Gefängnis wurde er in ein Konzentrationslager, wahrscheinlich nach Esterwegen, gebracht.

Josef Breuer überlebte die Lagerhaft. Nach seiner Entlassung im November 1936 schien es für ihn bergauf zu gehen. Er zog nach Köln-Nippes, wo er seine künftige Ehefrau kennenlernte. Unter der Aufsicht des erwähnten Wohlfahrtspflegers wurde er als Arbeiter zu einer Teerfabrik dienstverpflichtet, die beim Bau der Reichsautobahnen tätig war. Das nationalsozialistische Sondergericht interpretierte diesen Abschnitt seines Lebens 1941 dahingehend, daß er durch die Fürsorge und die Wirtschaftspolitik des ›Dritten Reichs‹ wieder habe Fuß fassen können, weshalb seine regimekritischen Äußerungen besonders gehässig seien.

Über Antonie Breuer ließ sich leider nur sehr wenig erfahren. Sie war während der Ehe Hausfrau. Nach der Scheidung 1943 nahm sie eine Erwerbsarbeit auf, lebte 1947 aber äußerst dürftig von Ersparnissen, ein Jahr später gab sie einen Wochenlohn von 30 Reichsmark an.

Spätestens seit 1940 lebten die Eheleute Breuer in ständigem Streit, wobei Josef Breuer auch gewalttätig wurde. Antonie Breuer schloß sich in dieser Zeit enger an zwei Freundinnen an. Elisabeth Burger und Margarethe Ließen wohnten in der Nähe der Breuers. Beide waren verheiratet, doch waren die Ehemänner seit Kriegsbeginn Soldaten. Aus ihren Vernehmungen 1941 und 1947 geht hervor, daß sie sich alleine fühlten und deshalb ihrerseits den schon bestehenden Kontakt zu Antonie Breuer intensivierten. Die drei Frauen ließen sich auch von der Verdunkelung, die sie zwang, die Heimwege in völliger Finsternis zurückzulegen, nicht von gegenseitigen Besuchen bis zum späten Abend abhalten. Ihre Freundschaft wurde zu einer wichtigen Stütze im Kriegs- und für Antonie Breuer auch im Beziehungsalltag mit ihrem Ehemann.

Verdunkelung: Seit Beginn des Krieges gab es keine Straßenbeleuchtung mehr, durch Wohnungsfenster durfte kein Licht nach außen dringen usw. Auf diese Weise sollte verhindert werden, daß die Städte bei Nacht aus der Luft erkennbar waren und leicht zu identifizierende Ziele für die alliierten Bombenflugzeuge bildeten.

Im Frühjahr 1941 verschlechterte sich das Verhältnis der Eheleute zueinander immer mehr. Josef Breuer wurde zunehmend brutaler und unterstellte seiner Ehefrau, eine Affäre mit einem anderen Mann zu haben oder haben zu wollen. Nachdem Antonie Breuer feststellen mußte, daß ihr Ehemann sie mit einer Geschlechtskrankheit angesteckt hatte, zeigte sie ihn am 20. Mai 1941 wegen Körperverletzung bei der Kriminalpolizei an. Laut Protokoll des aufnehmenden Beamten sagte sie unter anderem: »Weiter möchte ich noch bemerken, daß mein Mann fortgesetzt über die heutige Regierung schimpft. Er bezeichnet die Letztere als eine Verbrecherregierung und meint, daß es hoffentlich bald umgekehrt gehen würde.« Im August 1948 stellte Antonie Breuer vor Gericht ihr Verhalten und das des Kriminalbeamten so dar: »Wegen dauernder Misshandlungen seitens meines Ehemannes wandte ich mich an die Kriminalpolizei. Dort fragte mich der Beamte, ob ich meinem Mann nicht sonst noch etwas nachweisen könne, besonders in politischer Hinsicht. Ich sagte dem Beamten, daß er da nicht ganz in Ordnung sei.«

Die oben zitierte Aussage von 1941 ist ein vergleichsweise einfaches Beispiel dafür, wie problematisch die scheinbar wörtlichen Niederschriften in den Polizei- und Justizakten der NS-Zeit sind. Die konkrete Situation zwischen Antonie Breuer und dem Polizeibeamten war zunächst harmlos. Für den Beamten handelte es sich um einen neuen Fall, er stand unter keinerlei Ermittlungsdruck. Dementsprechend hatte er keine Veranlassung, die Anzeigende unter Druck zu setzen. Mißhandlungen oder Drohungen haben mit Sicherheit keine Rolle gespielt, auch gab es keinerlei Anlaß, die Aussageniederschrift massiv zu verfälschen. Dennoch handelt es sich bei dem Protokoll keineswegs um eine wörtliche Niederschrift des Gesagten, sondern, wie im ersten Kapitel allgemein ausgeführt, um eine teilweise ›Übersetzung‹ in die Sprache polizeilicher Ermittlungen. Zwar blieben Elemente der Alltagssprache erhalten (»umgekehrt gehen«), doch wurden Antonie Breuers Sätze weitgehend verschriftlicht (»Weiter möchte ich noch bemerken«, »Letztere«). Vor allem aber fehlen die Fragen des Polizisten, so daß nicht erkennbar ist, ob Antonie Breuer aus sich heraus, wie das Protokoll nahelegt, oder auf eine entsprechende Nachfrage, wie sie 1947 behauptete, ihren Ehemann politisch belastete.

Innerhalb ihres engeren Umfelds fand Antonie Breuer offenbar keinen Ausweg aus der Beziehung zu einem gewalttätigen Mann. Die Mißhandlung einer Frau durch ihren Ehemann wurde in der deutschen Gesellschaft bis in die jüngste Vergangenheit als ein privates Problem der Frau angesehen. Auch in der Gesellschaft des ›Dritten Reichs‹ gab es für die betroffenen Frauen weder moralische Anerkennung noch eine rechtliche Handhabe, solange nicht der Tatbestand der Körperverletzung erfüllt war. Körperverletzung aber wurde bei Gewaltakten unter Eheleuten nur bei sehr viel schwerwiegenderen Beweisen als erwiesen betrachtet als in anderen Opfer-Täter-Konstellationen.[154] Erst nachdem ihr Ehemann sie mit einer Geschlechtskrankheit angesteckt hatte, war Antonie Breuer wütend, verzweifelt oder entschlossen genug, polizeiliche Hilfe zu suchen. Aus ihren Aussagen geht nicht hervor, ob sie wußte, daß sie auch erst jetzt eine Chance hatte, die Polizei zum Eingreifen zu bewegen. Gleichfalls bleibt unklar, ob sie sich schon zu diesem Zeitpunkt zur Scheidung entschlossen hatte und ob ihr bewußt war, daß eine Verurteilung Josef Breuers wegen Körperverletzung oder wegen politischer ›Delikte‹ eine baldige Ehescheidung zu ihren Gunsten ermöglichen würde.[155]

Antonie Breuer ergriff jedenfalls die Chance, durch die Behauptung regimekritischer Äußerungen ihres Ehemannes ihre Anzeige um Vorwürfe zu erweitern, an denen die Polizei sehr viel mehr Interesse haben würde als an Ermittlungen wegen Gewalt in einer Ehe.

Sie gab, ohne konkrete Anlässe zu nennen, Verstöße ihres Ehemannes gegen das Heimtückegesetz zu Protokoll und benannte dafür eine Zeugin. Die Kriminalpolizei unternahm daraufhin hinsichtlich der Vorwürfe wegen Körperverletzung nichts, sondern gab die Anzeige an die Gestapo weiter, damit diese die politischen ›Vergehen‹ prüfe. In dieser Vorgehensweise zeigt sich die unterschiedliche Bewertung der angezeigten Straftaten: Die Mißhandlungen, denen Antonie Breuer durch ihren Ehemann ausgesetzt war, wurden den politischen Delikten Josef Breuers untergeordnet. Eben dadurch erhielt sie aber letztlich den angestrebten Schutz vor der Gewalttätigkeit ihres Ehemannes.

Gestapo und Justiz erkannten sehr wohl, wie das Beispiel Reinhard Heydrichs zeigt, daß angeblich politisch motivierten Anzeigen unter Familienangehörigen besonders häufig andere Konflikte zugrundelagen. Letztlich wurden aber die Denunziationen aus den ›falschen Gründen‹ hingenommen, da nur so versucht werden konnte, den totalen Anspruch auf die Menschen auch in ihrem privaten Umfeld durchzusetzen.

Die in Antonie Breuers Anzeige zunächst benannte Zeugin machte vor der Gestapo nur vage Angaben und berief sich dann auf ihr Zeugnisverweigerungsrecht, das ihr als Verwandter des Beschuldigten zustand. Die Gestapo akzeptierte ihre Aussageverweigerung und befragte Antonie Breuer am 14. Juni 1941 nochmals. Sie erklärte, daß sich ihr Ehemann auch in einer Gastwirtschaft regimekritisch geäußert habe. Das bedeutete, daß Josef Breuer in der Öffentlichkeit angeblich ›heimtückische‹ Reden geführt haben sollte, was eine Verschärfung der Vorwürfe war. Sie benannte zwei andere Zeuginnen, nämlich ihre Freundinnen Margarethe Ließen und Elisabeth Burger. Noch vor deren Befragung wurde Josef Breuer am 23. Juni 1941 vorgeladen, verhört, über Nacht im EL-DE-Haus festgehalten und am folgenden Tag in Untersuchungshaft genommen. Die Gestapo hatte ganz offensichtlich inzwischen in ihrem Archiv festgestellt, daß er schon einmal wegen politischer Vergehen verurteilt worden war. Für die politische Polizei war der Fall damit so gut wie erledigt und Josef Breuer fast überführt. Sie reichte die Akten direkt an die Staatsanwaltschaft weiter, wo die drei Zeuginnen am 30. Juni 1941 vernommen und dem Beschuldigten gegenübergestellt wurden.

Margarethe Ließen und Elisabeth Burger wurden jeweils einleitend nach dem Ursprung ihrer Bekanntschaft mit den Breuers befragt. Margarethe Ließen antwortete darauf: »Der Beschuldigte Breuer war ein Arbeitskamerad meines Mannes, der zur Zeit zum Militär eingezogen ist. Dadurch, daß mein Mann bereits seit über einem Jahr nicht mehr zu Hause [...] und ich infolgedessen auf mich allein angewiesen war, schloß ich mich näher an die Ehefrau des Beschuldigten an, die ich auch verschiedentlich besuchte.« Ganz ähnlich äußerte sich Elisabeth Burger: »Die Familie Breuer ist mir näher bekannt, weil mein Mann aus der Zeit seiner ersten Ehe mit der Ehefrau Breuer [...] befreundet ist. Die Freundschaft hat sich dann später auch auf mich übertragen. Da mein Mann zum Militär eingezogen ist, habe ich mehrmals bei Familie Breuer verkehrt.« Sie erklärte außerdem, daß Josef Breuer »brutal und hemmungslos« sei.

Keine der beiden Frauen bezeichnete sich in dieser Situation als Freundin Antonie Breuers. Sie distanzierten sich vielmehr von den Eheleuten, indem sie den engeren Kontakt aus ihren durch den Krieg veränderten Lebensumständen erklärten. Ihre in diesem Punkt identischen Aussagen lassen darauf schließen, daß sie sich miteinander über die bevorstehende Zeuginnenbefragung beraten hatten.

Für das Herunterspielen der Freundschaft mit Antonie Breuer und die Rechtfertigung der Bekanntschaft mit den Eheleuten dürften sie ein doppeltes Motiv gehabt haben. Zum einen handelte es sich vielleicht um eine tatsächliche Distanzierungsbewegung weg von jemand, der offensichtlich beim Regime in Ungnade gefallen war. Ein solches Verhalten läßt sich sehr häufig aus den Protokollen der Gestapo oder der Staatsanwaltschaft herauslesen. Durch die Bekanntschaft mit einer Person, der ein politisches Vergehen vorgeworfen wurde, rückten die bedrohlichen Seiten des Regimes plötzlich sehr nahe. Aus

Angst vor der Gestapo, unter dem Druck der ›gleichgeschalteten‹ Umgebung und aus der Befürchtung, selbst tiefer in die Sache hineingezogen zu werden, bemühten sich viele ZeugInnen, ihre Verbindung zu den Beschuldigten zu banalisieren. Sie setzten sich innerlich wie auch den Ermittlungsbehörden gegenüber von den Betroffenen ab, isolierten sie also noch bevor die nationalsozialistische Willkürjustiz zu einem Urteil gekommen war. Im Ergebnis bestätigten und verstärkten sie so den vom Regime gewünschten Effekt, die ›Feinde der Volksgemeinschaft‹ auszuschließen und den Kontakt mit ihnen zu tabuisieren.

Hinsichtlich ihrer Beziehung zu Antonie Breuer ist anzunehmen, daß die beiden Frauen bewußt eine nur lockere Verbindung vortäuschten. Je deutlicher ihre Freundschaft für die Staatsanwaltschaft erkennbar würde, desto mehr würde diese davon ausgehen, daß die Antworten mit Antonie Breuer abgesprochen waren oder zumindest in deren Sinne erfolgten. Je neutraler sich die beiden Frauen darstellten, desto eher konnten sie hoffen, daß die Aussagen ihre Wirkung im Interesse Antonie Breuers entfalten würden.

Nach staatsfeindlichen Äußerungen Josef Breuers befragt, erklärte Margarethe Ließen dem Staatsanwalt, sie sei an einem Abend im März 1941 während der Spätnachrichten um 22 Uhr noch bei den Breuers gewesen. Während die Sendung lief, habe Breuer plötzlich gesagt: »Die verdammten Arschlöcher, die Verbrecher, et kütt och noch ens anders.« Aus früheren Bemerkungen, an die sie sich im einzelnen nicht entsinnen könne, habe sie geschlossen, daß er damit die deutsche Regierung gemeint habe. Sie erinnerte sich weiter, daß Josef Breuer an einem Nachmittag im Mai behauptet habe, nach Rudolf Heß würden auch Heinrich Himmler und Admiral Raeder Deutschland verlassen, dies sei in der Straßenbahn erzählt worden.

Rudolf Heß, der ›Stellvertreter des Führers‹, war in der Nacht des 10. Mai 1941 mit dem Fallschirm über England abgesprungen, um der britischen Regierung Frieden anzubieten. Hitler distanzierte sich sofort von ihm und ließ seinen alten Kampfgenossen in der Propaganda als von Wahnvorstellungen getrieben darstellen.

Unmittelbar danach wurde Elisabeth Burger befragt, die Josef Breuer ebenfalls belastete. Sie sei am Ostermontag mit Bekannten in einem Lokal in Köln-Nippes gewesen. Sie habe die Gastwirtschaft während der Spätnachrichten verlassen wollen und beim Hinausgehen die Eheleute Breuer bemerkt. »Ich ging an ihren Tisch und begrüßte sie. Hierbei lud mich der Beschuldigte zu einem Glas Bier ein. Die Einladung nahm ich an und setzte mich an den

Tisch. Noch während der Nachrichten sagte der Beschuldigte ohne jeden Zusammenhang und jede äußere Veranlassung: ›Die Nazikraten, die Verbrecherregierung, was sind es alles? Pimoken.‹ Auf meine Zurechtweisung, derartige Bemerkungen zu unterlassen, wiederholte der Beschuldigte das Wort ›Pimoken‹.«

Ein ›Pimock‹ ist im kölschen Dialekt: »1. Bezeichnung für land- und ortsfremde Menschen [...]. 2. verallgemeinert: beliebtes Schimpfwort [für] erbärmlicher, schuftiger Kerl.«[156]

Bei der dann folgenden Gegenüberstellung gab Josef Breuer an, mit der Erzählung über Heß, Raeder und Himmler nur wiedergegeben zu haben, was er unmittelbar zuvor in der Straßenbahn gehört habe. An die Bemerkung über die »Arschlöcher« und »Verbrecher« könne er sich nicht erinnern. Falls er sie gemacht habe, habe er die Engländer gemeint. Den von Elisabeth Burger geschilderten Vorfall leugnete der Beschuldigte; er warf ihr vor, ihre Aussage aus Gefälligkeit gegenüber seiner Ehefrau gemacht zu haben.

Ebenfalls am 30. Juni 1941 wurde Antonie Breuer ein weiteres Mal befragt. Zu der Szene am Ostermontag erklärte sie, diesen Teil des Gesprächs nicht gehört zu haben. Sie sei zwischendurch zur Toilette gegangen, und während dieser Minuten müßten wohl die politischen Äußerungen ihres Ehemannes gefallen sein, von denen Elisabeth Burger ihr einige Tage später erzählt habe. Auch ansonsten zog sich Antonie Breuer jetzt von ihren bisherigen belastenden Aussagen zurück. Ihr Ehemann kommentiere die Rundfunknachrichten häufig mit Ausdrücken wie »Verbrecherpack und Verbrechergesindel, ob er hiermit die Regierung meinte oder die Engländer, kann ich mit aller Bestimmtheit nicht sagen. Die dauernden Schimpfereien des Beschuldigten, insbesondere seine Kraftausdrücke, führe ich persönlich auf seinen verworrenen Geisteszustand zurück, der – wie mir mein Schwiegervater mitteilte – darauf zurückzuführen ist, daß mein Mann im vergangenen Weltkriege durch einen Kopfschuß verletzt worden ist.«

Ihre neue Aussage war in den Augen der Staatsanwaltschaft wertlos, so daß sie nicht als Zeugin vor das Sondergericht geladen wurde. Durch die Darstellung ihres Ehemannes als geistig »verworren« und für sein Reden nicht voll verantwortlich versuchte sie, die Entwicklung, die sie selbst in Gang gesetzt hatte, wieder anzuhalten oder wenigstens die Situation für Josef Breuer zu entschärfen. Noch deutlicher erkennbar wird dieses Bemühen aus der Tatsache, daß sie einen Rechtsanwalt für ihren Ehemann suchte und bezahlte. Dies läßt vermuten, daß sich Antonie Breuer inzwischen der Tragweite ihres Vorgehens bewußt geworden war. Nachdem sie zunächst durch den Hinweis auf die Öffentlichkeit seiner Reden ihre Vorwürfe gegen Josef Breuer erweitert hatte, um die Gestapo zum Eingreifen zu bewegen, scheinen ihr nach seiner Verhaftung Bedenken gekommen zu sein. Ob diese Bedenken moralischer Art waren oder ob sie Angst vor der möglichen Rache ihres Ehemannes hatte, muß offenbleiben. Sie hatte jedenfalls keine Skrupel, nach der Verurteilung Josef Breuers zum ursprünglichen Zweck ihrer Anzeige zurückzukehren, indem sie den Antrag auf Ehescheidung mit dessen politischen Straftaten begründete. Das Urteil gegen sie wegen Denunziation aus dem Jahr 1948 stellte dazu fest: »Die Angeklagte benutzte die letzte Bestrafung ihres damaligen Ehemannes mit Erfolg zur Begründung ihrer Ehescheidungsklage; die Ehe wurde in 2. Instanz am 20.1.1943 beiderseits schuldig geschieden, doch wurde festgestellt, daß die überwiegende Schuld den Ehemann traf. Diese Feststellung beruht ausweislich der Urteilsgründe darauf, daß die Verfehlungen [Antonie Breuers] gegenüber der Verurteilung des Ehemannes zu drei Jahren Gefängnis nur unwesentlich ins Gewicht fallen.«

Josef Breuer hatte sich zunächst erfolglos durch Bestreiten der Vorwürfe und die Behauptung, es handele sich um eine Intrige seiner Ehefrau und ihrer Freundinnen, zu verteidigen versucht. Er wurde in Untersuchungshaft behalten, wogegen er im Juli 1941 Beschwerde einlegte. Inzwischen hatte die Gestapo der Staatsanwaltschaft eine Auflistung seiner Vorstrafen und die politische Beurteilung Breuers durch die zuständige NSDAP-Ortsgruppe vorgelegt. In der Beurteilung hieß es unter anderem: »Nach unseren Beobachtungen hat B. nach seiner Entlassung aus dem Konzentrationslager gegenüber dem nationalsozialistischen Staat Gleichgültigkeit gezeigt. Diese Gleichgültigkeit zeigte er vor allem dem Kriegs-WHW, sodaß wir ihn deswegen nicht besucht haben. Trotz allem wurde er gelegentlich von der NSV unterstützt.«

Breuers Beschwerde gegen die Untersuchungshaft wurde abgelehnt. Daraufhin bat er unter Hinweis auf die katastrophalen Haftbedingungen im Kölner Gefängnis ›Klingelpütz‹ und die Erkrankung, die er sich deshalb zugezogen habe, um einen möglichst baldigen Gerichtstermin. Schließlich bot er an, in die Waffen-SS einzutreten (Quelle 4), um auf diese Weise dem Gefängnis zu entgehen und einen Prozeß zu verhindern. Die Staatsanwaltschaft erwiderte, in dieser Sache nichts unternehmen zu können.

Im üblichen Sprachgebrauch während des Zweiten Weltkriegs meinte ›Waffen-SS‹ die militärischen Einheiten der SS, die wie eine Armee ausgerüstet waren und wie die Wehrmacht eingesetzt wurden.

Brief Josef Breuers an Staatsanwalt Wirtz vom 16. August 1941, Abschrift (Quelle 4):[157]

Herrn
Staatsanwalt
Docktor Wirtz.
Herrn Docktor Wirtz, da ich in der
Zeitung lese im W.B. von der Waffen
SS woh man sich Freiwillig Melden
kann vom Jahrgang 1896 an ich
habe mich drauhsen sehr oft schon
gemeldet, und wurde nicht genommen
warum weihs ich nicht im Kriege 14-18
bin ich auch Freiwilliger eingetreten. Es
ist ja traurig wenn man als Deutscher
Volksgenosse zurück stehen muhs und
sieht wie die andern ausrücken weil ich
Vorbestraft bin, es sind sehr viele Kammeraden
von mir die auch Vorbestraft sind die heute
im Felde stehen und Kämpfen für
Deutschland und den Führer
Möchte hier mit den Herrn Docktor
Wirtz höfflichs fragen ob von Seiten
Herrn Docktor nicht gemacht werden kann
das ich mich auch Freiwillig Melden
könnte. Die Adresse heihst
Waffen SS Ergänzungsstelle
West 6 Düsseldorf Graf-Reckestr. Nr. 4
Mit
Freundlichen Dank im
voraus ihr untergebener
Breuer Jos.

Josef Breuer war drei Jahre Soldat im Ersten Weltkrieg gewesen. Er wußte ebenfalls aus Erfahrung (und sah sich durch die Haftbedingungen im ›Klingelpütz‹ bestätigt), was im Falle seiner Verurteilung im Gefängnis oder Konzentrationslager auf ihn zukam – er hätte die Front vorgezogen.

Der Brief zeigt das äußerst geringe Maß formaler Bildung bei Josef Breuer. Es wurde auch von der Staatsanwaltschaft bemerkt, die, ähnlich wie bei Paul Gerber, ein medizinisches Gutachten über Breuers Zurechnungsfähigkeit anordnete. Er war teilweise jedoch sehr wohl in der Lage, die Handlungen und Anforderungen seiner Umwelt zu erkennen. Dies zeigt nicht nur seine Vermutung über die Intrige seiner Ehefrau, sondern auch der Gebrauch korrekter nationalsozialistischer Begriffe und Werte in seinem Brief, in dem er sich als »Volksgenosse« bezeichnete, der für »Deutschland und den Führer« in den Krieg ziehen wolle.

Aus den Monaten der Untersuchungshaft sind auch mehrere Briefe Josef Breuers an seine Ehefrau in den Akten erhalten. Da er in ihnen sowohl über die schlechten Haftbedingungen als auch über die Gründe seiner Verhaftung schrieb, wurden die Briefe von der Zensurstelle der Staatsanwaltschaft zurückgehalten. Aus ihnen geht ein widersprüchliches Verhältnis Breuers zu seiner Ehefrau hervor. Er redete sie mit »liebe Frau« an und beschuldigte sie, die Anzeige erstattet und Schulden gemacht zu haben. Innerhalb weniger Sätze machte er ihr Komplimente und beschimpfte sie heftig. Vielleicht sind diese Widersprüche Ausdruck der Verunsicherung darüber, daß seine Ehefrau einen Weg gefunden hatte, sich seiner Gewalt zu entziehen.

Breuer und seinem Rechtsanwalt gelang es nicht, die Prozeßeröffnung zu verhindern. Am 18. September 1941 erging die Anklageschrift, in der Margarethe Ließen und Elisabeth Burger als Zeuginnen sowie Medizinalrat Dr. Kapp, der Anstaltsarzt des ›Klingelpütz‹, als Gutachter über Breuers Geisteszustand benannt wurden. Vorgeworfen wurden ihm die Beleidigung der Regierungsmitglieder als »Arschlöcher« und »Verbrecher« sowie die Äußerungen im Lokal. Hinsichtlich seiner Bemerkung über Heß, Himmler und Raeder nahm die Staatsanwaltschaft an, daß er lediglich zufällig Gehörtes ohne diffamierende Absicht weitererzählt hatte. Zu diesem Punkt wurde keine Anklage erhoben, zumal der Staatsanwalt der Meinung war, es sei »untunlich, die Flucht des Stellvertreters des Führers zum Gegenstand einer Hauptverhandlung zu machen.«

Josef Breuers Rechtsanwalt beantragte vergeblich die Ladung von drei ZeugInnen, die die Staatstreue seines Mandanten bestätigen sollten. Lediglich ein Entlastungszeuge wurde geladen, der bekunden sollte, »daß Frau Burger den Angeklagten aufgefordert hat, sie in ihrer Wohnung zu besuchen; der Ehemann Burger steht im Felde. Der Angeklagte hat dieses eindeutige Ansinnen abgelehnt. Hierdurch besteht bei der Zeugin Burger eine feindselige Einstellung gegen den Angeklagten [. . .]. Im übrigen weist der Angeklagte darauf hin, daß die Zeugin Burger an dem fraglichen Tage so betrunken war, daß sie um 23 Uhr nach Hause gebracht werden mußte.«

Mit diesen Bemerkungen appellierte der Anwalt nicht nur an die möglichen Vorurteile der Richter über (angeblich) trinkende und sexuell selbstbestimmte Frauen. Er unterstellte Elisabeth Burger außerdem Verstöße gegen nationalsozialistische Verhaltenserwartungen, die seit Kriegsbeginn durch Propaganda und polizeiliche Maßnahmen eingefordert wurden. Von den Ehefrauen der Soldaten wurde in besonderem Maße erwartet, daß sie sich dem lebensgefährlichen Einsatz der Männer als würdig erwiesen. Während die Propaganda ständig die ›aufopferungsvolle‹ und ›tapfere‹ Pflichterfüllung der ›Kriegerfrauen‹ in Kindererziehung, Krankenpflege oder als Rüstungsarbeiterin betonte, beklagten Polizei, ›Sicherheitsdienst‹ und Wohlfahrtsbehörden immer wieder die ›Vergnügungssucht‹ der Frauen, denen Gaststättenbesuch, Vernachlässigung ihrer Kinder und sexuelle Beziehungen nachgesagt wurden.[158]

Der Sicherheitsdienst (SD) war Teil der SS. Seit den späten dreißiger Jahren hatte er vor allem nachrichtendienstliche Aufgaben. Seine MitarbeiterInnen und Spitzel berichteten über die Stimmungen in der Bevölkerung.

In der Verhandlung am 15. Oktober 1941 maß das Kölner Sondergericht den Versuchen, Elisabeth Burgers Glaubwürdigkeit zu erschüttern, keine Bedeutung bei und sah es auch nicht als erwiesen an, daß Antonie Breuer die beiden Zeuginnen zu deren Aussage veranlaßt habe.

Im Gutachten wurde Josef Breuer als schwach begabt, aber für seine Taten voll verantwortlich bezeichnet. Als strafverschärfend galten seine zahlreichen kriminellen, vor allem aber seine politische Vorstrafe: »Obschon der Angeklagte bereits einmal einschlägig vorbestraft und die Strafe in einem Lager für Strafgefangene verbüßt hat, hat der Angeklagte sich diese Strafe nicht zur Warnung dienen lassen. Er hat sich zu Bemerkungen hinreißen lassen, die an seine frühere Zugehörigkeit zur KPD anklingen, obwohl ihm gerade das Dritte Reich einen ständigen Arbeitsplatz und einen ausreichenden Lohn verschafft hatte, wozu noch Unterstützungen durch die NS-Volkswohlfahrt traten.«

Das Gericht mußte also feststellen, daß die nationalsozialistischen ›Erziehungsmaßnahmen‹ bei Josef Breuer nicht gewirkt hatten und reagierte entsprechend hart. Es verurteilte ihn wegen »Verunglimpfung des Führers und der leitenden Persönlichkeiten des Staates und der NSDAP [und] Herabsetzung der von ihnen betriebenen Außen- und Innenpolitik« zu drei Jahren Gefängnis ohne Anrechnung der Untersuchungshaft.

Trotz seiner früheren Verurteilung wegen ›Vorbereitung zum Hochverrat‹ wurde Josef Breuer nicht, wie es bei ›Unbelehrbaren‹ häufig der Fall war, in ein Konzentrationslager gebracht, sondern verbrachte die drei Jahre tatsächlich in verschiedenen Gefängnissen. Im April 1947 erstattete er gegen seine frühere Ehefrau und deren Freundinnen Anzeige wegen Verbrechen gegen die Menschlichkeit. Es ist nicht feststellbar, warum er sich erst zwei Jahre nach Kriegsende an die Justiz wandte.

Die Verfahren gegen Elisabeth Burger und Margarethe Ließen wurden aus Mangel an Beweisen eingestellt, gegen Antonie Breuer im Juni 1948 Anklage erhoben. Bei ihrer ersten Vernehmung im Sommer 1947 hatte sie ihr früheres Verhalten sachlich und ohne jeden Kommentar geschildert: »Ich erstattete im Jahre 1941 bei der Kriminal-Polizei in Köln gegen meinen Mann Anzeige wegen Körperverletzung [...] Bei dieser Gelegenheit hatte ich bei der Kriminal-Polizei angegeben, daß mein Mann immer über die damalige Regierung und den Führer schimpfte [...] Bei meiner Vernehmung durch die Stapo erklärte ich dieser folgendes: daß mein Mann die damalige Regierung als eine Verbrecherregierung beschimpfte und deren Mitglieder eine Verbrecherbande.« Ähnlich knapp formulierte sie in der Verhandlung im August 1948: »Wegen dauernder Mißhandlungen seitens meines Ehemannes wandte ich mich an die Kriminalpolizei [...] Meine Aussagen in den Sondergerichtsakten sind so, wie sie dort niedergeschrieben, von mir gemacht worden.« Antonie Breuer äußerte sich ohne jede emotionale Regung, nicht einmal die Erwähnung der Gewalttätigkeiten ihres früheren Ehemannes brachte sie als Rechtfertigung für sich vor. Dadurch unterschied sie sich von den meisten Personen, gegen die nach Kriegsende wegen Denunziationen ermittelt wurde und die in der Regel wortreich darstellten, weshalb sie nicht anders hatten handeln können, als sie es getan hatten, und weshalb ihr Vorgehen nicht als Denunziation anzusehen sei. Mit der Anerkennung ihrer Verantwortung für das, was mit Josef Breuer dann geschehen war, ging sie weit über die Haltung der großen Mehrzahl anderer der Denunziation Beschuldigter hinaus. Dennoch vermittelt sie kein Anzeichen von Bedauern oder Reue, was wiederum dem typischen Muster bei den Beschuldigten in den Nachkriegsermittlungen entspricht.[159] Vermutlich erachtete sie ihre Gründe für die Anzeige nach wie vor als berechtigt.

Antonie Breuer wurde zu drei Monaten Gefängnis verurteilt. Das Gericht sah es als erwiesen an, daß sie »mindestens in großen Zügen wußte, welche unmenschlichen Folgen ihrem Ehemanne durch die Anzeige drohten.« Es wertete strafverschärfend, daß Antonie Breuer eine »besonders niedrige Gesinnung dadurch bewiesen hat, daß sie ihren eigenen Ehemann denunzierte und anschließend seine Verurteilung zur Durchführung der Ehescheidung benutzte.« Das Nachkriegsgericht versuchte auf diese Weise, die traditionelle Trennung zwischen ›privatem‹ und ›öffentlichem‹ Bereich, deren Aufhebung im Nationalsozialismus Antonie Breuer ausgenutzt hatte, wiederherzustellen.

Die Mißhandlungen durch ihren früheren Ehemann wirkten sich strafmildernd aus, da das Gericht davon ausging, daß Antonie Breuer im Affekt gehandelt habe. Auch die Stellung eines Anwalts und das Abschwächen ihrer Aussagen wurden ihr zugutegehalten. Ihr Rechtsanwalt legte vergeblich Revision ein; auch ein erster Antrag auf Strafaussetzung zur Bewährung blieb erfolglos. Im Mai 1949 ließ Antonie Breuer den Antrag erneut stellen. In der Begründung zählte der Rechtsanwalt die schon vom Gericht genannten entlastenden Momente auf. Außerdem sei sie bislang nie straffällig geworden. Sie sei nun in dem »kritischen Lebensalter der Frauen um 45 Jahre« und werde durch die Haft womöglich in eine schwere Krise gestürzt. Dem Antrag auf Strafaussetzung wurde nunmehr stattgegeben.

Antonie Breuer hatte die in der Abhängigkeit des NS-Regimes von Denunziationen liegende Möglichkeit erkannt, sich ein Stück der staatlichen Macht ›auszuleihen‹ und so die Lösung ihrer problematischen Situation voranzutreiben. Der weitgehende Rückzug von ihren ursprünglichen Vorwürfen und die Einschaltung eines Anwaltes standen dem nicht entgegen, da sie sicher sein konnte, daß das Verfahren gegen einen mehrfach Vorbestraften und bereits aus politischen Gründen Verurteilten zu einem Schuldspruch führen würde.

Aus der Tatsache, daß Antonie Breuers Kraft, Entschlossenheit und Phantasie nicht ausgereicht hatten, ihre Situation ohne staatliche Hilfe zu verändern, ist ihr sicherlich kein Vorwurf zu machen. Im Gespräch mit dem Kriminalbeamten jedoch ließ sie sich auf einen Handel ein. Die Kriminalpolizei erhielt eine Information, an der der Staat – im Gegensatz zum Wissen um die Gewalt, der sie ausgesetzt war – Interesse hatte. Im Gegenzug vergrößerte sich für sie die Wahrscheinlichkeit, daß gegen ihren Ehemann wirkungsvoll vorgegangen werden würde.

Die Intrige gegen ihren Ehemann und die Art der Durchführung zeigen, daß sie intelligent und zielbewußt und insofern Josef Breuer überlegen war. Sie nutzte diese Eigenschaften und die Unterstützung durch ihre beiden

Freundinnen jedoch nicht, um eine Veränderung ihrer Situation ohne Einschaltung des Staates zu erreichen. Sie erwies sich vielmehr als Prototyp der vielen Mitläuferinnen und Mitläufer in der NS-Zeit: Sie war auf ihr konkretes Problem konzentriert; zu dem politischen System, in dem sie lebte, zum Regime und dessen Anforderungen fehlte ihr die innere Distanz, die sie befähigt hätte, das ›Angebot‹ des Kriminalpolizisten abzulehnen.

Andererseits wird aus den Vernehmungen der drei Frauen 1941 und 1948 deutlich, daß sie Angst vor Josef Breuer hatten. Antonie Breuer wird nach Möglichkeiten gesucht haben, sowohl die Scheidung zu ihren Gunsten durchzusetzen, als auch ihren Ehemann so weit einzuschüchtern, daß sie künftig vor dessen Gewalttätigkeit sicher sein würde. Beides erreichte sie durch ihre politische Denunziation.

Gute Nachbarschaft

Denunziationen erfolgten manchmal spontan aus einer einzelnen Situation heraus, wie es bei Maria Merten der Fall gewesen war. Sie konnten, wie bei Eugen Schinkel, Teil eines planmäßigen Vorgehens gegen bestimmte Personen sein. Besonders häufig scheinen aber politische Anzeigen aus einer sich länger hinziehenden Entwicklung zwischen mehreren Personen entstanden zu sein. Sie waren von den DenunziantInnen nicht von Anfang an geplant, sondern erschienen ihnen an einem Punkt als der für ihre Interessen sinnvollste Weg oder aber als die einzige Handlungsmöglichkeit.

Als NachbarInnen, KollegInnen, GeschäftspartnerInnen usw. kannten sich die Beteiligten oft seit Jahren; einzelne Streitpunkte und Animositäten schienen nicht wichtig oder die Beziehungen nicht eng genug, um deshalb den Kontakt zueinander abzubrechen bzw. die anderen schädigen zu wollen. Alltagsbeziehungen also, in denen an der Straßenecke oder in der Arbeitspause auch schon mal über gemeinsame Bekannte schlecht geredet wurde, Abneigungen, Vorurteile und Neid aber unter der Oberfläche verborgen und folgenlos blieben. Zu Denunziationen kam es in solchen Zusammenhängen erst, wenn besondere Ereignisse oder neue Entwicklungen das labile Gleichgewicht zerstörten.

Gerade in Fällen dieser Art kam dem Verhalten der unteren FunktionärInnen der NSDAP große Bedeutung zu. Sie waren NachbarInnen und KollegInnen und damit Teil des sozialen Netzes in Betrieben und Nachbarschaften, gleichzeitig mit zusätzlicher Autorität und Kontrollkompetenzen ausgestattet.

Vorgebirgstr. **1941/42**

183 Strick W. jun., Handlungsgehilfe
Taczinski Jos., Ww., o. G.
Wilbertz Pet., Friseur u
185 E. Milles Pet., Kolonialwhdlg. u
Ditzler Hrch., Ww., o. G.
Hilsmann Hrch., Mechan.
Lehnen M., Fabrikarb. 1
Oberender W. Ww., o. G. 3
Pott Wilh., Bahnarb. 2
Rauen Alb., Schmied
Spohr Joh., Ww., Arb.
Thory Jos., Mechan.
187 E. Langel P., städt. Btr. 1
Dröge Marg. Frau, o. G. 2
Ernst Karl, Drucker u
Ertz Joh., Frau, Kolonialwarenhdlg. ☎ u
Ertz Joh., Kfm. ☎ u
Gredler Karl, Vertr. 1
Jumpertz Ant., Ww., o. G.
Offermann G., Bauarb. 3
Reinhardt Frdr., Packer (Korkfabrik von Friedr. Reith.) hs
Senftner Gust., o. G. 3
Trost B., Kraftwführ. 3
189 E. Brauerei Heinr. Reißdorf o. H., Severinstr. 51
Hellwig Herb., Kellner
Kaiser Jos., o. G. 2
Neusen Hugo, Schenkwirtschaft ☎
Schiefer Pet., Fbrkarb. 2
Schroth Max, Maurer. 2
191 E. Lohmar Peter, Bierhdlg. ☎ u
Dietz Hrch., Schlosser 2
Görtz Konr., Ww., o. G. 2
Henning Pet., Ww., Milchhandlung u
Rheindorf E., Frau, o. G. 3
Schichler H., Montier. 1
Schönenberg M., Fuhrm.
193 E. Vigelius, Pantaleonstr. 7
Gräf Pet., Fabrikarb. 2
Hein Erich, Lagerist 2
Klasen Frz., Schlosser. 1
Klasen Joh., Former
Lang Joh., Kraftwf.
Luszczyk Jak., Schneider
Rode Jos., Terrazzoarb. 1
Rombach Pet., Bauarb.

199 Kemper H., Stadtinsp.-Anwärter 1
Schmitz Kas., Kolonialwarenhdlg. ☎ u
Steinhausen H., Musiker
201 Brömser A., Oberkelln.
Dzikowski Paul, Kfm. 1
Hirth Willib., Ww., o. G.
Mahler A., Stadtinsp. 1
Marx Jos., Dekor.-Maler
Müller Aug., Krankenkassenangest. 3
Murmann H., Vertr. ☎ 2
Schneider F. Bankangest. 3
Schneider F., Ww., o. G. 3
Walter Hrch., Ww. o. G.
203 Döring Willy, Architekt. ☎ 1
Hornung Auguste, Btn.
Mönig J., Schreiner. 2
Rückert Elisab., Postassist.
Tschoeke Arwed, Dr. jur. u
205 Distelrath Gust., Steuerinsp.
Gillessen Karl, Schuhm.
Götz Leo, Kfm. 2
Grosch Jos., Steuerinsp.
Höderath P., kfm. Angest.
Quadt Karl, Händler
Rauen Jos., Spedit. ☎ u
207 Karl Joh., kfm. Angest.
Klein H., Werkmstr. u
Schmidt Ludw. Btr. a. D. 1
Sitt Frz., Bankangest. 1
Wegener Jos. kfm. Angest.
Wegner H., Gemeindebtr.
209 Blankartz H., Schloss. u
Jenrich P., kfm. Angest. 1
Manikowski J. Ww. o. G. u
Meyer Rich., Funker u
Pikkemaat G., Obermont.
Schladt Jak., Ingen.
Theewen O., Vers.-Insp. 2
211 Decker W., Ww., o. G. u
Grzeda Pet., Pol.-Hauptwachtmstr. 2
Henke Pet., Schleifer u
Krahnke Rich. Ww. o. G. 1
Mohr Hans, kfm. Angest. 1
von Staden Nik., Baron, Dr., Gerichtsrefrdr. 3
Streck Carl, Angest.
213 Christians F. Ww. o. G.
Korbacher A. Bankangest.
Lamotke Wilh., Ingen. 1
Nelles J. Verw.-Insp. a D

225 Döhlert Erich, Kfm. u
Hahn Karl, Sportlehrer 3
Hahn K., Frau, Sportart.
Lein Jak., kfm. Angest.
Minz Wilh., o. G. 1
227 Jagsch Rich., Lehrer 2
Michelmann Max, Gewerbeoberkontroll.
Ullrich Erich, Eichmstr. 1
229 Ferbers J., Buchhltr.
Momma A., Pförtner u
Pelzer Osk., Prediger 1
Sommer A., Bau-Mstr. 2
Wolf Max Verwaltgssekr.
231 Albrecht Adolf, Dr. jur. ☎ 1
Erdelen Wilh. kfm. Angest.
Gielen Gust., Ingen. u
Link Karl, Rentn. 1
Paetzel Hans W., Kfm. u
233 Feldmann Irma, Lehr.
Marggraff Herm., Oberpostinspektor
Müsch Jos., Lehrer u
Müsch M., Stenotypistin u
Müsch Math., o. G. u
Reithmeier J., Schlosser
235 Franz Gg., kfm. Angest.
Hofmann Gerh., Tel.-Werkführer 1
Kautsch W., Spediteur
Keller Alb., Geschäftsf.
Kenne Kurt, Angest.
Konrath Phil. Steuersekr.
Wimmer Th., städt. Angest.
237 * Feuermelder. *
Baumgarten Ad., Spedit.
Follmann Pet., Kfm. ☎ 1
Gowers Luiko, Ing. ☎ 3
Hilberoth Sev., Schrein. 3
Königs Herm., Dr.-Ing. 2
Müller Jak., Beamter u
Pfeiffer Wilh., Buchhltr. 1
Puggé Joh., Schlosser 3
Puggé Karl, Eisb.-Sekr. 3
Reinsch Jak., Anstr. ☎ u
(Radertaler Straße)
239 Brückmann J. Plattenleger 3
Fehrenbach Jos., Angest.
Grimmich K., Telegrafist.
Holm Fritz, Ww., o. G.
Kalveram Th., Ww., o. G.
Lautmann Theod., Krim.-Beamter u

267–275 E.
Siedlung
Heim", Sc
267 Decker
Angestellt
Gerharz P.,
Joosten Wil
Klemund Au
Schierl Hrch.
Tillmanns F
inspektor
269 Gafert P.
Hüning J.,
Laux Gerh.,
Schulte E.,
Schulte Flor.
Weyrich O.,
271 Bauer, St
Brodesser W.
Gersch Franz
Lersch Hans,
Münch Pe
Hauptwac
Schlömer K.
Stratemeyer
Wertz Hrch.,
273 Dicke Pet.
Kubach Adam
Lüchtefeld Jo
Münchberg
wehrmann
Puderbach W
Reufels Wil
Siek Jos.,
275 Höck Joh
Keuser Paul,
geschäft ☎
Müller K., St
Schmidt Kon
Hauptwac
Uhlmann Ri

Rech

Nr. 10-

a) K

(Lothringer S
(An der Paul
10 E. Mayer
Draht & Dra
handlung
Guilleaum
(Büro) ☎
12 E. Kußman
Dirks Heike,

Abb. 4 (Quelle 5): Auszug aus ›Greven's Adressbuch 1941/42‹. (In der Reproduktion sind nur Häuser enthalten, deren BewohnerInnen im vorliegenden Fall keine Rolle spielten.)

Die Geschichte der Denunziation Jakob Münchs ist ein gutes Beispiel dafür. In seiner Nachbarschaft gab es Vorbehalte gegen ihn. Obwohl seine regimekritischen Reden seit vielen Jahren bekannt waren, wurde er erst 1941 denunziert, nachdem einige seiner NachbarInnen, darunter mehrere Funktionäre, sich durch ihn provoziert fühlten. Er überlebte die Gefängnishaft und die Verschleppung in ein Konzentrationslager und kehrte in seine alte Nachbarschaft zurück. 1947 wurden seine Denunzianten angezeigt, deren Prozeß mit Freisprüchen endete.[160]

Münch lebte in der Vorgebirgsstraße im Kölner Stadtteil Zollstock, einer kleinbürgerlichen Gegend mit großen Mietshäusern, in der die Männer, wie die Eintragungen im Adressbuch zeigen, meist Handwerker, mittlere Angestellte und Facharbeiter waren (Quelle 5, Abb. 4).

Jakob Münch, geboren 1888, war Sohn einer jüdischen Mutter und eines nicht-jüdischen Vaters. Er galt damit als ›Mischling 1. Grades‹ und war zahlreichen Einschränkungen und Kontrollen unterworfen, die ständig verschärft wurden. 1944 schließlich wurden auch die ›Mischlinge‹ aus Köln in die Arbeits- und Vernichtungslager deportiert.[161] Zum 1. April 1941 wurde der städtische Beamte wegen seiner ›rassischen Abstammung‹ in den vorzeitigen Ruhestand versetzt. Als er 1942 wegen heimtückischer Reden verurteilt wurde, schrieb das Kölner Sondergericht 2 zu seiner Zwangspensionierung: »Milderungsgründe sind bei dem Angeklagten nicht ersichtlich. Er ist Mischling 1. Grades und bezieht vom Dritten Reich ungekürzt sein Ruhegehalt. Der Angeklagte hätte somit allen Anlaß gehabt, sich jeglicher zersetzender Kritik und Miesmacherei über Maßnahmen und Einrichtungen des neuen Staates zu enthalten.«

Eben das aber hatte Münch nicht getan. Nach übereinstimmenden Aussagen aus seiner Nachbarschaft war dort allgemein bekannt, daß Münch das ›Dritte Reich‹ von Anfang an kritisiert hatte und keinen Hehl aus seiner Ansicht machte, daß Deutschland den Krieg verlieren werde. Er pflegte im Fenster seiner Wohnung zu liegen und mit den vorbeikommenden NachbarInnen nicht nur harmlosen Tratsch auszutauschen, sondern auch zu politisieren (was vielleicht alle Beteiligten ebenfalls als ›harmlosen Tratsch‹ auffaßten). Daneben scheute er sich auch nicht, in einer beliebten Kneipe über Politik zu reden. Manche sahen ihn deshalb als »Schwätzer«, ohne daß sich zunächst jemand sonderlich über ihn aufregte. Die einen mieden ihn, für viele, insbesondere die Frauen in seiner Straße, scheint er einen gewissen Status gehabt zu haben: Nachrichten wurden ihm zugetragen, um sie mit ihm durchzusprechen und seine Kommentare zu hören. Ob dabei im Sinne eines Ratgebers auf seine

Meinung Wert gelegt wurde, ist, wie bei vielen solcher Gespräche, zweifelhaft. Es ging wohl eher darum, daß er erreichbar war und für Diskussionen zugänglich; mit ihm ließ sich eben Gehörtes erörtern. Dabei dürfte er gerade wegen seiner bekannten politischen Einstellung ein beliebter Gesprächspartner gewesen sein – nicht, weil seine NachbarInnen alle RegimegegnerInnen gewesen wären, sondern weil er nicht mit Propagandasprüchen reagierte, nicht wiederholte, was die Partei, die anderen Organisationen und die Medien endlos und allgegenwärtig zu den verschiedenen Themen und Ereignissen zu sagen hatten.

Der Wert solcher Kommunikationsmöglichkeiten ist hoch einzuschätzen. Das ständige Trommelfeuer vorgefertigter Meinungen und der Zwang, ihnen zuzustimmen und sich auf Kommando empört oder begeistert zeigen zu müssen, wird selbst überzeugte NationalsozialistInnen manchmal ermüdet haben, mit Sicherheit aber die RegimegegnerInnen und all jene, die an Politik uninteressiert waren. Gespräche mit Menschen, die sich durch Strafandrohungen nicht davon abhalten ließen, abweichende Meinungen zu äußern, waren in einem solchen Klima eine Erholung. Sie zeigten nicht nur eine andere Perspektive in der Bewertung von Ereignissen und Entwicklungen. Falls sie, wie es häufig der Fall war, ausländische Rundfunknachrichten hörten, gaben sie zudem zuverlässigere Neuigkeiten weiter, als sie sich den zensierten deutschen Medien und den offiziellen Mitteilungen von Regierung, Partei oder Wehrmacht entnehmen ließen. Im Dialog mit solchen Personen war es oft möglich, selbst in einer geschützten Stellung zu bleiben, lediglich zu wiederholen, was offiziell gemeldet worden war und die anderen nach ihrer Meinung zu fragen. Durch diese Gesprächsstrategie versorgten sich zahlreiche Menschen mit Nachrichten und Meinungen, sie findet sich bei der Wiedergabe von Gesprächen in den Sondergerichts- und den Nachkriegsakten ständig.

Diese Methode wurde auch angewandt von Jakob Münchs Nachbarin, der Hausfrau Franziska Haupt, als sie im Mai 1940 ein Gespräch mit ihm anknüpfte. Münch schilderte die Szene 1948 aus seiner Sicht: »Frau Haupt [kam] sehr aufgeregt unter dem ersten Eindruck der Meldung vom Einmarsch [der deutschen Truppen] in Holland zu mir ans Fenster und fragte: ›Was sagen Sie nun jetzt dazu?‹ Ich erwiderte darauf: ›Was will man viel dazu sagen? Wenn die Gegner die Schleusen beherrschen und diese öffnen, dann stehen unsere Truppen vor dem Wasser! Was haben wir dann?‹« Frau Haupt hatte ausgesagt: »Im Jahre 1940 erzählte mir Münch eines Tages aus seinem Fenster, als ich dort vorbei kam folgendes: ›Die Deutschen sind in Holland einmarschiert, jetzt kriegen wir Sänge und die Holländer werden die Schleusen öffnen, die Deutschen werden alle versaufen.‹« Beide ließen unerwähnt, ob sie noch über andere Dinge sprachen. Es war eine alltägliche Situation, der sie keinerlei Bedeutung zumaßen und die sich in nichts von anderen Dialogen dieser Art unterschied.

Am gleichen Abend diskutierte Franziska Haupt die neueste Kriegsentwicklung auch mit ihrem Ehemann und erwähnte dabei Münchs Meinung. Der Telegraphenwerkmeister Gerhard Haupt war seit 1937 Parteigenosse, seit 1938 oder 1939 auch Blockwart. Münchs politische Ansichten waren Haupt bekannt, obwohl er den Kontakt mit dem Nachbarn mied. Auf die Erzählung seiner Ehefrau scheint er an jenem Abend nicht weiter eingegangen zu sein. Er vergaß sie aber auch nicht – ein Indiz dafür, daß dem ›Schwätzer‹ durchaus eine besondere Aufmerksamkeit gewidmet wurde. Dies, so kann vermutet werden, hing nicht nur mit Münchs politischer Einstellung, sondern auch mit seinem Status als ›Halbjude‹ zusammen, der ihn in den Augen überzeugter NationalsozialistInnen suspekt erscheinen ließ. Haupt erinnerte sich jedenfalls ein Jahr später spontan an Münchs Bemerkung über den deutschen Einmarsch in Holland.

Im April 1941 wurde Münch pensioniert, was, wie sich sehr bald zeigte, zu Erschütterungen im Geflecht der sozialen Beziehungen und Hierarchien in der Vorgebirgsstraße führte. Der 54-jährige war nun ständig zu Hause. Er nahm, wie die NachbarInnen bald argwöhnten und Münch später bestätigte, Honorartätigkeiten als Buchhalter und Steuerberater an und verfügte über genug Geld, um sich und seine Familie ausreichend zu versorgen. War er bis dahin in Ruhe gelassen worden, scheinbar einer unter vielen NachbarInnen, so zeigte sich jetzt, wie genau seine Aktivitäten von einigen beobachtet wurden.

Ende Juni 1941 wurde er wegen seiner Meinungsäußerungen über den Kriegsverlauf angezeigt. Den Text der Anzeige hatte Theodor Weber, Nachbar Münchs und kommissarischer Ortsgruppenleiter im anderen Teil Zollstocks, formuliert.

Politisch gesehen gehörte die Vorgebirgsstraße zum Gebiet der NSDAP-Ortsgruppe (Neu-) Zollstock, von der die Ortsgruppe Alt-Zollstock abgetrennt worden war. In beiden Ortsgruppen waren die Leiter früh zur Wehrmacht eingezogen worden, weshalb die Verantwortung bei ihren Stellvertretern Peter Follert für Zollstock und Theodor Weber für Alt-Zollstock lag. Die beiden waren seit 1931 bzw. 1930 Mitglieder der NSDAP.[162]

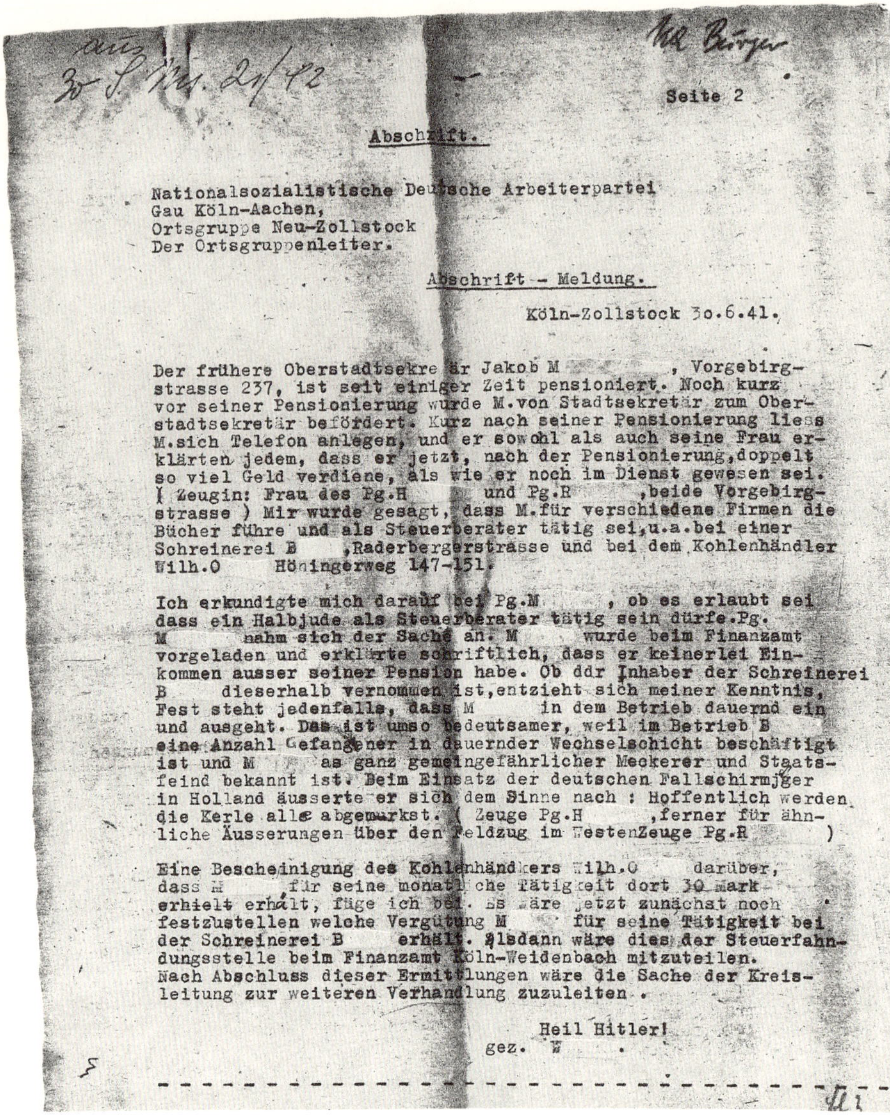

Seite 2

Abschrift.

Nationalsozialistische Deutsche Arbeiterpartei
Gau Köln-Aachen,
Ortsgruppe Neu-Zollstock
Der Ortsgruppenleiter.

Abschrift - Meldung.

Köln-Zollstock 30.6.41.

Der frühere Oberstadtsekretär Jakob M , Vorgebirgstrasse 237, ist seit einiger Zeit pensioniert. Noch kurz vor seiner Pensionierung wurde M. von Stadtsekretär zum Oberstadtsekretär befördert. Kurz nach seiner Pensionierung liess M. sich Telefon anlegen, und er sowohl als auch seine Frau erklärten jedem, dass er jetzt, nach der Pensionierung, doppelt so viel Geld verdiene, als wie er noch im Dienst gewesen sei. (Zeugin: Frau des Pg. H und Pg. R , beide Vorgebirgstrasse) Mir wurde gesagt, dass M. für verschiedene Firmen die Bücher führe und als Steuerberater tätig sei, u.a. bei einer Schreinerei B , Raderbergerstrasse und bei dem Kohlenhändler Wilh. O Höningerweg 147-151.

Ich erkundigte mich darauf bei Pg. M , ob es erlaubt sei dass ein Halbjude als Steuerberater tätig sein dürfe. Pg. M nahm sich der Sache an. M wurde beim Finanzamt vorgeladen und erklärte schriftlich, dass er keinerlei Einkommen ausser seiner Pension habe. Ob ddr Inhaber der Schreinerei B dieserhalb vernommen ist, entzieht sich meiner Kenntnis, Fest steht jedenfalls, dass M in dem Betrieb dauernd ein und ausgeht. Das ist umso bedeutsamer, weil im Betrieb B eine Anzahl Gefangener in dauernder Wechselschicht beschäftigt ist und M as ganz gemeingefährlicher Meckerer und Staatsfeind bekannt ist. Beim Einsatz der deutschen Fallschirmjäger in Holland äusserte er sich dem Sinne nach : Hoffentlich werden die Kerle alle abgemurkst. (Zeuge Pg. H , ferner für ähnliche Äusserungen über den Feldzug im WestenZeuge Pg. R)

Eine Bescheinigung des Kohlenhändlers Wilh. O darüber, dass M für seine monatliche Tätigkeit dort 30 Mark ~~erhielt~~ erhält, füge ich bei. Es wäre jetzt zunächst noch festzustellen welche Vergütung M für seine Tätigkeit bei der Schreinerei B erhält. Alsdann wäre dies der Steuerfahndungsstelle beim Finanzamt Köln-Weidenbach mitzuteilen. Nach Abschluss dieser Ermittlungen wäre die Sache der Kreisleitung zur weiteren Verhandlung zuzuleiten.

Heil Hitler!
gez. W .

Abb. 5 (Quelle 6): Maschinenschriftliche Anzeige gegen Jakob Münch vom 3.10.1941. Die Namen wurden durch den Verlag unkenntlich gemacht.

Die Anzeige (Quelle 6, Abb. 5) enthält politische Vorwürfe, indem sie Münchs kritische Haltung zum Kriegsverlauf wiedergibt und andeutet, er hetze Kriegsgefangene oder ZwangsarbeiterInnen auf. Dazu kommen Unterstellungen, illegale Nebenverdienste zu haben. Durchgängig spricht aus dem Text starker sozialer Neid, den es vermutlich schon gegeben hatte, als Jakob Münch noch städtischer Angestellter gewesen war. Er hatte nicht nur ein hohes Jahreseinkommen von 5.000 Reichsmark bezogen, sondern auch eine ›sichere‹ Anstellung. Seit der Inflation Anfang der zwanziger und der Wirtschaftskrise Anfang der dreißiger Jahre waren die kleinbürgerlichen Schichten in Deutschland zutiefst verunsichert, was sich nicht zuletzt in den Wahlerfolgen der NSDAP äußerte.[163] Die Gefühle der Verunsicherung und der Bedrohung durch sozialen Abstieg verschwanden nicht mit dem Wirtschaftsaufschwung Mitte der dreißiger Jahre, sondern lassen sich in Köln in Form weitverbreiteter Unzufriedenheit mit der Versorgungslage und den Lebensmittelpreisen weiterhin nachweisen.[164] Der ohnehin durch die NS-Propaganda und antisemitische Vorurteile in eine besondere Position gestellte Münch zog deshalb nach seiner Zwangspensionierung den bislang untergründigen Neid mehrerer NachbarInnen verstärkt auf sich. Die Tatsache, daß er sich Telefon und Radio leisten konnte und er, wie Münch selbst nach Kriegsende bestätigte, tatsächlich mehr Geld verdiente als zuvor, wurde zum Gesprächsthema. Seine Diskriminierung und sein unfreiwilliges Ausscheiden aus der bisherigen Stellung spielten demgegenüber im nachbarschaftlichen Gerede keine Rolle.

Die Beteiligten hatten sich bislang gegenseitig der Harmlosigkeit Münchs versichert und gleichzeitig, da er als Gesprächspartner gesucht wurde, seine Zugehörigkeit zu ihrer Gruppe immer wieder bestätigt. Diesen Gesprächen auf der Straße, im Geschäft, über den Gartenzaun (oder auch im Luftschutzbunker) wohnt in allen Gesellschaften ein starkes Moment der sozialen Kontrolle inne. Hier entscheidet sich, wer dazugehört, wer anerkannt und wer abgelehnt wird und welche AußenseiterInnen geachtet und mißachtet werden. In den Wochen nach seiner Zwangspensionierung veränderte sich bei mehreren seiner NachbarInnen die Wahrnehmung Münchs. Sie nahmen spätestens jetzt die antijüdische Propaganda auf; aus dem »Schwätzer« wurde ein »gemeingefährlicher Meckerer und Staatsfeind«, aus dem Nachbarn ein »Halbjude« und »Volksfeind«.

1947 wurde die Denunziation angezeigt. Die Akten lassen leider nicht erkennen, wer die Anzeige einreichte, doch war es vermutlich Jakob Münch selbst gegen Jakob Riesen, der im ›Dritten Reich‹ im gleichen Haus wie

Münch gewohnt hatte. Im Verlauf ihrer Vernehmungen dehnte die Staatsanwaltschaft ihre Ermittlungen auf Gerhard Haupt und Theodor Weber aus.

Die drei Beschuldigten stellten das Zustandekommen der Anzeige unterschiedlich dar und schoben die Verantwortung dem jeweils anderen zu. Haupt sagte aus: »Eines abends während des Krieges brachte Weber in unserem Luftschutzkeller das Gespräch auf Münch. Weber erklärte mir, daß Riesen [ihm] etwas über Münch erzählt habe. Um was es sich damals handelte, kann ich nicht mehr sagen. Darauf sagte ich zu Weber gesprächsweise, daß Münch [im Jahr zuvor] auch zu meiner Frau gesagt habe, daß die Deutschen in Holland einmarschiert seien und diese jetzt die Schleusen öffnen würden, daß alle ersaufen. Weiter habe ich dann mit Weber nicht über Münch gesprochen.« Mit seiner Antwort ging Haupt auf die Gesprächseröffnung des anderen ein. Er wußte etwas, womit er die Informationen des ihm in der Parteihierarchie übergeordneten Weber bestätigen und sich als aufmerksamer Parteigenosse erweisen konnte. An eventuelle Folgen für Münch dachte er wahrscheinlich nicht. An einer solchen Situation zeigt sich, daß nicht nur die regimekritischen Reden häufig aus Gesprächszusammenhängen entstanden, aus denen sie dann durch Gestapo und Sondergericht herausgelöst wurden. Auch die Informationen über solche Äußerungen wurden häufig nicht gezielt, sondern im Verlauf eines allgemeinen Gesprächs weitergegeben.

Der eben erwähnte Malermeister Jakob Riesen war Mitglied der NSDAP seit 1931, darüber hinaus übte er keine Funktionen in der Partei oder einer ihrer Gliederungen aus. 1947 sagte er, er sei schon früh auf Distanz zu Münch gegangen: »Ich hatte Münch schon kurz nach der Machtübernahme gebeten, mit seinen Äußerungen vorsichtig zu sein und an seine Frau und Kinder zu denken. Als Münch sich hierauf noch immer nicht besserte, wurde ich im Umgang mit Münch vorsichtiger, da ich an mein Geschäft denken mußte und Rücksicht nehmen.« Riesens Behauptung, er habe Münch zu dessen Schutz gemahnt, sein Verhalten zu ändern, findet sich in fast allen Nachkriegsaussagen von ZeugInnen und Beschuldigten, die Mitglieder oder FunktionärInnen der NSDAP waren. Ob die vermeintlichen Warnungen tatsächlich erfolgt waren und ob es sich nicht vielmehr um Drohungen gehandelt hatte, versuchte die Nachkriegsjustiz meist vergeblich zu klären.

Nach Riesens Darstellung sei Haupt zu ihm gekommen und habe ihm erzählt, daß Münch die Frauen der Straße aufhetze, wogegen etwas geschehen müsse. Später habe Weber, mit dem er zuvor noch nie über Münch geredet habe, ihn gefragt, was mit Münch los sei: »Ich sagte hierauf zu Weber, daß Gerhard Haupt mir erklärt habe, daß Münch die Frauen der Straße gegen das

Hitlerregime aufhetze. Weitere Angaben über Münch habe ich Weber gegenüber nicht gemacht.«

Weber seinerseits gab zu Protokoll, von den beiden anderen unter Druck gesetzt worden zu sein. Gerhard Haupt, Franziska Haupt und Riesen seien nacheinander bei ihm erschienen und hätten ihm gesagt, daß Münch die Nachbarschaft aufhetze. Riesen habe sich sehr ausfällig gegen Münch geäußert. Weiter erklärte Weber: »Münch war mir als Schwätzer bekannt und ich nahm seine Redensart nicht für voll. Die Reden des Haupt, seiner Frau und des Riesen habe ich mir gleich nachdem sie bei mir waren notiert. Nachdem Riesen und Haupt weiter in mich drängten, habe ich die Angelegenheit dem Ortsgruppenleiter Follert gemeldet. Ohne mein Wissen hat Follert eine Anzeige gegen Münch erstattet. Mir war es nur darum zu tun, dem Münch eine Verwarnung zukommen zu lassen.«

Die kurze Bemerkung Webers über die Notizen zu den Vorwürfen gegen Münch wurde in den Ermittlungen 1947/48 nicht weiter beachtet. Da sie geeignet war, ihn eher zu belasten als zu entlasten, dürfte sie der Wahrheit entsprochen haben. Das Anfertigen der Notizen konnte nur zwei Gründe haben. Entweder hatte Weber gegen Münch vorgehen wollen und hielt deshalb die verschiedenen Vorwürfe gegen ihn sowie die Namen der ZeugInnen fest, oder er wollte sich absichern: Falls andere gegen seinen Nachbarn aktiv wurden, konnte er darauf verweisen, Material gegen Münch gesammelt, den ›Meckerer‹ also nicht tatenlos geduldet zu haben. Beides zeigt Facetten der Art und Weise, wie der ›Staatsterror‹ im nationalsozialistischen Deutschland vor Ort unter anderem im Wechselspiel zwischen FunktionärInnen und formal nicht zum Machtapparat gehörenden Personen umgesetzt und weitergetrieben wurde.

Den Aussagen der Beteiligten ist zu entnehmen, daß es vor allem Frauen waren, die Unterhaltungen mit Jakob Münch suchten. Es handelte sich ausschließlich um Hausfrauen. Ohne die Möglichkeit zum Meinungsaustausch am Arbeitsplatz, hatten sie in Münch einen Ansprechpartner mit unabhängigen Ansichten, der gerne auf ihr Gesprächsbedürfnis einging.

Weber und Riesen, vielleicht auch Haupt, hielten sich für die politische Haltung der Frauen ihres Wohngebietes verantwortlich, waren vielleicht auch unwillig darüber, daß die Frauen mit dem ›Halbjuden‹ Münch offensichtlich einen Austausch fanden, der ihnen mit ihren Ehemännern und den Parteigenossen nicht möglich war. Sie waren beunruhigt darüber und gingen davon aus, daß Münch die Frauen aus der Nachbarschaft gegen die Regierung, die NSDAP und die Kriegführung aufhetze.

Neben der Beschuldigung, seine Kritik ›öffentlich‹ (am Wohnungsfenster bzw. im Lokal) zu äußern, war dies ein zweiter schwerer Vorwurf. Der Stimmung der Frauen an der ›Heimatfront‹ gehörte stets die Sorge des Regimes, hier lag der Schwerpunkt der Propaganda während des Krieges.[165] Indem Riesen, Weber und Haupt diese offizielle Linie aufgriffen und sich voreinander und vor Polizei und Justiz als Beschützer der Frauen vor »zersetzenden« Einflüssen präsentierten, gefährdeten sie Jakob Münch auf das äußerste: Münch war, in der damaligen Terminologie, Halbjude. Damit galt er ohnehin als ›Bazillus‹, der die ›Volksgemeinschaft‹ gefährdete. Neben dem ständigen Bild von den jüdischen ›Krankheitserregern‹, die den ›arischen Volkskörper‹ schwächten und deshalb vernichtet werden mußten, enthielt die anti-jüdische Propaganda eine stark sexuelle Komponente, indem jüdische Männer beschuldigt wurden, ›arische‹ Frauen durch Vergewaltigung, Verführung oder Beeinflussung zu ›verderben‹. Hätten die Gestapo oder das Sondergericht diesen Aspekt der Beschuldigungen stärker aufgegriffen, wäre die Strafe gegen Münch noch weitaus härter ausgefallen. Beide Institutionen bewegten sich jedoch im Falle Münchs in verhältnismäßig traditionellen Bahnen, indem sie auf konkreten Vorwürfen gegen ihn bestanden und ihn auf deren Grundlage verurteilten. Die Willkür des nationalsozialistischen Polizei- und Justizapparates wirkte sich somit hier zunächst zugunsten des Opfers aus.

Jakob Münch selbst hatte den Eindruck, daß es Riesen gewesen war, der im Sommer 1941 »eine intensive Hetzjagd« gegen ihn organisiert habe. Er beschuldigte Riesen, verschiedene Frauen beauftragt zu haben, ihn in Gespräche hineinzuziehen und zu regimefeindlichen Bemerkungen zu bringen.

Die Aussagen Münchs, der Beschuldigten und der weiteren ZeugInnen widersprechen sich in vielen Punkten, eine Grundstruktur in den Interaktionen der NachbarInnen und zwischen diesen und der Gestapo wird jedoch klar erkennbar: Eine Spirale aus sozialem Neid, politischer Überzeugung sowie Angst vor der Gestapo und voreinander führte zu der Anzeige und zu ZeugInnenaussagen bei der Gestapo, als diese im Herbst 1941 schließlich die Ermittlungen aufnahm.

Am Anfang stand offenbar das Gespräch zwischen Gerhard Haupt und Weber. Dabei ging es, was beide nach Kriegsende verschwiegen, nicht nur um politische Bemerkungen ihres Nachbarn Münch, sondern auch um dessen finanzielle Verhältnisse und seine angeblichen Schiebereien mit Lebensmitteln. Im Luftschutzkeller während eines alliierten Angriffs tauschten die beiden NSDAP-Funktionäre ihr Wissen und ihre Ansichten über Münch aus. In die Stimmung dieses Gesprächs dürfte die Frustration über ihre hilflose Lage im Bunker und vielleicht auch eine sich abzeichnende politische Entäuschung eingeflossen sein, denn die Versprechungen des Regimes, es werde zu keinen wirkungsvollen Bombenangriffen gegen deutsche Städte kommen, hatten sich als unhaltbar erwiesen. Die alliierten Angriffe wurden seit Dezember 1940 immer häufiger und trafen im Mai 1941 erstmals Zollstock mit besonderer Heftigkeit.[166] Kurz vor oder nach der Unterhaltung zwischen Haupt und Weber hatten Riesen und Weber im gleichen Sinne über Münch gesprochen. Es ist durchaus möglich, daß sich die Funktionäre durch die Entwicklung des Krieges zu verstärkter Kontrolle ihrer Umgebung herausgefordert sahen und deshalb erst jetzt, nachdem sie Münchs politische Ansichten und seinen Lebensstil doch seit Jahren kannten, die Anzeige erstatteten.

Polizei und Justiz versuchten 1947/48 herauszufinden, wer von den dreien wen unter Druck gesetzt hatte, so daß es dann zur Anzeige kam. Sie suchten nach einer einfachen Lösung, nämlich nach einem Haupttäter. Die Entwicklung im Sommer 1941 war jedoch ein komplizierter Gruppenprozeß. Riesen, Weber und Haupt wußten voneinander, daß sie jeweils zu zweit darüber gesprochen hatten, »man« müsse etwas gegen Münch unternehmen. Damit aber bestand die Gefahr, daß einer der beiden anderen eine Anzeige erstatten und dabei die eigene Mitwisserschaft und Passivität ans Tageslicht kommen würde. Nach dem Verständnis des Regimes waren sie als Parteigenossen und Amtsträger verpflichtet, gegen Münch einzuschreiten. Die Skrupel, die sie in den Jahren zuvor davon abgehalten hatten, bröckelten zumindest bei Riesen und Weber angesichts von Münchs Lebensstil, den sie als provozierend empfanden. Aus diesem Prozeß heraus entstand schließlich, halb freiwillig, halb unter gegenseitigem Druck, der Anzeigentext, der von Weber unterzeichnet und weitergegeben wurde.

In den Fällen, in denen in den Nachkriegsjahren wegen Denunziation ermittelt wurde, versuchten sich die Beschuldigten häufig durch Verweise auf ihre Position innerhalb der politischen Hierarchie des Deutschen Reichs zu rechtfertigen.[167] Wer nicht Mitglied der NSDAP gewesen war, stellte ehemalige Parteigenossinnen und -genossen als die viel wahrscheinlicheren DenunziantInnen hin. Die NSDAP-Mitglieder beschuldigten die FunktionärInnen, sie zur Denunziation gedrängt oder die Anzeige selbst erstattet zu haben. Die FunktionärInnen wiederum erklärten oft, von Privatleuten damit bedroht worden zu sein, sie wegen Passivität gegenüber einer ›Staatsfeindin‹ oder einem ›Meckerer‹ zu melden. Die Tatsache, daß die Beschuldigten solchen Handlungsketten als unausweichliche Mechanismen beschrieben und zu ihrer Entschuldigung anführten, muß nicht bedeuten, daß es sich nicht so zugetragen hatte. Die durch Angst und Anpassungsdruck gekennzeichnete Atmosphäre im nationalsozialistischen Deutschland machte Abläufe dieser Art sogar wahrscheinlich. Sie liegen offensichtlich auch der Anzeige gegen Jakob Münch zugrunde. Gerade dieser Fall erweist aber auch, wie sich noch zeigen wird, daß begrenzte Eingriffe in die schon laufende Verfolgungs-›maschine‹ sehr wohl möglich waren.

Der Adressat des Schreibens mit den politischen Vorwürfen gegen Jakob Münch ließ sich 1947/48 nicht sicher ermitteln. Vieles spricht für die Wahrheit von Webers Behauptung, wonach er das Schriftstück nicht an die Staatspolizei gerichtet hatte, sondern dem für Münch zuständigen kommissarischen Ortsgruppenleiter Follert zukommen ließ. Weber sagte aus, er habe Follert die Anzeige persönlich geben und ihm dabei sagen wollen, er solle mit den eigentlichen Zeugen Haupt und Riesen reden und anschließend Münch eindringlich verwarnen. Am fraglichen Tag sei Follert jedoch nicht im Büro der Ortsgruppe gewesen. Er, Weber, habe das Schreiben deshalb dort nur abgegeben; Follert müsse es dann, ohne Rücksprache mit ihm, an die Gestapo weitergeleitet haben.[168]

Während des Sommers 1941 unternahm die Gestapo noch nichts gegen Münch. Ob dessen Kontakte zu seinen Nachbarinnen und Nachbarn in dieser Phase geringer wurden oder sich verschlechterten, ist nicht feststellbar. Für einen Teil der Leute war er jedenfalls nach wie vor ein Ansprechpartner, wenn sie über den Krieg und die Alltagsprobleme, die er mit sich brachte, reden wollten. So stand im August 1941 die im gleichen Haus wohnende Hausfrau Hedwig Bäumer bei ihm am Fenster. Den genauen Gesprächszusammenhang konnten später beide nicht mehr rekonstruieren, doch stellte Frau Bäumer die Frage, ob es sich überhaupt noch lohne, Geld zur Bank zu bringen. Nach eigener Aussage erwiderte Münch, das müsse jeder selbst wissen, er habe ohnehin kein Geld mehr, das er zur Bank bringen könne, da er seiner Kusine eine Schlafzimmereinrichtung abgekauft habe. Weiter habe er gesagt, Frau Bäumer »könne sich ja auch etwas für ihr Geld kaufen, dann habe sie es angelegt. Da fragte sie zurück: ›Gibt es denn eine Inflation?‹« Er habe erwidert, daß es doch zumindest bei Lebensmitteln eine starke Preissteigerung gegeben habe.

Aus diesem kurzen Ausschnitt der Unterhaltung wird erneut die aus den Erfahrungen in der Weimarer Republik gespeiste Verunsicherung und materielle Existenzangst der ›kleinen Leute‹ deutlich. In den Untersuchungen der letzten Jahre über Heimtückebemerkungen und Sondergerichtsprozesse zeigt sich die Häufigkeit dieses Lebensgefühls.[169] Viele ›Volksgenossinnen und

Volksgenossen‹, die sich in keiner Weise gegen das Regime wenden wollten, beharrten auf der Gültigkeit des schmerzhaft erworbenen Wissens um die Ungewißheit staatlicher Sicherheitsversprechen. Sie ließen sich davon weder durch die Propaganda noch das in dieser Zeit weitgehend funktionierende System der Versorgungsmarken, das in Teilbereichen die Geldwirtschaft ersetzte, abbringen. Ihre Alltagsgespräche drehten sich um Preis- und Lohnentwicklung oder um das Angebot in den Lebensmittelgeschäften. Sie bewegten sich damit, weil natürlich Unzufriedenheit und Zweifel geäußert wurden, stets am Rande dessen, was Gestapo und Sondergerichte als ›Heimtücke‹ einstuften. Im Falle Münchs legte das Sondergericht seine Äußerungen zu Frau Bäumer dahingehend aus, Münch habe eine Inflation vorhergesagt und »sich ein neues Schlafzimmer von einer Jüdin gekauft«.

Im nachhinein interpretierte Münch die Frage seiner Nachbarin ebenso als bewußt angelegte Falle wie ein Gespräch in seiner Stammkneipe Ende September 1941, das er 1947 schilderte: »Riesen [schickte] mir die Ehefrau Oncken und deren Tochter in die Wirtschaft [...] nach, um mich auszuhorchen. Ich hörte selbst, als die beiden das Lokal betraten, wie die Mutter zur Tochter sagte: ›Da sitzt ja der Herr Münch, da können wir uns ja direkt zu ihm setzen!‹ Aus der Betonung hörte ich, daß sie nur mich in dem Lokal suchten. Sie nahmen dann auch rechts und links von mir Platz und suchten mich in eine verfängliche Unterhaltung zu verwickeln, der ich aber zunächst auswich und mich nur mit der Mutter in einem Gespräch über Wein, wo er herkommt und wie er schmeckt, beschäftigte.«

Elisabeth Oncken und ihre Tochter Ottilie waren mit Riesen befreundet und kannten Münchs anti-nationalsozialistische Haltung. Elisabeth Oncken sagte dazu aus: »Als wir das Restaurant betraten, saß der mir bekannte Münch an dem Tisch, den wir gewöhnlich einnahmen. Wir begrüßten Münch und setzten uns zu ihm. Mir war schon nicht angenehm und auch meiner Tochter nicht, daß wir uns zu Münch setzen mußten. Münch war uns als Gegner des Naziregimes bekannt und seine besonderen Reden waren das Schimpfen über die Soldaten.« Münchs Vermutung, die Onckens seien an seinen Tisch gekommen, um ihn auszuhorchen, ist wenig wahrscheinlich: Die Onckens konnten sich nicht an einen eigenen Tisch setzen, weil das Lokal an diesem Abend sehr gut besucht war; nach kurzer Zeit wurde von der Wirtin noch eine Frau Stein, die bis dahin weder mit den Onckens noch mit Münch bekannt war, bei ihnen am Tisch plaziert.

Elisabeth Oncken, deren Tochter inzwischen gestorben war, gab 1948 an, sich nicht mehr genau erinnern zu können, was an dem Abend in der Kneipe geredet worden sei. Sie wisse nur noch, daß Münch wieder einmal über die deutschen Soldaten geschimpft habe. Sie habe später Riesen von dem Gespräch erzählt und ihn aufgefordert, Münch die »Schimpfereien« zu verbieten. Aus Münchs Schilderung geht hervor, daß er sich von Ottilie Onckens wiederholter Behauptung, die Engländer seien »keine Soldaten«, zu einem Gespräch über den Kriegsverlauf provozieren ließ.[170] Die Unterhaltung kreiste um die englischen und deutschen Bombenabwürfe auf zivile Ziele, um die Lebensmittelversorgung in beiden Ländern, die Glaubwürdigkeit der Wochenschau und die Frage, wie der Krieg enden werde.

Münch räumte ein, daß er vor allem aufgrund der Zeuginnenaussage Ottilie Onckens vom Sondergericht verurteilt worden sei. Er sah jedoch in Riesen die eigentlich treibende Kraft in der Intrige gegen ihn. Weber habe Riesen nach Kräften unterstützt, während Haupt, so Münch, »mit der ganzen Angelegenheit nicht das Geringste zu tun hatte.« Letztere Einschätzung resultierte wohl daraus, daß ihm die Eheleute Haupt im Laufe des Sommers 1941 oder später, jedenfalls aber vor Kriegsende ihre Version der Ereignisse erzählt hatten.

Den Eheleuten Haupt waren Bedenken gekommen, als das Netz um Münch sich langsam zusammenzog. Beide behaupteten, unfreiwillig in die Vorgänge hineingezogen worden zu sein, was allerdings für Gerhard Haupt in der Anfangsphase nicht ganz stimmte. Es traf frühestens ab dem Zeitpunkt zu, als ihm in der Interaktion mit Weber und Riesen klar wurde, daß ihr Gerede auf eine Anzeige gegen Münch zulief. Franziska Haupt scheint tatsächlich nur ihrem Mann von Münchs Äußerung über die deutschen Soldaten in Holland erzählt und dabei kein Vorgehen gegen ihren Nachbarn im Sinn gehabt zu haben. Als die Gestapo ihr – über Weber und ihren Ehemann – eine Vorladung zur Zeuginnenaussage schickte, reagierte sie prompt und energisch: »Ich begab mich zu Weber und machte diesem Vorwürfe, daß er mich als Zeugin angegeben hätte, ohne mich zu fragen. Weber erklärte, daß wäre eine Kleinigkeit, was ich auszusagen hätte, die Hauptzeugen gegen Münch würde ihm Herr Riesen bringen. Darauf begab ich mich zu Herrn Riesen, ich habe diesen gebeten, mich zu befreien, damit ich nicht zur Stapo brauchte. Ich erklärte weiter, daß ich nicht gegen Münch aussagen möchte. Riesen sagte hierauf: ›Wir müssen zusammen dafür sorgen, daß Herr Münch unschädlich gemacht wird, das ist ein Volksschädling und unterminiert hier vom Fenster seiner Wohnung aus die ganze Bevölkerung von Zollstock.‹ Ich bat ihn wiederum, mich doch aus dem Spiel zu lassen. Riesen sagte hierzu: ›Sie bleiben deshalb doch die ehrenwerte Frau Haupt, auch wenn sie gegen Münch aussagen.‹ Ich erklärte Riesen, daß ich nicht zur Stapo ginge. Darauf sagte Riesen:

›Dann werden Sie morgen Früh von der Stapo im Auto geholt.‹ Ich hatte nur sehr Schlechtes über die Stapo gehört und fürchtete mich, dorthin zu gehen.« Riesen leugnete einen Besuch von Frau Haupt bei ihm und jede Beeinflussung der Zeugin.

Franziska Haupt konnte ihre Ladung als Zeugin nicht mehr verhindern. Vor dem Sondergericht sagte sie jedoch aus, sich an den Wortlaut ihres Dialogs mit Münch nicht erinnern zu können. Münch bestätigte ihren Versuch, zu seinen Gunsten einzugreifen: »Die einzige Zeugin, die den Mut hatte, am Sondergericht ihre bereits falsch niedergelegte Aussage zu berichtigen, war Frau Haupt.«

Das Verhalten von Franziska Haupt ist schwer zu deuten. Ihre oben zitierte Beschreibung der eigenen Reaktion auf die Vorladung zur Gestapo ist ein eindrucksvolles Beispiel dafür, wie der Terror der Gestapo aus der Bevölkerung heraus mitgetragen wurde und eine wie große Rolle dafür wiederum der finstere Ruf der politischen Polizei spielte. Nicht nur Frau Haupt, sondern auch Weber und Riesen gingen selbstverständlich davon aus, daß Denunziation eine ehrenrührige Handlung sei. Die beiden Männer versuchten, entsprechende Bedenken Frau Haupts zu zerstreuen. Als sie darauf beharrte, zwang Riesen sie mit dem Appell an ihre Angst vor der Gestapo zunächst auf seine Linie.

Im Mai 1940 hatte Franziska Haupt offenbar keinen Gedanken daran verschwendet, daß ihr Ehemann ihre Erzählung über Münch weitergeben könne. Damit lag sie zunächst ja auch richtig; es dauerte ein Jahr, bevor Gerhard Haupt in eine Gesprächssituation kam, in der er sein Wissen über Münch beisteuerte. Aus Frau Haupts Formulierung 1947 geht eindeutig hervor, daß ihre Empörung sich darauf bezog, ungefragt in etwas hineingezogen worden zu sein, das nun mehr war als ein im nachbarschaftlichen Umfeld verbleibendes Gerede. Ihr Motiv, sich gegen ihre ZeugInnenaussage zu wehren, war nicht der Wunsch, Münch zu schützen, sondern ihre Angst vor der Gestapo.

Bei ihrer Befragung im EL-DE-Haus im Oktober 1941 bestätigte sie lediglich Münchs Äußerung, daß die Holländer die Schleusen öffnen und die deutschen Soldaten ertrinken würden. Sie stellte dies nicht als Wunsch Münchs dar und belastete ihn auch nicht in anderer Weise. Vor dem Sondergericht verweigerte sie dann im September 1942 die erneute Bestätigung dieser Aussage so beharrlich, daß Münch für diesen Punkt freigesprochen wurde. Ihre Angst und Empörung hatten sie nicht vor dem Termin bei der Gestapo bewahren können. Am leichtesten für sie wäre gewesen, sich dann vor dem

Sondergericht auf ihre Aussage bei der Gestapo zurückzuziehen, anstatt sich durch deren Rücknahme den Fragen von Richtern und Staatsanwalt auszusetzen. Ihre Haltung mußte sich also in der Zwischenzeit verändert haben. Die Gründe dafür bleiben unklar, doch ging es ihr nun nicht mehr um einen möglichst einfachen Weg für sich selbst, sondern auch um den Schutz Münchs, soweit sie dazu noch beitragen konnte. Bis zu ihrer schriftlichen Vorladung hatte sie nichts getan, um dem zunehmend negativen Gerede über Münch in der Nachbarschaft gegenzusteuern. Sie wurde erst aktiv, als sie sich von anderen manipuliert und in eine sie beängstigende Situation gebracht sah. Sie handelte zu spät, es gelang ihr aber dennoch, zugunsten Münchs einzugreifen.

Die Eheleute Haupt sowie Münch selbst sagten nach Kriegsende, daß auch Gerhard Haupt vom Zeitpunkt der Vorladung seiner Ehefrau an versucht habe, sich aus dem nunmehr offiziellen Verfahren herauszuziehen. Da er aus eigenem Wissen ohnehin keine politischen Vorwürfe gegen Münch vorbringen konnte, wurde er vom Sondergericht nicht als Zeuge geladen.

Das Beispiel Franziska Haupts zeigt, daß es in den Abläufen, die nach Kriegsende von den Beteiligten meist als nicht beeinflußbar dargestellt wurden, sehr wohl begrenzte Handlungsspielräume gab. Während manche der an einer Denunziation Beteiligten sich aus eigenem Interesse oder äußerem Druck von halbherzigen MitmacherInnen zu energischen VorantreiberInnen einer Anzeige wandelten, ging Frau Haupt in die umgekehrte Richtung. Sie empfand eine Denunziation offenbar als eine schmutzige Sache, mit der sie nichts zu tun haben wollte. Daran änderte auch Riesens Zusicherung nichts, wonach sie auch dann die »wohlachtbare Frau Haupt« bleibe, wenn sie gegen Münch aussage.

Aus dieser Einstellung heraus, vielleicht auch aus schlechtem Gewissen oder alter nachbarschaftlicher Verbundenheit entwickelte sie eine Sympathie mit dem Denunziationsopfer, durch die sie ihre ichbezogene Haltung überwand und die Ermittlungen gegen Münch zeitweise ins Stocken brachte: Der zuständige Gestapobeamte Weber befand die Aussage Franziska Haupts als nicht ausreichend, und die Webers und Riesens als zu allgemein. Er verlangte deshalb von den beiden Männern, die ja selbst nicht Zeugen politischer Bemerkungen Münchs gewesen waren, weitere ZeugInnen zu aktuelleren Vorfällen zu benennen. Frau Haupt hatte, so bleibt festzuhalten, immerhin versucht, ihre Beteiligung an der Verfolgung Münchs rückgängig zu machen. Dies gelang ihr nicht vollständig, aber ihr späteres Verhalten machte eben doch einen Unterschied für den Verfolgten. Hätten Hedwig Bäumer, Ottilie und Elisabeth Oncken sowie Frau Stein sich in ähnlicher Weise geweigert, das

Vorgehen von Weber und Riesen zu unterstützen, wäre Münch vielleicht zu einer geringeren Strafe verurteilt worden.

Die Ermittlungen der Gestapo gegen Jakob Münch verliefen sehr schleppend, ohne daß ein Grund dafür erkennbar wäre. Im September 1942 wurde er schließlich vor Gericht gestellt und zu einem Jahr Gefängnis verurteilt. Nach Verbüßung der Strafe blieb er mehrere Monate unbehelligt, bevor er für weitere sieben Monate in das Konzentrationslager Flossenbürg verschleppt wurde.

Bei den Ermittlungen und im Prozeß gegen die Denunzianten in den Jahren 1947/48 ließ sich nicht klären, ob Münch aufgrund seiner Heimtückereden oder im Zuge der 1944 verstärkten allgemeinen Terrormaßnahmen gegen ›Halbjuden‹ deportiert wurde. Das Schwurgericht glaubte an letzteres. Da Münch außerdem in mehreren Anklagepunkten vom Sondergericht freigesprochen worden war, kam die Nachkriegsjustiz zu dem Schluß, er sei keiner unmenschlichen Verfolgung ausgesetzt gewesen. Es sah daher keine Grundlage für eine Bestrafung wegen Verbrechens gegen die Menschlichkeit: »Eine Denunziation ist nämlich immer nur dann ein Verbrechen gegen die Menschlichkeit, wenn sie zu einer Verfolgung, d.h. einem systematischen Mißbrauch politischer oder staatlicher Macht geführt hat, wenn also das Opfer dem willkürlich gehandhabten Machtapparat von Partei oder Staat ohne jede rechtlichen Sicherheiten ausgeliefert worden ist [...] Bewegt sich dagegen die ›Verfolgung‹ in den von den Kulturnationen anerkannten Formen der Rechtspflege, hat sie sich also im Wege eines geordneten rechtsstaatlichen Verfahrens vollzogen [...], so stellt sie keine Verfolgung aus politischen Gründen im Sinne [...] des Kontrollratsgesetzes Nr. 10 dar.« Die vergleichsweise milde Strafe Münchs wurde also zum Anlaß genommen, der NS-Justiz ein ›geordnetes rechtsstaatliches Verfahren‹ zu bestätigen, was wiederum Basis dafür war, Jakob Riesen, Theodor Weber und Gerhard Haupt freizusprechen, obwohl sie Münch nachweislich denunziert hatten.

In einer sich über Monate oder Jahre hinziehenden Entwicklung sammelten sich bei einigen NachbarInnen Vorbehalte gegen Münch an, die in einzelnen Bemerkungen und verstreuten Gesprächen ausgetauscht wurden. Daraus entstand eine Spirale aus Ängsten und Erwartungen, in der NSDAP-Funktionäre der unteren Ebenen und Privatleute zusammenwirkten. Das Ergebnis war nicht nur die Anzeige gegen Münch, sondern auch ein Machtzuwachs für die beteiligten Funktionäre, die ihre Kontrollfunktionen wahrgenommen und die Zeuginnen an ihrem Vorgehen beteiligt hatten. Eine Voraussetzung dafür war zwar die allgemeine Angst vor der Gestapo, mit der mindestens eine

Zeugin unter Druck gesetzt wurde. Dennoch bleibt festzuhalten, daß die Voraussetzungen für das tatsächliche Eingreifen der politischen Polizei in den Gesprächen und Handlungen der AnwohnerInnen in der Vorgebirgsstraße geschaffen wurden.

Das Patent

Auf vielfältige Weise zerstörte das nationalsozialistische Regime die Lebensträume und -perspektiven von Menschen. Beziehungen, die unter dem Druck von Verfolgung und Diskriminierung scheiterten; Besitz, der enteignet wurde; Berufe, die nicht mehr ausgeübt werden durften; Positionen und Ausbildungen, die aus politischen Gründen verweigert wurden; die Verfolgung, Inhaftierung oder Ermordung von Angehörigen, FreundInnen, NachbarInnen; der Verlust vertrauter Milieus und sozialer Netze – von all dem waren zahlreiche Menschen betroffen, die ihre Lebensumstände und -einstellungen den Normen des NS-Staates nicht anpassen konnten, wollten oder durften. Sie alle wurden in unterschiedlichem Maße zu Opfern oder Benachteiligten.

Auf der anderen Seite standen diejenigen, die vom Nationalsozialismus profitierten. Dazu gehörten nicht nur führende Parteifunktionäre, die in höchste Ämter aufstiegen und sich eigene Machtbereiche aufbauten, nicht nur anonyme Großbetriebe, die KZ-Häftlinge ausbeuteten, oder Geschäftsleute, die im Zuge der ›Arisierungen‹ das Eigentum jüdischer Konkurrentinnen und Konkurrenten zu Schleuderpreisen erwarben. Daneben gab es weniger spektakuläre Formen, in denen Menschen es verstanden, ihre Pläne in die neue Staats- und Gesellschaftsordnung einzufügen und die jeweils gegebenen Möglichkeiten zu ihrem Vorteil zu nutzen.

Der im folgenden geschilderte Fall ist ein Beispiel für ein solches Verhalten bei mehreren Beteiligten. In den Auseinandersetzungen zwischen Aloys Kaiser und Eberhard Boll ging es um materielle Interessen. Anfang der vierziger Jahre kam es zwischen ihnen zu Konflikten, die bis in die fünfziger Jahre hinein mit größter Zähigkeit auf beiden Seiten ausgetragen wurden. Hier läßt sich hoffentlich besonders deutlich zeigen, auf welche Weise ›normale‹ Handlungsweisen – der Versuch, sich eine berufliche Existenz zu schaffen bzw. auszubauen – unter bestimmten Umständen das NS-Regime und die Fortsetzung des Krieges stützten.[171] Ähnlich wie in den Schilderungen der Denunziationen gegen Paul Gerber und Eugen Schinkel nutzte die Gestapo privat motivierte Denunziationen, um durch Ihre Vernehmungen Einblick in ein relativ geschlossenes Milieu zu nehmen und dessen Angehörige einzuschüchtern.

Aloys Kaiser, 1896 im Saarland geboren, war es gelungen, in den kurzen ›Goldenen Zwanzigern‹ eine eigene Firma aufzubauen. Er war gelernter Schlosser und hatte zwei Semester Maschinenbau studiert. Nach Teilnahme am Ersten Weltkrieg und Anstellungen bei verschiedenen Firmen machte er sich 1924 in Köln mit einer Werkzeugmaschinenfabrik selbständig. Das kleine Unternehmen überstand die Wirtschaftskrise. 1935 legte Kaiser die Meisterprüfung ab; da er außerdem seit Mai 1933 der NSDAP und den ›gleichgeschalteten‹ Berufsorganisationen angehörte, waren wichtige formale und politische Voraussetzungen zur Teilnahme am einsetzenden Wirtschaftsaufschwung gegeben.

Für eine kleine Firma wie die Kaisers war das nicht selbstverständlich, denn der durch die Aufrüstungspolitik herbeigeführte Aufschwung führte keineswegs zu einer Situation, in der die zahlreichen Unternehmen der Metallbranche in Köln problemlos nebeneinander hätten existieren können. Die Zulieferung für Großbetriebe, vor allem die Ford-Werke, war die wichtigste Existenzgrundlage für die leistungsfähigeren unter den kleineren Firmen. Es kam deshalb zu harten Konkurrenzkämpfen. Auf der anderen Seite kooperierten die FirmenbesitzerInnen miteinander: Wer den Zuschlag für einen größeren Auftrag erhalten hatte, mußte meist nach kurzer Zeit liefern. In vielen Fällen waren die teuren Werkzeuge und Maschinen gar nicht oder nicht ausreichend vorhanden, um die zugesagten Konditionen einhalten zu können. Während des Krieges war ihre Anschaffung schwierig und zeitraubend, außerdem fehlte meist das Geld, so daß sie bei anderen Firmen ausgeliehen wurden. Ein ehemaliger Betriebsleiter erklärte im Januar 1945 dieses System der neuen Firmenbesitzerin: »Ich habe solange ich den Betrieb leitete nie auf die Hilfe meines gesamten Bekanntenkreises und deren Beziehungen verzichten können, sei es nun was die Anfertigung von Maschinenteilen, von Werkzeugen oder Material betraf, und ist dieses ja nur eine kriegsbedingte Folgeerscheinung, die wohl von sehr vielen kleineren Betrieben gehandhabt wird und [werden] muß, weil [der Kauf fehlender] Maschinen, Werkzeuge oder Materialteile zum Ruin führen müßte. [...] Diese Veranlassung führte zwangsläufig dazu, daß ich mit allen Firmen, deren Kunde oder Lieferant ich war, Werkzeuge oder Maschinenteile, in einem Falle sogar Maschinen, zwecks Erledigung eines Auftrages austauschte [...].«

Natürlich kam es dabei zu Konflikten über den Zustand der ausgeliehenen bzw. zurückgegebenen Werkzeuge, den Zeitpunkt der Rückerstattung usw.

Das System dürfte jedoch weitgehend funktioniert haben, da jeder Betrieb, der für die Übernahme umfangreicher Aufträge groß genug war, aber nicht über die finanziellen Möglichkeiten der Aktien- oder Kapitalgesellschaften verfügte, auf eine solche Zusammenarbeit angewiesen sein konnte. Zudem waren die Kontakte der Betriebsleiter und -meister untereinander sehr intensiv; sie kannten sich aus der Meisterschule oder seit der Lehrlingszeit, arbeiteten zusammen in den Berufsverbänden, trafen sich zum Kartenspielen oder Kegeln. Dies schloß Feindseligkeiten zwischen einzelnen ebensowenig aus wie Gruppenbildungen und Auseinandersetzungen entlang widerstreitender Interessenlinien.

Eine solche durch das Nebeneinander personen- und sachorientierter Elemente gekennzeichnete Struktur konnte sehr schnell zu Loyalitätskonflikten führen, da Staat und Partei immer stärker auch in diesen sozialen Binnenraum eingriffen. Wie in allen gesellschaftlichen Teilbereichen während des ›Dritten Reichs‹ dürfte es auch in der mittelständischen Kölner Metallbranche zur Überlagerung und teilweisen Verdrängung alter Gewohnheiten, Hierarchien und Normen gekommen sein durch die Anforderungen des Regimes und den Aufstieg neuer (Berufs-) FunktionärInnen und UnternehmerInnen, die von der Politik des Regimes profitierten.

Der Krieg komplizierte die Lage der kleineren Firmen noch zusätzlich. Bei Kriegsbeginn kam es in allen Branchen, bedingt durch die ersten Einberufungen und die allgemeine Unsicherheit über die weitere Entwicklung, zu Umstellungsschwierigkeiten. Nach kurzer Zeit aber profitierte die Metall- und Maschinenbauindustrie von der ›Wehrwirtschaft‹. Die Großunternehmen, die Panzer, Flugzeuge, Waffen, U-Boote, Wehrmachtsfahrzeuge und andere Rüstungsgüter herstellten, hatten umfangreiche Zulieferaufträge zu vergeben. Infolgedessen schuf der Krieg auch für die kleinen Firmen Verdienstmöglichkeiten. Im Rennen um diese lukrativen Aufträge hatten aber nur die eine Chance, die über qualifiziertes Personal verfügten, weshalb die ›UK-Stellung‹ der Facharbeiter von besonderer Wichtigkeit war.

Männer im wehrpflichtigen Alter wurden unter bestimmten Bedingungen von der Einberufung zur Wehrmacht zurückgestellt oder nach kurzer Zeit wieder entlassen. Als ›unabkömmlich‹ galten vor allem Facharbeiter und leitende Angestellte in der Rüstungsindustrie, hochqualifizierte Arbeitskräfte in anderen kriegswichtigen Branchen, aber auch Bauern bzw. Bauernsöhne, die keine Brüder hatten oder deren Brüder bereits eingezogen waren. Die Praxis der UK-Stellung sorgte in der Bevölkerung immer wieder für Unruhe wegen angeblicher oder tatsächlicher Ungerechtigkeiten.

Wem es gelang, neben dem Meister auch die Altgesellen im Betrieb zu halten, vielleicht zusätzlich unter den Zwangsarbeitern billig auszubeutende Fachkräfte zu finden, technische Neuerungen mitzuvollziehen oder aber die oben geschilderte Hilfe anderer Firmen zu erhalten, konnte trotz des Drucks der Großunternehmen die eigene Existenz sichern und noch expandieren. Ähnlich wie in der Wirtschaftskrise zehn Jahre zuvor entstand eine Situation, in der die Beteiligten oft schnell reagieren und weitreichende Entscheidungen treffen mußten, ohne deren Konsequenzen überblicken zu können, und in der zusätzliche Vorteile (z.B. persönliche Beziehungen zum Rüstungskommando Köln, finanzielle Sicherheiten durch Immobilienbesitz, hochmotivierte MitarbeiterInnen) entscheidend sein konnten.

Aloys Kaiser erwies sich vor und während des Krieges als gewiefter Geschäftsmann, der es vor allem verstand, die richtigen Leute einzustellen. Dem Werkzeugmacher Adolf Petri gestattete er, in seiner Werkstatt eigene Arbeiten durchzuführen. Petri versuchte sich an Erfindungen, die ihm zunächst nichts einbrachten. 1938 gab er seine Selbständigkeit auf und wurde Geselle bei Kaiser. Schon seit 1935 arbeitete dort der Hilfsschlosser Eberhard Boll, der sich als ehrgeizig und ausgesprochen ›heller Kopf‹ erwies. Kaiser erkannte offenbar das Potential des jungen Mannes. 1947 sagte er dazu: »Ich habe Boll [...] die Gesellenprüfung machen lassen und ein Jahr später auf meine Kosten die Meisterprüfung.« Ob es sich genau so verhielt, erscheint nach den vorliegenden Akten zweifelhaft; fest steht, daß Boll nie eine Gesellenprüfung abgelegt hatte. Mehrere Zeugen bestätigten jedoch in den Nachkriegsjahren, daß Kaiser die offenbar überragenden Fähigkeiten seines Angestellten gefördert und ihm den Besuch der Meisterschule ermöglicht hatte. Nach Aussage Bolls war seine weitere UK-Stellung 1941 an die Meisterprüfung gebunden worden.

Boll und Petri hatten, wahrscheinlich im Jahre 1940 oder 1941, eine »Vorrichtung zum Kaltbiegen von Rohren kurzer Dimensionen« entwickelt. Sie waren zwar nicht bereit, die Rechte an der Erfindung an ihren Chef abzutreten, schlossen aber mit ihm eine vorläufige Lizenzvereinbarung, die Kaiser die Benutzung und Vermarktung gestattete und sich als Goldgrube erwies. Da die beiden Angestellten an weiteren Erfindungen arbeiteten und auch in der täglichen Routinearbeit, wie alle Fachkräfte während des Krieges, kaum zu ersetzen waren, hatte Kaiser ein entsprechendes Interesse an ihrer weiteren UK-Stellung. Er setzte deshalb zusammen mit anderen Fachleuten aus der Innung durch, Boll ohne vorherige Gesellenprüfung zur Meisterschule zuzulassen, was diesen wiederum vor der Wehrmacht bewahrte.

Aloys Kaiser war ganz offensichtlich jemand, der die Zeichen der Zeit zu lesen verstand. Er war politisch anscheinend desinteressiert, hatte sich aber dem Regime angepaßt und war in die NSDAP eingetreten. 1934 engagierte er sich wegen eines drohenden Ausschlußverfahrens aus der Partei in seiner Ortsgruppe als Blockwart, dann als Zellenleiter, gab seine Mitarbeit später aber wieder auf. In einer Vernehmung vor den britischen Militärbehörden erklärte er 1946: »Ein [weiteres] Ausschlussverfahren lief bereits schon vor dem Kriege, im Jahre 1939, gegen mich, weil ich seit Ende 1937 in der Ortsgruppe nicht mehr mitgearbeitet hatte. Da der Krieg ausbrach, bekam ich hierüber keine weitere Nachricht.« Diese Darstellung war nicht ganz richtig, denn auch dieses Verfahren scheint eingestellt worden zu sein, weil er sich bereit gefunden hatte, wieder kleine, nicht mit einem Amt verbundene Aufgaben für die Partei zu übernehmen.

Parteiausschlußverfahren: Die NSDAP hatte, wie alle Parteien, ein formal geregeltes Verfahren zum Ausschluß unerwünschter Mitglieder. Grund für einen Parteiausschluß konnten u.a. parteischädigendes Verhalten und Interesselosigkeit sein.

Als Kaiser nach Kriegsende drei seiner ehemaligen Angestellten der Denunziation beschuldigte, versuchte deren Verteidiger Kaisers Glaubwürdigkeit zu erschüttern, indem er ihn als »strammen und sehr aktiven [...] Parteigewaltigen« hinstellte – tatsächlich war er wohl eher der typische Mitläufer, der sich nur soweit engagierte, wie es ihm für ein ansonsten ungestörtes Privatleben sowie seine weitere berufliche Laufbahn notwendig erschien. Zusätzlich war Kaiser ehrenamtlich als Armenpfleger tätig. Als weitere Einzelheiten über sein Privatleben läßt sich aus den Akten nur erfahren, daß er 1921 geheiratet hatte und die Ehe kinderlos geblieben war.

Während des Krieges bewies Kaiser weiterhin seine Geschicklichkeit und Anpassungsfähigkeit. Er verstand es, sein qualifiziertes Personal zu halten, Zwangsarbeiter zugeteilt zu bekommen, durch Auftragsübernahme vor allem im Bereich des U-Boot-Baus am Krieg zu verdienen und die kriegsbedingten Versorgungsengpässe bei Rohmaterialien durch Schiebereien zu umgehen bzw. zu seinem Vorteil zu nutzen. 1943 beschäftigte er »18 Reichsdeutsche und 10 Russen«.

Die Geschäftsausweitung beruhte zum einen auf der Ausbeutung der Zwangsarbeiter. Zum anderen hatte Kaiser, wie er später selbst erklärte, durch die ihm gestattete Ausnutzung der Erfindung der beiden Angestellten viel Geld zur Verfügung. Die ›vorläufige Lizenzvereinbarung‹ vom 25. April 1942 ließ Kaisers Einkommen von 8.000 Reichsmark im Jahr 1940 und auf mindestens 80.000 RM 1944 steigen. Dieses Geld steckte er wiederum in das Unternehmen. Eine Investition betraf das Grundstück, auf dem die Werkstatt stand. Das Gelände Neusser Straße 420 gehörte einer aus zwei Schwestern bestehenden Erbengemeinschaft. Kaiser kaufte einer der beiden Frauen ihren Anteil ab und sicherte sich ein Vorkaufsrecht auf die andere Hälfte des Grundstücks.

Im Sommer 1942 hätte die geschäftliche Lage Kaisers also kaum besser sein können. Der mit dem »Kaltbiegen von Rohren kurzer Dimensionen« verbundene Geldsegen war es, der seine Erfolgsgeschichte vorläufig beendete. Zwischen ihm und seinem Betriebsmeister Boll sowie dem Altgesellen Petri kam es zu Auseinandersetzungen, die das Schwurgericht Köln in seinem Urteil vom November 1948 zusammenfassend schilderte: »Der Wert der Erfindung erwies sich [...] als weit höher als vorhergesehen, sodaß Boll und Petri sich trotz einer Lizenzeinnahme von rund 3.000,-- RM monatlich benachteiligt fühlten und eine höhere Beteiligung an den ungleich viel größeren Gewinnen des Zeugen Kaiser erstrebten. Kaiser widersetzte sich dem jedoch und hielt die Erfinder an die schriftliche Vereinbarung gebunden«, die ihm 90% der Gewinne sicherte.

Eberhard Boll fühlte sich übervorteilt und war nicht bereit, die Zurückweisung zu akzeptieren. Der frühere Hilfsschlosser hatte in den Jahren in Kaisers Firma seine Fähigkeiten erkannt und nun auch gesehen, wieviel Geld sich damit verdienen ließ. Die mittlerweile zum Patent angemeldete Erfindung, der vielleicht weitere folgen würden, und die Leichtigkeit, mit der er die Meisterschule absolvierte, eröffneten ihm neue Zukunftsaussichten, nämlich die Chance auf Selbständigkeit. Politisch uninteressiert, war er in die NSDAP eingetreten, um zur Meisterschule zugelassen zu werden. Er hatte also in ähnlicher Weise wie Kaiser mehrere Jahre zuvor die politischen Voraussetzungen für eine weitere Karriere erfüllt.

Durch seinen Anteil an den Gewinnen aus der Erfindung hatte sich Bolls Monatseinkommen mindestens vervierfacht. Er nutzte das Geld und kaufte zusammen mit Barthel Mader eine kleine Maschinenbaufirma auf. Mader war Betriebsmeister bei Gödde & Söhne, einem anderen Unternehmen der Werkzeugmaschinenbranche. Die beiden hatten sich auf der Meisterschule kennengelernt, waren im gleichen Kegelklub und hofften, mit dem Kauf die Basis für ein nach Kriegsende einträgliches eigenes Unternehmen gelegt zu haben.

Kaisers Weigerung, den Lizenzvertrag neu auszuhandeln, stand jedoch zunächst allen Plänen von Boll im Wege. Statt Boll verdiente Kaiser das große

Geld. Eine Kündigung bei ihm war aufgrund der im Kriegsverlauf erlassenen Vorschriften zum Arbeitsplatzwechsel für einen Metallfacharbeiter in einem Rüstungsbetrieb kaum möglich.

Die NS-Regierung hatte die Freizügigkeit der Arbeitsplatzwahl für ›Nicht-Arier‹ abgeschafft. Die ›Volksgenossinnen und Volksgenossen‹ wurden, seitdem die Vollbeschäftigung erreicht war und es in einigen Branchen Arbeitskräftemangel gab, ersten Einschränkungen unterworfen. Die Kompetenzen der Arbeitsverwaltung, vor allem der Arbeitsämter, wurden nach Kriegsbeginn immer weiter ausgedehnt, um genügend Arbeitskräfte für die kriegswichtigen Bereiche aufzubringen und Lohnsteigerungen zu verhindern. Seit dem 20. Mai 1942 war die Lösung von Beschäftigungsverhältnissen nur noch mit Zustimmung des Arbeitsamtes möglich.

Boll suchte deshalb offenbar nach einem Druckmittel gegen seinen Chef und kaufte zu diesem Zweck die zweite Hälfte des Firmengrundstücks. Kaiser war jedoch nach wie vor nicht zum Abschluß einer neuen Lizenzvereinbarung bereit. Mit der Begründung, daß sein Vorkaufsrecht übergangen worden sei, stellte er am 30. März 1943 Antrag auf Zwangsversteigerung des Geländes, um so die Besitzgemeinschaft mit seinem Angestellten aufzuheben. Im Falle einer Zwangsversteigerung hätte Boll keine Chance gehabt, da Kaiser über die weitaus größeren finanziellen Reserven verfügte.

Im Laufe des April oder Anfang Mai 1943 wurde eine anonyme Anzeige gegen Aloys Kaiser erstattet, in der ihm unter anderem ›Rundfunkvergehen‹ vorgeworfen wurden. Das Schwurgericht hielt dazu 1948 fest: »Nach der Bekundung des [Gestapobeamten] Fieseler umfaßte diese [Anzeige] mehrere Schreibmaschinenseiten und warf Kaiser zunächst zahlreiche – etwa fünfzig – Fälle von Wirtschaftsvergehen vor unter Angabe von Einzelheiten [...] Erst abschließend folgte dann die die Gestapo in erster Linie interessierende Mitteilung, daß Kaiser die feindlichen Rundfunksender abhöre. Vor allem die Angaben über die wirtschaftlichen Verfehlungen konnten nur von Personen stammen, die genauen Einblick in den Betrieb des Zeugen Kaiser hatten.« Der Brief war verloren gegangen, doch stimmten die Angaben Kaisers und des damals zuständigen Gestapobeamten zu seinem Inhalt und der Unterschrift »Ein alter Kriegskamerad« überein.

An dieser Stelle kommt mit dem Gestapomitarbeiter Willy Fieseler ein dritter Mann ins Spiel, der im Bereich von Polizei und SS die Normen und Erfordernisse des NS-Staates ebenso in seinem Sinne nutzte wie der Geschäftsmann Kaiser und der Facharbeiter Boll. Wie Boll war Fieseler 1911 geboren und hatte die Volksschule besucht. Während der Wirtschaftskrise

Ende der zwanziger/Anfang der dreißiger Jahre verdiente er etwas Geld als Sporttrainer, wobei er auch für die SS tätig war. Im April 1933 wurde er NSDAP- und SS-Mitglied, was sich sofort für ihn auszahlte: Er bekam eine Stelle bei der Reichsbahn, wo er bis 1937 blieb. 1938 übernahm ihn die SS als hauptberuflichen Sportlehrer. Schon nach kurzer Zeit bewarb er sich erfolgreich bei der Gestapo. Zunächst mit Büroarbeiten beschäftigt, konnte er nach Kriegsbeginn weiter aufsteigen: Er wurde im ›Exekutivdienst‹, d.h. als Ermittlungsbeamter, eingesetzt und verdiente mit 270 Reichsmark im Monat fast doppelt so viel wie bei der Reichsbahn. Entsprechend der üblichen Praxis der politischen Polizei durchlief er verschiedene Abteilungen in der Stapostelle Köln. Zunächst befaßte er sich mit Problemen der militärischen Abwehr, dann mit ›politischen Verfehlungen‹ Jugendlicher. Anschließend war er zuständig für Ermittlungen bei Verdacht auf Abhören ausländischer Sender, danach wurden ihm die Heimtückefälle übertragen. Er wurde verbeamtet und bekleidete 1941 innerhalb der SS den Rang eines Untersturmführers. Ebenfalls 1941 erhielt er die bronzene Parteiauszeichnung für zehn Jahre aktiven Dienst.[172]

Kriminalassistent Fieseler ging der Anzeige gegen Kaiser nach. Er vernahm zunächst den Betriebsmeister Boll, an den folgenden Tagen die Kontoristin Katharina Glaub, den Gesellen Petri sowie einen Mann, der Kaiser ein Radio verkauft hatte. Boll sagte ausführlich aus, bezeichnete sich als eigentlichen Leiter der Firma und erweiterte die Vorwürfe gegen Kaiser noch, den er als faul und unfähig schilderte. Er sei, so Boll, überzeugt, daß die Vorwürfe wegen Schiebereien richtig seien, habe dafür aber keine Beweise. Kaiser sei »ein Volksschädling ersten Ranges« und trage die Schuld daran, daß die Firma Liefertermine nicht habe einhalten können. Im übrigen bejahte er, daß Kaiser über Nachrichten eines russischen Senders gesprochen habe. Letzteres erklärten auch Petri und Glaub. Die Kontoristin bestätigte außerdem die in der Anzeige erhobenen Vorwürfe wegen Betrugs und Schiebereien; sie wisse davon, weil sie in der Firma, in der sie seit drei Jahren arbeitete, alle Büro- und Buchhaltungsaufgaben erledige. Der Zeuge Holl erklärte, Kaiser habe sich beim Kauf des Radios erkundigt, ob der Apparat auch englische Sender empfangen könne, und sich dies vorführen lassen.

Die Gestapo ging den Vorwürfen wegen Betrug und Verstößen gegen die Kriegswirtschaftsverordnung nicht nach, sondern konzentrierte sich ganz auf die Frage, ob Kaiser ausländische Rundfunksender abhörte, deren Nachrichten weitererzählte und seine Angestellten dazu aufforderte, ebenfalls englische oder russische Sender einzuschalten.

In seiner Vernehmung bestritt Aloys Kaiser, die ›Feindsender‹ absichtlich eingestellt und das Gehörte weitererzählt zu haben. Fieseler hielt ihn jedoch aufgrund der ZeugInnenaussagen für überführt. Er ließ Kaiser am 11. Mai 1943 verhaften und reichte das Verfahren an die Staatsanwaltschaft weiter. Dort wurde die Sache als ›Wehrkraftzersetzung‹ eingestuft und an den Oberreichsanwalt beim Volksgerichtshof in Berlin abgegeben.

Kaisers Rechtsanwalt bemühte sich, eine Verhandlung vor dem Volksgerichtshof zu verhindern. Wahrscheinlich auf seinen Rat hin fuhr Kaisers Ehefrau zu einem höheren Parteifunktionär nach Stettin, der in den Vorkriegsjahren Kaisers Ortsgruppenleiter gewesen war. Der Mann setzte ein Schreiben auf, in dem er Kaisers politische Zuverlässigkeit hervorhob. Ob diese Stellungnahme eine Rolle spielte, läßt sich aus den Akten nicht erkennen, jedenfalls erreichte Kaisers Anwalt, daß die Sache an das Sondergericht Köln zurückverwiesen wurde. Er konnte außerdem durchsetzen, daß sein Mandant am 9. Juli 1943 vorläufig aus der Untersuchungshaft entlassen wurde. Es ist zu vermuten, daß die Gestapo nicht das Ende eines zwar kleinen, aber wehrwirtschaftlich wichtigen Betriebes riskieren wollte und deshalb Kaiser die Möglichkeit gab, seine geschäftlichen Angelegenheiten zu regeln.

Kaiser war davon überzeugt, daß die Anzeige gegen ihn nur von Boll, Glaub und Petri erstattet worden sein konnte. Der Zeitpunkt der Denunziation unmittelbar nach Kaisers Antrag auf Zwangsversteigerung des Grundstücks, vor allem aber die betriebsinternen Details in der Anzeige deuten in der Tat auf die drei Angestellten hin.

Kaisers Antrag auf Zwangsversteigerung war inzwischen bis zum Kriegsende ausgesetzt worden, so daß dieser Weg, sich gegen Bolls tatsächliche oder vermeintliche Machenschaften zu wehren, versperrt war. Kaiser hatte jedoch noch andere Möglichkeiten. Er konnte beim Arbeitsamt die Entlassung der drei Angestellten durchsetzen. Durch Schreiben an die jeweils zuständigen Behörden versuchte er, die Aufhebung der UK-Stellung Bolls bzw., nachdem er damit gescheitert war, die Versetzung Bolls und Petris in verschiedene Betriebe und untergeordnete Stellungen zu erreichen. Im Oktober 1943 schließlich forderte er seinen Anwalt auf, Petri und Boll wegen übler Nachrede anzuzeigen: Sie hätten, so Kaiser, bei anderen Kölner Firmen seinen guten Ruf »durch Verbreiten von Gemeinheiten« geschädigt.

Dieser letzte Punkt spricht schon an, weshalb die Maßnahmen Kaisers den beiden Männern nicht schaden konnten. Die Angelegenheit war innerhalb der Branche bekannt geworden, und während manche Geschäftspartner, Kollegen und Konkurrenten über die Verhaftung und den anstehenden Prozeß entsetzt waren, versuchten andere, die Lage für sich auszunutzen: Barthel Mader hatte schon zuvor seinen Chef bei der Firma Gödde auf die Arbeiten Petris und seines Kompagnons Boll aufmerksam gemacht. In der Hoffnung, in ähnlicher Weise wie zuvor die Firma Kaiser von der Erfindung profitieren zu können, wurden die beiden nun mit Genehmigung des Arbeitsamtes bei Gödde eingestellt. Kaiser stellte daraufhin seine Lizenzzahlungen ein, wogegen sich seine beiden ehemaligen Angestellten wiederum gerichtlich zur Wehr setzten.

Im Juni 1944 wurde Aloys Kaiser wegen Abhörens ausländischer Rundfunksendungen vor Gericht gestellt. Das Sondergericht Köln verurteilte ihn zu vier Jahren Zuchthausstrafe. Bei der Höhe der Strafe wertete das Gericht verschärfend, daß Kaiser für die bei ihm eingesetzten Zwangsarbeiter angeblich zusätzliche Lebensmittel beschafft hatte. Kurz danach wurde er aus der NSDAP ausgeschlossen.

Kaiser hatte in der Verhandlung vergeblich versucht, die Glaubwürdigkeit der gegen ihn aufgebotenen ZeugInnen zu erschüttern. Boll, so Kaiser, wolle seinen Betrieb an sich reißen und habe nach einer Möglichkeit gesucht, ihn aus der Firma zu verdrängen. Petri und Glaub wollten sich durch ihre Aussagen für ihre Entlassung rächen. Für das Selbstbewußtsein von Kaiser spricht sein Angriff gegen den zuständigen Gestapobeamten. Die Urteilsbegründung gab Kaisers Aussage dazu wieder: »Der Zeuge Fieseler, demgegenüber der Angeklagte im Ermittlungsverfahren ein Geständnis abgelegt hat, habe ihm [Kaiser] mit der Reifmachung des Konzentrationslagers gedroht. Die Unterschrift unter ein erstes Protokoll habe er verweigert. Der Zeuge Fieseler habe alsdann das erste Protokoll zerrissen und ein neues angefertigt, dessen Durchlesung ihm Fieseler vor der Unterschrift verweigert habe. So sei es gekommen, daß das von ihm unterschriebene Protokoll Erklärungen enthalte, die er nie getan habe.«

Ein so deutlicher Hinweis auf die – hier noch gemäßigte – Arbeitsweise der Gestapo findet sich selten; die politische Polizei selbst lieferte in der Regel formal korrekte Niederschriften, hinter denen ihre Verhör- und Haftmethoden nur in Ausnahmefällen durchscheinen.

Es drängt sich der Eindruck auf, daß Fieseler seinen ›Delinquenten‹ falsch eingeschätzt hatte: Er hatte nicht genügend Druck auf ihn ausgeübt, um dessen Stillschweigen über die Vorgänge beim Verhör im EL-DE-Haus sicherzustellen. Infolgedessen kam es in der öffentlich geführten Verhandlung vor dem Sondergericht zu Kaisers Aussage über Fieselers Manipulationen. Natürlich glaubte das nationalsozialistische Sondergericht dem Gestapobeamten. Im Urteil wurde lediglich lapidar vermerkt, daß »der Zeuge Fieseler [...] entschieden die Darstellung des Angeklagten über den Vorgang der Vernehmung in Abrede gestellt« habe.

Die Verurteilung Kaisers beendete keineswegs die aus der Erfindung Bolls und Petris entstandenen Rivalitäten, da nämlich keiner der Beteiligten seine Interessen hatte durchsetzen können. Kaiser, obwohl vorläufig im Gefängnis, war dies noch am weitgehendsten gelungen. Mit Hilfe seines Anwalts erreichte er, daß der Lizenzstreit im August 1944 vor dem Patentgericht Düsseldorf mit einen Vergleich beendet wurde, durch den die vorläufige zu einer endgültigen Patentvereinbarung wurde. Er hatte zudem einen neuen Betriebsmeister gefunden, der zusammen mit Kaisers Ehefrau und seinem Schwager die Firma weiterführte.

Bolls Verhalten und seine Äußerungen in den ersten Wochen nach Kaisers Verhaftung legen die Vermutung nahe, daß er tatsächlich gehofft hatte, die Firma, deren Baugrund ihm ja bereits zur Hälfte gehörte, übernehmen zu können. Dies gelang ihm jedoch ebensowenig wie die Auflösung der ihn behindernden Lizenzvereinbarung.

Katharina Glaub hatte sich für ein Versprechen, das noch nicht einmal eine Verbesserung ihrer Position bedeutet hätte, in das Vorgehen gegen ihren Chef hereinziehen lassen. Die Buchhalterin lieferte offensichtlich die in der Anzeige detailliert aufgelisteten Angaben über Kaisers Schiebereien. Ihr war dafür von Boll eine Anstellung in dessen künftiger Firma versprochen worden. Boll blieb jedoch zunächst einmal Angestellter und machte sein Versprechen auch später nicht wahr. Glaub wurde in der ganzen Angelegenheit als Schachfigur benutzt; warum sie darauf einging, wird aus den Unterlagen nicht deutlich.

Adolf Petri konnte sich ebensowenig verbessern. Weshalb er schon nach wenigen Monaten bei Gödde wieder ausschied, ist ebenfalls nicht erkennbar. Bei seiner Entnazifizierung gab er an, seit 1945 von Ersparnissen zu leben.

Barthel Mader dürfte gehofft haben, durch die Zusammenarbeit bei Gödde die Verbindung mit Boll zu festigen und die gemeinsam gekaufte Firma, während sie weiter bei Gödde ihr Geld verdienten, langsam soweit auszubauen, daß beide davon leben könnten. Er mußte sehr bald erkennen, daß er Bolls Ehrgeiz unterschätzt hatte. Über die Geschäftsführung des gemeinsamen Betriebs gerieten sie sehr schnell in Streit. Nach dem Tod des bisherigen Besitzers von Gödde & Söhne begann Boll, Maders Ansehen bei der neuen Besitzerin zu untergraben.

Schließlich wurde Mader entlassen unter dem Vorwurf, Diebstähle oder Unterschlagungen begangen zu haben. Mader vermutete, daß Boll die Anschuldigungen aufgebracht habe. In den Folgejahren lösten die beiden ihre geschäftlichen Verbindungen und machten sich in kleinen Werkstätten unabhängig voneinander selbständig.

Aloys Kaiser blieb bis Kriegsende im Zuchthaus Siegburg. Anschließend wurde er zunächst als politisch Verfolgter anerkannt und erhielt deshalb schon sehr früh, im August 1945, von der britischen Militärregierung die Gewerbeerlaubnis. Seine Firma konnte also ohne nennenswerte Unterbrechungen weiterarbeiten, natürlich behindert durch die vielfältigen Probleme der unmittelbaren Nachkriegszeit.

Noch im Jahr 1945 erstattete er Anzeige gegen Eberhard Boll auf 100.000 RM Schadenersatz für die durch die Haft erlittenen Verdienstausfälle. Im Februar des folgenden Jahres wurden ihm der Status als politisch Verfolgter und die damit verbundenen Privilegien (z.B. bei der Lebensmittelversorgung) wieder aberkannt, weil er Mitglied der NSDAP und zeitweise Amtsträger gewesen war. Daraufhin entzog ihm die Militärregierung die Gewerbeerlaubnis und verhörte ihn unter dem Vorwurf, bei seiner Entnazifizierung falsche Angaben gemacht zu haben. Kaiser erklärte dazu, es handele sich um eine Intrige seiner drei früheren Angestellten. Das Schreiben des höheren NSDAP-Funktionärs, das seine Ehefrau 1943 nur beschafft habe, um ihn vor dem Volksgerichtshof zu retten, werde nunmehr dazu benutzt, ihn als fanatischen Nazi hinzustellen. Sein Verdacht insbesondere gegen Boll lag aufgrund der Schadenersatzforderung, die Kaiser gegen ihn erhoben hatte, nahe.

Bis zum Frühjahr 1947 läßt sich der weitere Verlauf der gegenseitigen Beschuldigungen nicht aus den erhaltenen Akten rekonstruieren. Hinsichtlich seiner Schadenersatzforderung war Kaiser auf eine vorherige strafrechtliche Klärung der Sache verwiesen worden: Nur wenn Boll nachgewiesen werden konnte, daß er Kaiser ins Gefängnis gebracht, sich also durch eine Denunziation eines Verbrechens schuldig gemacht hatte, konnte er auf Schadenersatz verklagt werden. Kaiser zeigte daraufhin Boll, Petri und Glaub im August 1947 an.

Die Staatsanwaltschaft führte umfangreiche ZeugInnenbefragungen durch, die wegen der Vielzahl der meist mehrfach befragten Personen hier nicht detailliert nachgezeichnet werden können. Bei Gegenüberstellungen und in der Hauptverhandlung verwickelten sich Boll, Kaiser und mehrere Zeugen in Widersprüche. Zudem zeigte sich, daß sowohl Kaiser als auch Boll versucht hatten, Zeugen zu bestechen und in anderer Weise die Ermittlungen zu manipulieren. Boll saß zeitweise in Untersuchungshaft und beantragte nun seinerseits die vorläufige Entlassung, um seine geschäftlichen Angelegenheiten regeln zu können. Bolls Verteidiger versuchte, Kaiser als überzeugten, aktiven und großsprecherischen Nationalsozialisten hinzustellen, der in der Nachbarschaft unbeliebt und gefürchtet gewesen sei, vielen Leuten Motive für eine Denunziation geliefert habe und Boll in den wirtschaftlichen Ruin treiben wolle.

Das Schwurgericht sprach die drei Angeklagten am 25. November 1948 frei. In der umfangreichen Urteilsbegründung wurden schwerwiegende Verdachtsmomente gegen Boll und dessen zumindest zwielichtiges Verhalten festgestellt. Letztlich hielt das Gericht aber die Aussagen aller BelastungszeugInnen, u.a. wegen Bestechungsversuchen Kaisers, für unglaubwürdig und bewertete durchgehend die entlastenden Aussagen höher. Es hielt zudem die Indizien – einschließlich der umfangreichen und unstrittig in der Anzeige gegen Kaiser enthaltenen Liste mit betriebsinternen Angaben – für nicht ausreichend und gelangte so zu einem Freispruch, der hinsichtlich Bolls höchstwahrscheinlich ein Fehlurteil war. Spätere Anträge Kaisers, das Verfahren neu aufrollen zu lassen, scheiterten.

Das Versprechen, für die ›richtige‹ Zeugenaussage ein oder zwei Drehbänke zu erhalten, die Aussicht, für die Beteiligung an einer Denunziation die gleiche berufliche Position in einer neuen Firma einzunehmen und sich die Dankbarkeit des dortigen Chefs zu sichern – Boll und Kaiser mußten keine Reichtümer versprechen, um Leute auf ihre Seite zu ziehen und an den Intrigen gegeneinander zu beteiligen. Dies läßt sich sicherlich als Hinweis darauf deuten, wie unsicher die Buchhaltungsangestellte und die zahlreichen in die Ermittlungen verwickelten Meister, Gesellen und Kleinunternehmer ihre soziale Lage empfanden. Nicht im ›Dritten Reich‹ und nicht in der von Mangel und Unsicherheiten jeder Art geprägten Nachkriegsgesellschaft entwickelten sie das Gefühl sozialer Sicherheit. Sie alle blieben unruhig, hatten Angst vor beruflichem Scheitern und sozialem Abstieg; eine untergründige Stimmung, die durch die Erfindung der beiden Facharbeiter und die damit verbundenen großen Gewinne ans Tageslicht kam.

In einem Milieu, in dem das Einkommen zum Leben reichte und die Gewinne bei einiger Risikobereitschaft die Existenz der Firmen aufrechterhalten konnten, spielten plötzlich sehr hohe Summen eine Rolle. Ein Unternehmer und zwei Facharbeiter wuchsen finanziell in kurzer Zeit aus dem allgemein üblichen und bekannten Rahmen hinaus. Während diese drei ihre jeweiligen Positionen noch ausbauen wollten, sahen andere die Chance, durch Zusammenarbeit mit ihnen bzw. Teilnahme an ihren Intrigen an den Profiten beteiligt zu werden. Von allen Beteiligten war Boll der ehrgeizigste und fachlich fähigste, der schließlich nicht zögerte, die Möglichkeiten, die der NS-Staat ihm bot, noch sehr viel weitgehender als sein Chef auszunutzen, indem er nämlich eine politische Anzeige erstattete.

Das Verhalten von Kaiser und vor allem Boll zeigt, daß zwar politische Überzeugungen zu keinem Zeitpunkt wichtig waren, daß es dem Nationalsozialismus aber dennoch gelungen war, ideologisch und organisatorisch in dieses spezielle Milieu einzudringen. Auch wenn traditionelle Strukturen, Denk- und Verhaltensweisen neben oder unter den neuen Regeln bestehen und teilweise unverzichtbar blieben, waren doch die neuen Normen akzeptiert und in den Alltag integriert. Das Bemühen um Rüstungsaufträge, die Beschäftigung von Zwangsarbeiterinnen und -arbeitern oder der Eintritt in die NSDAP, wenn er aus geschäftlichen Gründen notwendig erschien, waren ebenso selbstverständlich wie der Kegelabend mit anderen Gesellen oder die altbewährten Absprachen zwischen den Meistern verschiedener Betriebe.

Ein tüchtiger Arbeiter

Das nationalsozialistische Überwachungssystem beruhte nicht zuletzt, wie im ersten Kapitel ausgeführt, auf dem Zusammenwirken zwischen Privatleuten ohne formale Zugehörigkeit zum Herrschaftsapparat und den NS-FunktionärInnen der unteren Ebenen, denen die Einschätzung der politischen Zuverlässigkeit der Menschen in ihrer Umgebung überlassen war. Die Geschichte der Denunziation Jakob Münchs hat schon gezeigt, daß dieses System zwar grundsätzlich funktionierte, aber Lücken ließ. So war es Münch möglich, seine regimekritischen Kommentare über Jahre hinweg unbehelligt zu äußern, bevor sich die in seiner Nachbarschaft wohnenden ›Amtsträger‹ schließlich zum Eingreifen entschlossen.

Im Falle Jakob Marmagens ging die Initiative zur Denunziation von einem NSDAP-Mitglied aus. Dessen Hartnäckigkeit wuchs aus persönlicher Beleidigung und politischer Überzeugung und brachte die zögernden Funktionäre letztlich zur Unterstützung seiner Anzeige.[173] Zuvor hatte mindestens einer der Funktionäre Marmagens Bemerkungen, für die ihn der Volksgerichtshof zum Tode verurteilte, als nicht schwerwiegend beurteilt. Solche für die NS-Zeit typischen Widersprüche zeigen die ›Mängel‹ in der Kontrolle der Bevölkerung, die dazu führten, daß kritische Äußerungen, Spott und Witzeleien oft ungeahndet blieben. Die Unberechenbarkeit vergrößerte andererseits den Schrecken, der von Gestapo und Gerichten ausging, zudem diese, im Wissen um die Unzulänglichkeiten, zu immer drakonischeren Strafen griffen.

Die Maschinen- und Motorenbaufirma Klöckner-Humboldt-Deutz AG (KHD) war mit rund 9.000 Beschäftigten im ›Dritten Reich‹ der größte Kölner Industriebetrieb.[174] Im Frühsommer 1943 fand im Werk Köln-Kalk eine Betriebsversammlung mit prominenter Beteiligung statt: Reichspropagandaminister Goebbels war gekommen, um die Belegschaft des bedeutenden Rüstungsunternehmens auf den ›totalen Krieg‹ einzuschwören.

Die beiden Werkmeister und NSDAP-Parteigenossen Karl Rieger und Jakob Marmagen gehörten zu denen, die die Rede verpaßten. Der Saal war so überfüllt, daß sie sich nicht mehr hereindrängen konnten. Marmagen gab schließlich entnervt auf und meinte zu seinem Kollegen: »Komm, laß uns jonn, es ist doch alles Quatsch.« Die beiden gingen weg und verpaßten so Goebbels' Lob für die Leistungen der KHD und seine Aufforderung an ›Betriebsführer‹ und ›Gefolgschaftsmitglieder‹, in ihren Anstrengungen nicht nachzulassen.

Bis zum folgenden Tag waren Jakob Marmagen wegen seiner Bemerkung, es sei ja ohnehin »alles Quatsch«, Bedenken gekommen. Sein Verhältnis zu Karl Rieger war schlecht. Trotz des Zwangs zur Zusammenarbeit ihrer Abteilungen und des Eingreifens von Kollegen kam es zwischen ihnen immer wieder zum Streit. »Beide haben oft«, so ein Mitarbeiter in einer Aussage 1947, »persönliche Streitigkeiten gehabt und warfen sich dabei gehässige Schimpfworte an den Kopf. Marmagen sagte zu Rieger immer ›du krummer Hund‹, weil dieser durch seine Kriegsverletzung [aus dem Ersten Weltkrieg] hinkte. [...] Der Grund der ewigen Streitigkeiten war nicht in politischen Dingen zu suchen, sondern bestand wohl mehr in gegenseitiger Abneigung aus charakterlichen Gründen.« Aufgrund dieser Spannungen fürchtete Marmagen wohl, Rieger könne seine Äußerung als Kritik am Nationalsozialismus oder an Goebbels verstehen und gegen ihn verwenden. Am nächsten Tag sagte er daher zu dem Kollegen, er habe den Satz nicht ernst gemeint. Rieger erklärte, die Sache damit als erledigt zu betrachten.

Die beiden kurzen Szenen während und nach dem feierlichen ›Betriebsappell‹ sind nur durch Karl Rieger beschrieben, der sie 1947 eher beiläufig in einem Brief schilderte. Obwohl sie zunächst folgenlos blieben, zeigen sie beispielhaft, in welchem Ausmaß das zwischenmenschliche Klima durch die nationalsozialistischen Redeverbote sowie die Angst vor Denunziationen belastet war.

Jakob Marmagen wurde sowohl 1943 in den Verhören der Gestapo als auch 1947, als die gegen ihn gerichtete Denunziation aufgeklärt werden sollte, von seinen Kollegen widersprüchlich geschildert: Die einen bezeichneten ihn als »schwierig«, »unangenehm« und »unbeliebt«, die anderen als »beliebt« und für die ihm unterstellten Arbeiter eintretend. Ein Kollege sagte aus, Marmagen habe sich je nach Publikum als überzeugter Nationalsozialist oder als Antifaschist präsentiert. Er kritisierte den Lohnabbau im ›Dritten Reich‹ und das Einstufungs- und Akkordsystem bei KHD als Ausbeutung der Arbeiter.[175] Dies zeigt, daß er ein unabhängig denkender ›Volksgenosse‹ und Mitarbeiter war, der sich durch seine Mitgliedschaft in der NSDAP (seit September 1939) nicht zur Aufgabe eigener Meinungen bewegen ließ. Der 57-jährige war, wie der Parteieintritt zeigt, kein konsequent anti-nationalsozialistisch eingestellter Mensch, er wollte lediglich denken und reden, wie es ihm paßte. Offensichtlich war er nicht so naiv zu glauben, daß dies jederzeit möglich sei. Er wußte, daß der acht Jahre jüngere Rieger überzeugter Nationalsozialist war und hielt es deshalb für nötig, eine in gereizter Stimmung hingeworfene Bemerkung, die sich noch nicht einmal eindeutig gegen das Regime oder gegen Goebbels richtete, ausdrücklich zurückzunehmen.

Das Ausmaß der Selbstkontrolle wird hier erkennbar: Irgendwann im Verlauf seines Feierabends muß Marmagen nochmals über die Szene vor den Türen des überfüllten Saals nachgedacht haben – nicht aus Frustration über die verpaßte Rede, sondern weil sein Satz zu Rieger noch in ihm nachklang und ihn beunruhigte. Wie die meisten seiner ZeitgenossInnen kannte er die nationalsozialistischen Verhaltensregeln, verletzte sie gelegentlich und hatte sie, ob durch Überzeugung, Terror oder Propaganda, so weit übernommen, daß sich bei spontanen Übertretungen ein ungutes Gefühl wie eine Alarmglocke regte. Seine Selbstkontrolle hatte in der konkreten Situation nicht ausgereicht, um sich dann im nachhinein um so deutlicher zu melden. Er hatte seine lässige Bemerkung nicht zu einem vertrauenswürdigen Freund gemacht, sondern gegenüber einem mit ihm zerstrittenen Kollegen, an dessen Verschwiegenheit er offensichtlich nicht glaubte.

Die Rede des Reichspropagandaministers und die damit verbundenen Feierlichkeiten waren für die KHD-MitarbeiterInnen eine kurze Unterbrechung des Kriegsalltags, mit dem sich die einzelnen und die Firma arrangieren mußten. Dies bedeutete in einem Werk wie Klöckner-Humboldt-Deutz, daß Produktion und Arbeitsabläufe auf die Bedürfnisse der Wehrmacht umgestellt und die Abteilungen oder Arbeitsgruppen entsprechend organisiert wurden. Durch Bombenschäden im Werk oder bei Zulieferfirmen sowie die Probleme der Rohstoffbewirtschaftung waren ständige Improvisationen nötig. Von allen Betriebsangehörigen wurde ein Höchstmaß an Produktivität und Qualität verlangt. Dieser Anspruch war umso schwerer zu erfüllen, als ständig erfahrene Arbeiter und, in geringerem Maße, Fachkräfte zur Wehrmacht einberufen wurden und durch unerfahrene Kräfte, durch ZwangsarbeiterInnen oder Umschichtungen ersetzt werden mußten. Zudem waren die rechtsrheinischen Arbeiter- und Industrieviertel Ziel heftiger Bombenangriffe.[176]

Auch wenn die Bevölkerung damals noch nicht die psychische und physische Erschöpfung des letzten Kriegsjahres erreicht hatte, wurden die Auswirkungen des Bombenkriegs doch immer spürbarer. KHD hatte nicht nur Personen-, Gebäude- und Sachschäden zu beklagen, sondern sah sich auch gezwungen, Bombengeschädigten tage- oder wochenweise Urlaub zu geben, damit diese ihre Wohnungen reparieren, ein neues Quartier finden oder Angehörige und Besitz in weniger gefährdete Gebiete bringen konnten. Neben den zusätzlichen Problemen für einen ungestörten Produktionsablauf drückten diese Ereignisse natürlich auf die Stimmung der Betroffenen.[177]

In dieser Lage waren Fachkräfte und langjährige Werksangehörige wie Rieger und Marmagen äußerst wertvolle Mitarbeiter. Ihre Fähigkeiten, Erfahrungen und Autorität über die ungelernten und neuen ArbeiterInnen brauchte die Firma noch weitaus nötiger als vor Kriegsbeginn.

Darüber hinaus waren die Erwartungen an die ›Treue‹ (d.h. die Regimeloyalität und Leistungsbereitschaft) der Belegschaft eines ›nationalsozialistischen Musterbetriebes‹ besonders hoch. Seit 1937 hatte sich die Werksleitung um die Auszeichnung als nationalsozialistischer Musterbetrieb bemüht (Quelle 7, Abb. 6-8). Zum ›Tag der nationalen Arbeit‹ am 1. Mai 1942 wurde der Firma tatsächlich die ›Goldene Fahne‹ verliehen,[178] obwohl es zwischenzeitlich im Werk Poll zu einem Zwischenfall gekommen war, der die politische Zuverlässigkeit der Belegschaft in keinem guten Licht erscheinen ließ: Ein Angestellter war dort wegen Heimtückereden am Arbeitsplatz verhaftet worden und hatte nach drei Monaten in Untersuchungshaft Selbstmord begangen.[179] Der positive Eindruck, der durch Produktionssteigerung, Rohstoffeinsparungen, Verbesserungen in Ausbildung, Unfallschutz, Gesundheitsfürsorge u.a. erzielt worden war, wurde aber letztlich von den zuständigen Stellen höher bewertet und der Firma die Auszeichnung zuerkannt. Es ist jedoch davon auszugehen, daß der Vorfall weder bei der Kölner NSDAP und der Gestapo noch bei der Firmenleitung vergessen war.

Für die Angestellten und ArbeiterInnen der Firma bedeutete das Bemühen um die Auszeichnung als ›Musterbetrieb‹ neben Verbesserungen etwa der hygienischen Verhältnisse oder des Unfallschutzes in erster Linie vergrößerte Leistungsanforderungen, die durch die mit Hochdruck betriebene Rüstungsproduktion noch verschärft wurden.[180]

WERKS-RUNDSCHAU

DER BETRIEBSGEMEINSCHAFT

KLÖCKNER-HUMBOLDT-DEUTZ AG

5. Jahrgang | Januar 1940 | Nr. 1

Unser Kampf um die Goldene Fahne

Von Betriebsführer Direktor Stein

Der Kampf um die Goldene Fahne ist wie kaum eine zweite Maßnahme geeignet, Betriebsführung und Gefolgschaft zusammenzuschweißen im gemeinsamen Streben nach Bestleistung auf betriebswirtschaftlichem, produktionstechnischem und sozialem Gebiete. Hier greifen die Anstrengungen aller Glieder der Betriebsgemeinschaft ineinander; der Erfolg dieser gemeinsamen Kräfteanspannung kommt wiederum **allen** zugute.

Wir haben in unserer Gemeinschaft den Wert und die Wirksamkeit des Einsatzes aller zur Erreichung eines bestimmten Zieles schon oft in der Vergangenheit erprobt. Zuletzt war dies der Fall beim Wettbewerb der besten Betriebsleistung in den Monaten Januar, Februar und März vergangenen Jahres, bei dem die erzielten anerkennenswerten Ergebnisse in bezug auf Sauberkeit, Ordnung, Sicherheit, Unkostenersparnis, Verbesserungsvorschläge, Selbstverantwortung, Termineinhaltung uns alle mit stolzer Freude erfüllten. Erprobt und einsatzbereit sind wir dann am 1. Mai in den Leistungskampf der deutschen Betriebe 1939/40 eingetreten. Eingedenk der Worte des Pg. **Jäzosch** in seinem „Aufruf zum dritten Leistungskampf der deutschen Betriebe 1939/40", daß Geist und Haltung von Betriebsführung und Gefolgschaft und ihre Gemeinschaftsleistung in diesem Leistungskampf unter Beweis zu stellen sind, haben wir zunächst unsere Ziele abgesteckt auf betriebswirtschaftlichem und produktionstechnischem Gebiet und sie zusammengefaßt in dem Ruf: „Wir steigern unsere Leistung", „Wir sparen Werkstoff". Im Betrieb 1 wurde eine große Tafel errichtet, auf der Namen und Bild derjenigen Gefolgschaftsmitglieder veröffentlicht wurden, die durch ihre Mitarbeit und ihre Vorschläge mindestens 200 Arbeitsstunden im Monat, das ist eine menschliche Arbeitskraft, oder 20 Tonnen an Werkstoff, das ist 1 Waggon im Jahr erspart haben. So schwer diese Bedingungen auch sind, wir konnten zu unserer Freude feststellen, daß die Zahl derjenigen rasch wuchs, die auf dieser Ehrentafel aufgeführt werden konnten. Noch ist jedoch genügend Platz auf der Tafel vorhanden. Wir wollen dafür sorgen, daß die Tafel bis zum Ende des Leistungskampfes ausgefüllt sein wird.

Die Vorstufe für die Auszeichnung mit der Goldenen Fahne ist der Erwerb eines oder mehrerer Leistungsabzeichen. Nachdem wir schon im Jahre 1938 das **„Gaudiplom für hervorragende Leistung"** be-

Abb. 6-8 (Quelle 7): Artikel aus der Werkszeitschrift vom Januar 1940.

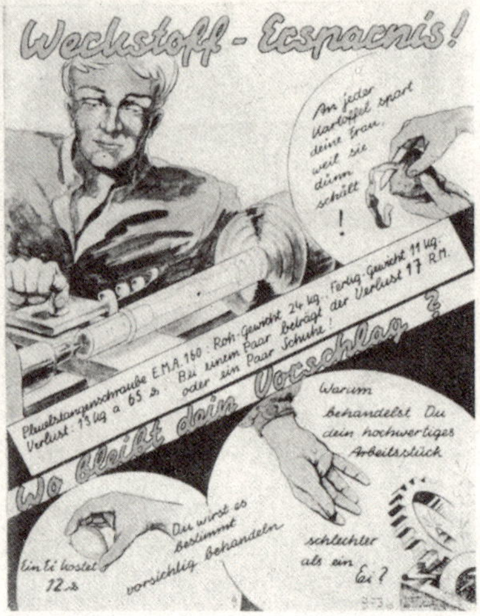

kommen haben, haben wir in diesem Jahre den Antrag auf Verleihung der Abzeichen für **anerkannte Berufserziehung** sowie für **vorbildliche Sorge um die Volksgesundheit** gestellt. In diesen Anträgen haben wir eine Beschreibung unserer Maßnahmen auf den genannten Gebieten unter Beifügung einer großen Anzahl von Abbildungen gegeben und die Anträge den zuständigen Stellen der DAF. eingereicht. Aus ihnen geht das eifrige Bestreben der Betriebsführung sowie der gute Wille und die Bereitschaft der Gefolgschaft zur Mitarbeit hervor. Wir wollen aus dem Inhalt der Anträge zur Unterrichtung unserer Werksangehörigen einiges an dieser Stelle wiedergeben.

Die Zahl der Lehrlinge in unserem Werk beträgt zur Zeit etwa 1100. Hieraus kann ermessen werden, welchen Beitrag unser Werk für die Schlagkraft der deutschen Wirtschaft, insbesondere der deutschen Maschinenindustrie, durch sorgfältige Ausbildung einer derart hohen Zahl von Facharbeitern leistet. Die Ausbildungsmöglichkeiten sind durch Vermehrung des Ausbildungspersonals sowie durch Einrichtung von Lehrecken erheblich erweitert worden. Für die berufliche Fortbildung aller Gefolgschaftsmitglieder haben wir ein großzügiges betriebliches Berufserziehungswerk der DAF. in die Wege geleitet. Sowohl im Werk Kalk wie im Werk Deutz stehen schöne Übungsräume in ausreichender Anzahl zur Verfügung. In Verbindung mit der „Peter-Klöckner-Stiftung" sind auf diese Weise in unserem Unternehmen für die berufliche Fortbildung unserer Werksmitglieder die besten Voraussetzungen geschaffen.

Auf dem Gebiet der Gesundheitsfürsorge für unsere Gefolgschaft ist vor allem die Einrichtung vorbildlicher Gesundheitshäuser in Deutz und Kalk zu nennen. In ihnen finden Unfallverletzte erste Hilfe und erkrankte, aber arbeitsfähige Gefolgschaftsmitglieder ärztlichen Rat und Betreuung. Vier nebenamtlich vom Werk eingestellte Betriebsärzte stehen während

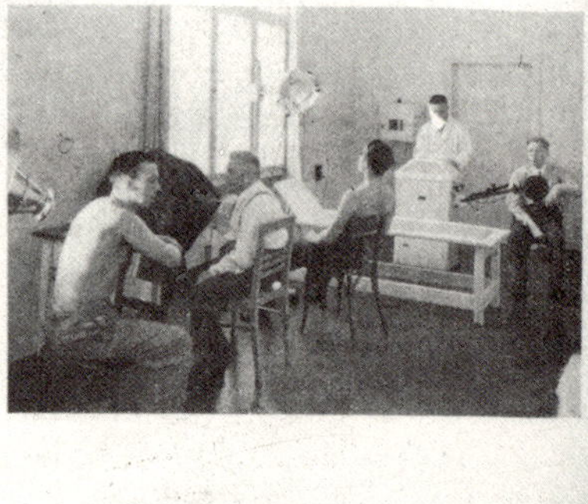

Abb. 7

der Arbeitszeit abwechselnd zu diesem Zwecke bereit. Ärztl. Sprechzimmer, Laboratorien, Behandlungsräume für Bestrahlungen, Massagen und demnächst auch für Röntgendurchleuchtungen sind besteingerichtet zur Verfügung gestellt. Auf diese Weise wird der Gesundheitszustand unserer Gefolgschaft ständig überwacht.

Erwähnenswert ist die neueingerichtete Turnhalle im Werk Deutz, in der seitens der Werks-Sportlehrer vielseitiger Turn- und Sportunterricht erteilt wird. Auch der Rasen- und Ballsport wird auf unseren Plätzen eifrig gepflegt.

Zahlreich sind die neuzeitlichen, neuerbauten Wasch- und Umkleideräume (vielfach mit Duschen versehen) in den Werkstätten.

Zwei hauptamtlich tätige soziale Betriebsarbeiterinnen stehen dem Betriebsführer bei der Betreuung der weiblichen Gefolgschaftsmitglieder sowie der Familien unserer Werksangehörigen zur Seite.

Die Bemühungen um stärkere Beteiligung an dem vom Werk gelieferten schmackhaften und preiswerten warmen Mittagessen fanden durch die Einrichtung aufklappbarer Tische und Stühle in den Betrieben und die Ausgabe warmen Mittagessens in den Werkstätten selbst lebhaften Anklang. Wir haben trotz der schwierigen Zeitverhältnisse unsere Werksküche nicht nur aufrechterhalten, sondern erheblich erweitern können.

Auf dem Gebiete des Unfallschutzes haben wir durch Sondermaßnahmen, wie z. B. eine Wasserzerstäubungsanlage zum Niederschlagen des Staubes in der Gießerei, einen neuartigen Schutzschirm für die Elektroschweißer in B9K, ein Verfahren zum Unschädlichmachen der giftigen Bleidämpfe in der Deutzer Bleibronzegießerei, gute Erfolge erzielt.

Dies sind nur einige Beispiele und Hinweise; sie sollen zeigen, daß wir die Hände nicht in den Schoß legen, sondern unermüdlich tätig sind und nachdenken, wie wir die Arbeitsbedingungen unserer Gefolgschaftsmitglieder verbessern, Leistungsfähigkeit und Arbeitsfreude steigern können. Wie bekannt, ist seit kurzem eine Ausstellung im Deutzer Werk eröffnet, auf der wir unsere vielseitigen Maßnahmen im Leistungskampf der deutschen Betriebe in Wort und Bild zur Schau bringen. Wir glauben, daß eine solche Ausstellung nicht nur von unseren eigenen Werksangehörigen begrüßt wird und zur Erhöhung ihrer Anteilnahme und zur aktiven Beteiligung an unserem Leistungskampfe beiträgt, sondern daß sie auch über den Rahmen unseres Werks hinaus lebhaftes Interesse findet.

So bin ich denn fest überzeugt, daß wir unser Ziel, ein nationalsozialistischer Musterbetrieb zu werden und die Goldene Fahne zu erringen, erreichen werden, wenn wir alle am gleichen Strange ziehen und in soldatischer Disziplin den Weg marschieren, den uns der Führer weist.

Abb. 8

All dies spricht dafür, daß im Sommer 1943 in den Werkshallen von KHD eine angespannte Stimmung herrschte. Dabei ist wichtig zu sehen, daß der Loyalitätsdruck des Regimes und seiner immer noch überzeugten AnhängerInnen sowie die Anforderungen der Kriegsproduktion und des Kriegsalltags die Parteifunktionäre in den Großbetrieben in eine schwierige Lage brachten: Wenn ihnen Meckereien über die Versorgungslage, Kritik an der Regierung oder der Rohstoffbewirtschaftung, abfällige Bemerkungen über Hitler oder pessimistische Gerede über den Kriegsverlauf zugetragen wurden, waren sie einerseits verpflichtet (und wurden oft genug, wie sich auch im Falle Marmagens noch zeigen wird, von anderen dazu aufgefordert), solche Äußerungen auf irgendeine Weise zu unterbinden. Andererseits wußten sie wahrscheinlich am besten, wie negativ sich Verhaftungen oder andere Sanktionen auf die Stimmung der Belegschaft und damit auf die Arbeitsmotivation auswirkten. Auch dürfte vielen von ihnen bewußt gewesen sein, wie häufig die ›heimtückischen‹ oder ›wehrkraftzersetzenden‹ Bemerkungen nur Ausdruck momentaner Frustration waren. Die sog. ›kleinen Hitler‹ oder ›Hundertfünfzigprozentigen‹ hatten damit natürlich keine Probleme; sie gingen mit aller Schärfe gegen die ›ÜbeltäterInnen‹ vor. Für andere aber ergaben sich Konflikte zwischen ihrem Amt und den Produktionsanforderungen oder auch der Tatsache, daß sie die betreffenden KollegInnen seit langem kannten und ihnen keine Probleme bereiten wollten. Sie versuchten, eine pragmatische Linie zu finden: Sie ermahnten die HeimtückerednerInnen, gaben die Meldungen über sie aber nicht weiter, sondern versuchten, diejenigen zu beschwichtigen, die ihnen von den ›defätistischen‹ Bemerkungen berichtet hatten. Wenn allerdings die Regimekritik weiter öffentlich geäußert wurde und aus dem KollegInnenkreis fortgesetzt eine Bestrafung verlangt wurde, gaben sie in der Regel nach und erstatteten Anzeige, um die eigene Position nicht zu gefährden.[181]

Bei KHD scheinen sich der für den Generatorenbau zuständige Betriebsleiter Paul Berger und der stellvertretende Betriebszellenobmann Bernhard Dahmen auf solche Weise durchlaviert zu haben. Berger war seit 1933 Mitglied der NSDAP, ohne weitere Funktionen übernommen zu haben. Zwischen 1933 und 1935 hatte er auch der SA angehört. Ebenfalls seit 1933 war er als Ingenieur, dann Oberingenieur bei KHD beschäftigt und dort Vorgesetzter von Karl Rieger und Jakob Marmagen. Marmagen machte mehrfach in Anwesenheit Bergers seiner Unzufriedenheit mit dem Krieg und der Regierungspolitik Luft. So schimpfte er einmal: »Hitler und Göring sollte man erschießen, dann wäre der Krieg zu Ende.« Bei einer anderen Gelegenheit verdeutlichte er, was er von der NSDAP hielt: Das Parteiabzeichen, so Marmagen, würde heutzutage nicht mehr an der Jacke, sondern in der Geldbörse, also versteckt, getragen. Dabei zog er seine Brieftasche heraus und zeigte den Umstehenden, daß er sein Abzeichen darin aufbewahrte. In seiner Vernehmung 1947 behauptete Berger: »Da Marmagen manchmal in seinen abfälligen Reden über die Partei ziemlich weit ging, habe ich ihn mehrmals gewarnt und ihm gesagt, er solle den Mund halten und vorsichtig sein. [...] Die Äußerung des Marmagen [über Hitler und Göring] habe ich nicht zum Anlaß genommen, denselben anzuzeigen.« Ob Berger seinen Untergebenen tatsächlich warnte, bleibt offen, da andere Zeugen nichts dergleichen erwähnten. Richtig ist, daß Berger ihn reden ließ und zunächst Marmagen unternahm.

Der Vorarbeiter und stellvertretende Betriebszellenobmann Bernhard Dahmen, seit 1938 Parteigenosse und Blockleiter in Köln-Humboldt, verhielt sich ähnlich.

Zur nationalsozialistischen Organisation von ArbeiterInnen und Betrieben: Seit 1927 hatten sich in einzelnen Firmen nationalsozialistische ArbeiterInnen zusammengeschlossen. Dies geschah unabhängig von der Parteizentrale und wurde dort mit Mißtrauen betrachtet. Erst 1931 wurden die Gruppen als ›Nationalsozialistische Betriebszellenorganisation‹ in das Parteigefüge integriert. Die NSBO verstand sich als Instrument, die mehrheitlich kommunistischen oder sozialdemokratischen ArbeiterInnen vom Nationalsozialismus zu überzeugen. Seit der Regierungsübernahme durch die NSDAP drängte die NSBO zusammen mit der SA auf einen weitergehenden Umbau der Gesellschaft und geriet damit in Gegensatz zu Hitler. Beide Organisationen wurden im Sommer 1934 faktisch entmachtet, bestanden aber weiter. Die NSBO wurde 1935 in die ›Deutsche Arbeitsfront‹ (DAF) eingegliedert.
Die DAF war im Mai 1933, nach der Zerschlagung der Gewerkschaften, gegründet worden. Der Beitritt zu ihr blieb formal freiwillig, wurde aber von allen ›schaffenden Deutschen‹ erwartet. In Fragen von Löhnen und Arbeitsverträgen hatte die DAF wenig Einfluß. Ihre Aufgaben waren die Propaganda in den Betrieben sowie die soziale und kulturelle Betreuung der ArbeiterInnen und Angestellten.
Die DAF war gegliedert in Gau-, Kreis- und Ortsgruppen sowie ›Betriebszellen‹, denen ›Obmänner‹ vorstanden. Der Vorsitzende der Betriebszellenobmänner war als ›Betriebsobmann‹ der höchste Funktionär innerhalb der Firma. Im NS-Sprachgebrauch wurden Unternehmer und Betriebsleiter zu ›Betriebsführern‹ und ›Gefolgschaftsführern‹, ArbeiterInnen und Angestellte zur ›Gefolgschaft‹.

Er wußte seit Jahren, wie er der Gestapo gegenüber einräumte, daß Marmagen »die seitens der Regierung getroffenen Maßnahmen in vielen Fällen nicht billigte, [und] daß er zu den hier in Frage stehenden Äußerungen fähig ist.« Er war dennoch nicht weiter gegen den Meister vorgegangen. Auch die Marmagen unterstellten Arbeiter, die seine Einstellung kannten, rührten sich nicht. Bei den meisten von ihnen war er beliebt, einige gingen ihm aus dem Weg, was offenbar weder politische noch fachliche sondern persönliche Gründe hatte.

Im Frühjahr und Sommer 1943 fiel Marmagen seinen Kollegen und Untergebenen immer wieder mit kritischen und abfälligen Bermerkungen über den Kriegsverlauf, die Partei und die Regierung auf. Goebbels bezeichnete er als »Schwadlapp, was der redet, ist Blödsinn«. Der NSDAP warf er völliges Versagen vor und verlangte, daß Hitler mit dem Krieg aufhören sollte. Allgemein wurde angenommen, daß er englische Rundfunksender abhörte, was er allerdings bei seinen späteren Vernehmungen stets bestritt und was auch nicht zum Gegenstand des Prozesses gegen ihn gemacht wurde.

Marmagen gehörte ganz offensichtlich zu den zahlreichen ›Volksgenossinnen und Volksgenossen‹, bei denen seit Ende 1941 Zweifel an der Kriegsführung aufgekommen waren, und die nach der Niederlage bei Stalingrad Anfang 1943 den Glauben an einen deutschen Sieg verloren hatten. Sie wurden in den seltensten Fällen zu aktiven Regimegegnern, die meisten zogen sich in eine resignative Haltung zurück oder machten ihrem Ärger in ähnlicher Weise Luft wie Marmagen.[182]

Genau entgegengesetzt reagierte Karl Rieger. Bislang waren die Lebenswege beider parallel verlaufen: Schlosserlehre, Soldaten im Ersten Weltkrieg, Heirat, bei KHD Aufstieg zu Werkmeistern, 1939 Eintritt in die NSDAP. Während Marmagen jedoch seine Skepsis bewahrte, war Rieger in den Jahren seit 1933 zu einem überzeugten Nationalsozialisten geworden. 1947 sagte er dazu: »Als später die NSDAP die Regierung übernahm, habe ich mich nach und nach überzeugen lassen, daß die Ziele der Partei gut waren und habe daran geglaubt. Ich war auch ehrlich überzeugt, daß diese Regierung das Beste für Deutschland wolle. Aus diesem Grunde bin ich auch aus Überzeugung 1939 der Partei beigetreten.« Seine Kollegen erlebten ihn als »überzeugten« und »fanatischen« Nationalsozialisten: »Rieger war ein Parteifanatiker und war in dieser Hinsicht bei den Arbeitern auch bekannt«, erklärte ein Schlosser. Er fügte hinzu: »Ich will damit nicht sagen, daß die Arbeiter sich vor ihm besonders vorgesehen hätten, sie wußten aber, daß sie in seiner Gegenwart mit ihren Äußerungen vorsichtig sein mußten.« Ein anderer sagte aus: »Rieger war von den nationalsozialistischen Ideen so durchdrungen, daß man mit ihm über Politik überhaupt nicht sprechen konnte, weil er eine andere Meinung gar nicht gelten ließ.« Dementsprechend nahm er die Kriegswende völlig anders auf als sein Kollege Marmagen. Er gehörte zu denen, die die sich anbahnende Kriegsniederlage und das Wissen um die deutschen Verbrechen durch besondere ›Treue zum Führer‹ zu verdrängen suchten. Wie im ersten Kapitel ausgeführt, stammten zahlreiche Denunziationen in den beiden letzten Jahre des ›Dritten Reichs‹ aus dieser Personengruppe, die eigene Zweifel so abwehren wollte. Der Anlaß dazu war für Rieger sehr bald gegeben.

Ende Juli 1943 hatte er einige Tage Urlaub gehabt, um seine Wohnung nach einem Bombenschaden reparieren zu können. Wie allgemein üblich, ging Rieger am Morgen seines ersten Arbeitstages, am 27. Juli, durch die Werkhalle und begrüßte alle Kollegen, darunter auch Marmagen. Zu irgendwelchen Zwischenfällen kam es dabei nicht. Wenig später stand Marmagen mit einigen Arbeitern zusammen. Als Rieger dazukam, wurde gerade über die Absetzung des italienischen Diktators Mussolinis gesprochen, wobei Marmagen sagte: »Se jonn all.« Da Rieger den Zusammenhang nicht mitbekommen hatte, fragte er, wen Marmagen mit »alle« meinte. Marmagen war sofort alarmiert und wurde aggressiv. Er tippte sich an die Stirn und erwiderte: »Du Idiot kannst mich politisch doch nicht kriegen!« Dem fortgehenden Rieger rief er dann noch nach: »Ich meine natürlich die Italiener!«

Unabhängig davon, ob Marmagen tatsächlich die italienischen Verbündeten oder aber die Mitglieder der deutschen Regierung gemeint hatte, glaubte er offensichtlich, daß Rieger ihn zu Äußerungen über die deutsche Führung provozieren wollte. Aufgrund ihrer ohnehin häufigen Streitigkeiten reagierte er mit der Beschimpfung Riegers, den er bei dieser oder einer anderen Gelegenheit auch als »kleinen Mann« bezeichnete. Als Rieger daraufhin wegging, hielt Marmagen es, ähnlich wie nach der Betriebsversammlung mit Goebbels, für richtig, eine relativ harmlose Erklärung seiner Bemerkung nachzuschieben.

Für Rieger war aber nunmehr der Punkt erreicht, sich auf solche Beschwichtigungen nicht mehr einzulassen. Politische Überzeugung und persönliche Kränkungen flossen in diesem Fall zusammen. Da waren die deutschen Niederlagen an mehreren Fronten und die ständigen ›Meckereien‹ Marmagens, der ihn zusätzlich auch wegen seiner Gehbehinderung verspottete. Der Bombenschaden an der eigenen Wohnung hatte ihm soeben drastisch die wachsende Hilflosigkeit Deutschlands gegen die alliierten Luftangriffe vor Augen geführt, und nun beschimpfte Marmagen ihn vor Publikum als Idiot. Rieger entschloß sich, gegen den Kollegen vorzugehen. Dadurch konnte er sich nicht nur gegen die Beleidigungen wehren, sondern es bot sich ihm auch die Möglichkeit, seine zunehmend aus den Fugen geratende Umwelt wieder stärker in das Bild seiner Weltanschauung hineinzuzwingen. Marmagen war für Rieger sozusagen der Bote mit der schlechten Nachricht; um nicht auf die Nachricht, die sich anbahnende Niederlage Deutschlands, reagieren zu müssen, verlangte er energisch die Entfernung und das Verstummen des Boten.

Er wandte sich zu diesem Zweck zunächst an seinen betrieblichen Vorgesetzten Paul Berger. Bei dem Gespräch zwischen beiden war niemand sonst zugegen. In ihren Vernehmungen bei der Gestapo und vor dem Volksgerichtshof schilderten weder Rieger noch Berger die Unterredung. Bei der Untersuchung des Falles 1947 behauptete Rieger: »Über das Benehmen des Marmagen hatte ich mich so empört, daß ich mich darüber bei meinem Vorgesetzten, dem Ingenieur Berger, beschwert habe. Berger sagte zu mir: ›Das ist noch gar nichts, während Ihrer Abwesenheit hat Marmagen einmal zu mir gesagt, man müsse Hitler und Göring erschießen, um den Krieg zu beenden.‹ Da Marmagen ebenfalls Parteimitglied war, habe ich Berger gefragt, ob er das denn nicht der Partei gemeldet habe, damit dem Mann einmal die Schnauze gestopft werde [...] Berger forderte mich auf, die Meldung an die Arbeitsfront zu machen.« Berger stritt eine Aufforderung zur Anzeige ab: »Ich suchte Rieger zu beschwichtigen, und legte ihm nahe, sich doch mit Marmagen wieder zu vertragen. Um ihm klar zu machen, daß der hier gebrauchte Ausspruch von Marmagen doch nicht so schlimm sei«, habe er ihm von der anderen Bemerkung erzählt. »Ich wollte damit, wie bereits gesagt, die Sache bagatellisieren, damit Rieger im Interesse des Betriebes aus der Sache nichts mache. Es ist nicht wahr, wenn Rieger angibt, ich hätte ihm gesagt, er solle Meldung erstatten.«

Der tatsächliche Gesprächsverlauf ist nicht zu rekonstruieren. Da Berger mit zwei Ausnahmen von allen Zeugen als ein Vorgesetzter geschildert wurde, von dem politisch nichts zu befürchten gewesen sei und in dessen Gegenwart bedenkenlos selbst über englische Rundfunkmeldungen gesprochen werden konnte, liegt folgende Deutung nahe: Für Berger war Marmagen ein schwieriger Mitarbeiter, mit dem er häufig fachliche Differenzen hatte, die aber immer wieder beigelegt werden konnten. Nicht nur Berger, sondern auch Marmagen (vor dem Volksgerichtshof) erklärten, keine Antipathien gegeneinander zu haben. Berger hatte kein Interesse daran, dem Untergebenen politische Schwierigkeiten zu bereiten. Ebensowenig aber war er bereit, Marmagen wirklich zu schützen. Er hatte weder Rieger beschwichtigen noch Marmagen zu einer Entschuldigung bewegen können. Daraufhin gab er dem Druck Riegers insoweit nach, als er ihn nicht weiter von seinen Aktivitäten gegen Marmagen abzuhalten versuchte. Er wollte für das weitere Geschehen keine

Verantwortung übernehmen und weigerte sich deshalb, anstelle von Rieger eine Anzeige zu erstatten.

Rieger sah sich mit seiner Empörung alleingelassen und suchte einen anderen, der seine Wut über den Kollegen in Handlungen umsetzen würde. Nachdem sein Versuch, einen betrieblichen Vorgesetzten einzuschalten, gescheitert war, hoffte er nun auf die Übernahme seiner Interessen durch NSDAP-Funktionäre. Er forderte Berger auf, ihn zum Betriebsobmann Paul Roggendorf zu begleiten, was dieser auch tat. Rieger schilderte Roggendorf die Szene vom frühen Morgen sowie die abfällige Bemerkung Marmagens über Hitler und Göring. Auch Roggendorf versuchte ihn zu beschwichtigen und bezeichnete Marmagens Verhalten als nicht schwerwiegend. Außerdem könne er eine Anzeige oder Beschwerde nur schriftlich entgegennehmen.

Riegers Erwartungen wurden also abermals enttäuscht, was seine Entschlossenheit, irgendeine Lösung in seinem Sinne zu finden, nur noch bestärkte. Nachdem er im Betrieb keine Autoritätsperson zum Handeln hatte bewegen können, erstattete er Anzeige gegen Marmagen bei seiner NSDAP-Ortsgruppe. Dort wurde er entweder wieder an die Funktionäre in der Firma verwiesen oder er glaubte, die Ortsgruppe werde nicht schnell und energisch etwas unternehmen. Am nächsten Tag jedenfalls ging er (nachdem er laut eigener Aussage Marmagen nicht zu einer Entschuldigung hatte bewegen können) erneut zu Roggendorf, der genauso reagierte wie am Vortrag und eine schriftliche Meldung verlangte.

Rieger wandte sich nunmehr an den stellvertretenden Betriebszellenobmann Dahmen. Dieser hatte, nachdem er in der Woche zuvor seine Wohnung durch einen Bombenangriff verloren hatte, eigentlich Urlaub und war zusammen mit seinem Sohn nur kurz im Werk. Rieger erzählte ihm den Vorfall mit Marmagen und zeigte ihm handschriftliche Notizen, die er sich dazu gemacht hatte. Auch Dahmen wies aber die Erstattung einer Anzeige zurück: »Ich habe dem Rieger gesagt, daß ich für diese Sache nicht zuständig sei, weil ich nur Vertreter wäre, er möchte die Sache dem Betriebsobmann übergeben, der dann das weitere veranlassen könne.« Rieger willigte ein, ging aber nicht sofort zu Roggendorf zurück, sondern bat zunächst Dahmens Sohn, nach seinem Diktat einen Anzeigentext mit der Schreibmaschine zu schreiben. Nachdem das in Anwesenheit von Dahmen senior erledigt war, verließen Vater und Sohn das Werksgelände, nicht ohne daß Dahmen zuvor die Ausübung seiner Parteifunktionen einem Kollegen übertragen hatte.

Dahmen tat nichts, um die sich anbahnende Anzeige gegen Marmagen zu verhindern. Er unternahm aber auch nur wenig, um die Denunziation zu fördern. Er verwies Rieger an die zuständige Stelle und ließ zu, daß sein Sohn Riegers Wunsch nach einer formal korrekten Niederschrift nachkam. Er beteiligte sich also einerseits nicht unmittelbar an der Aktion gegen Marmagen. Andererseits konnte ihm nicht unterstellt werden, die Verfolgung eines ›Staatsfeindes‹ und ›Defätisten‹ behindert zu haben. Nichts tun, um ein Verbrechen zu verhindern, sich genau so weit daran beteiligen, wie es die Absicherung der eigenen Person erforderlich scheinen ließ und (mit der Übergabe des eigenen Amts an einen Vertreter) das weitere Funktionieren des Regimes vor Ort sicherstellen – Dahmen praktizierte hier das in Deutschland zwischen 1933 und 1945 mehrheitsfähige Verhaltensmuster. Die Mischung aus Gleichgültigkeit gegenüber den Verfolgten, Angst um die eigene Position und dem Wunsch nach ›Pflichterfüllung‹ war es, die das Funktionieren des Regimes und seine Verbrechen ermöglichten.

Im Gegensatz zu Dahmen und Berger, die als Funktionär bzw. Vorgesetzter handelten und kein eigenes Interesse an Marmagens Verfolgung entwickelten, handelte Rieger aus emotionalen Motiven. In seiner persönlichen Ehre gekränkt und in seiner politischen Überzeugung angegriffen, versuchte er, ihm betrieblich oder innerparteilich vorgesetzte Personen dazu zu bringen, sich seiner Sache anzunehmen. Deren Verweigerung dürfte seine Wut und Entschlossenheit noch gesteigert haben, so daß er die Sache trotz der Zurückweisungen weiterverfolgte.

Am 30. Juli 1943 ging Rieger ein drittes Mal zum Betriebsobmann Roggendorf und übergab diesem die maschinenschriftliche Anzeige.

Anzeige gegen Jakob Marmagen vom 29. Juli 1943, Abschrift (Quelle 8):[183]

Köln Humboldt, den 29.7.1943
Werk Kalk Gen.Bau
An den
Betriebsobmann der D.A.F.
Pg. Roggendorf
Ihnen Pg. Roggendorf folgendes zur Kenntnis mit der Bitte um Weiterleitung an maßgebende Stelle. In unserem Werk Gen.Bau ist der Pg. Marmagen als Werkmeister beschäftigt. Derselbe führt seit längerem besonders aber in letzter Zeit derart staatsfeindliche Propaganda innerhalb des Werkes, dass ich es als pol. Leiter nicht mehr mit anhören kann Ihnen darüber Mitteilung zu machen, um mich nicht

selbst meines Treueides gegenüber dem Führer zu schämen.
Am 27.7.1943 ging das Gespräch über den Rücktritt des
ital. Ministerpräsidenten Mussolini im Werk
hausieren. Pg. Marmagen erlaubte sich den Arbeitern gegenüber in meinem Beisein zu sagen, sie gehen alle. Meine Frage, was er damit sagen wolle, beantwortete er mit einer Schimpfkanonade grösseren Stils, unter anderes, Du Idiot kannst mich doch politisch nicht kriegen (ich meine die Italiener). Im Beisein des Betriebsleiters Pg. Berger, Pg. Dorst, Vg. Weier erklärte Marmagen, dass Parteiabzeichen gehört heute in die Geldbörse, dabei zog er seine Geldbörse und zeigte das Parteiabzeichen. Die Partei hat total versagt, Hitler und Göring solle man erschiessen, wenn sie nicht mit dem Krieg aufhören. Sämtliche alte Parteigenossen sind verdötscht, das sähe man an Kießling und Burmeister. Die beiden letztgenannten sind Gefolgschaftsmänner in unserer Zelle 16. Der englische Sender habe gesagt, warum ist Köln nochmals angegriffen worden, weil sie die rheinische Bevölkerung mürbe machen wolle wegen ihrer Haltung.
Marmagen war nach seinen eigenen Ausführungen in zwei Gewerkschaften (Chrl. und Hirschdunkersche).
Ausser seinen politischen Verfehlungen sei noch erwähnt, dass M. innerhalb des Betriebes dem Gefolgschaftsmitglied Frau Hansmann geschlechtlichen Verkehr angeboten hat (Zeuge Vg. Schlemmer).
Ich bitte Sie Pg. Roggendorf diese Drohne am Volkskörper auszumerzen.
Als Zeuge meiner Angaben stehen Ihnen folgende Gefolgschaftsmänner zur Verfügung: Betriebszellenobmann Pg. Dahmen, Betriebsleiter Pg. Berger, Werkmeister Pg. Rieger, Pg. Dorst, Pg. S.A. Mann Kießling, Vg. Anton Weier und Vg. Schlemmer.
Erwähnt sei noch, dass Pg. Marmagen das Bewertungssystem sabotiert, indem er sagt, das sei Ausbeutung der Arbeiterschaft.
Heil Hitler!

Der Text zeigt das starke Autoritätsdenken Riegers, verbunden mit einer ausgeprägten Bindung an den Sprachgebrauch des Nationalsozialismus. Da werden alle erwähnten Personen mit ihren ›Titeln‹ aufgeführt, auch wenn es sich dabei nur um »Volksgenossen« oder »Gefolgschaftsmänner« handelte; da ist von »Volkskörper« und »ausmerzen« die Rede. Rieger hielt es zudem für nötig, die politischen Vorwürfe gegen Marmagen durch Anspielungen auf dessen angeblich mangelnde Sexual- und Arbeitsmoral zu ergänzen. Diese Beschuldigungen ließ er später in seiner Zeugenaussage vor der Gestapo als nicht zur Sache gehörend fallen.

Der Betriebsobmann Roggendorf sagte in den Ermittlungen 1947 aus, er sei einige Tage *vor* dieser ganzen Angelegenheit von einem Gestapobeamten angerufen und zur politischen Einstellung Marmagens befragt worden. Er habe Marmagen nicht näher gekannt und ihn gegenüber dem Anrufer als »einwandfrei« bezeichnet. Kurz nach Riegers zweitem Gespräch mit ihm habe sich der Beamte erneut gemeldet und ihm vorgeworfen, er dulde die »Verhetzung« der Arbeiter durch Marmagen, was seine Stellung als Betriebsobmann gefährde. Noch während der dritten Unterredung mit Rieger habe der Gestapobeamte ein drittes Mal angerufen.

Diese Erzählung Roggendorfs bleibt mysteriös. Aus der Akte von 1943 gehen keine Ermittlungen gegen Marmagen hervor, die zeitlich vor der Anzeige Riegers lagen und zu dem ersten Anruf geführt haben könnten. Die Hauptverhandlung gegen die der Denunziation beschuldigten Berger und Rieger ergab, daß, im Gegensatz zu seiner ursprünglichen Behauptung, das dritte Telefonat von Roggendorf und nicht von der Gestapo ausging. Ob die Geschichte mit den beiden vorherigen Telefonaten überhaupt stimmte, oder ob er sich ausschließlich durch Riegers Beharrlichkeit und dessen schriftlich vorliegende Anzeige gedrängt fühlte – Roggendorf wandte sich jedenfalls an die politische Polizei und las einem Beamten den Anzeigentext am Telefon vor.

Für den Wahrheitsgehalt von Roggendorfs Geschichte spricht, daß die Gestapo noch am gleichen Tag bei Klöckner-Humboldt-Deutz erschien. Deshalb liegt die Vermutung nahe, daß ihr Marmagen schon zuvor gemeldet worden war, eventuell durch eine ungewöhnlich schnelle Weitergabe von Riegers Meldung an die NSDAP-Ortsgruppe.

Im Werk wurden Rieger und Berger befragt und Marmagen anschließend direkt verhaftet. Ein Zeuge schilderte die Szene: »Die Vorgänge, die zu [der] Festnahme geführt haben, sind mir nicht bekannt. Ich war damals ausgebombt worden und hatte einen längeren Urlaub. Als ich an einem Tage Ende

Juli 1943 meinen Lohn holen wollte, mußte ich bei Marmagen erst eine Bescheinigung holen. Als ich bei Marmagen stand, kam Berger zu ihm heran und sagte zu Marmagen, er solle sich fertigmachen, denn er müsse mit zur Stapo fahren. Nachdem Berger weg war, habe ich Marmagen gefragt, was los sei. Er sagte mir, daß man ihn angezeigt habe.« Ein anderer Kollege sagte aus, daß Marmagen bei seiner Verhaftung Rieger als Initiator der Anzeige bezeichnet habe: »Während meines Urlaubs hatte ich eines Tages im Werk etwas zu erledigen. Bei dieser Gelegenheit, als ich das Werk betrat, sah ich vor dem Eingang des Betriebes ein mir unbekanntes Auto stehen. Ich begegnete Marmagen, der gut angezogen war [d.h. nicht in Arbeitskleidung], und fragte ich ihn, was los wäre. Marmagen antwortete, er wurde von der Polizei geholt, und zwar auf Veranlassung Riegers.«

Noch für den gleichen Tag wurden Rieger und Dahmen, für den folgenden Tag Berger und drei weitere von Rieger benannte Zeugen zur Gestapo bestellt, um ihre Aussagen schriftlich festzuhalten.

Rieger wiederholte seine politischen Vorwürfe. Dahmen blieb seiner bisherigen Linie so weit wie möglich treu und erklärte, wegen seines Urlaubs die Vorfälle nicht mitbekommen zu haben, Marmagen aber solche Äußerungen zuzutrauen, da er schon häufig einzelne Maßnahmen der Regierung kritisiert habe. An Einzelheiten könne er sich nicht erinnern. Der Zeuge Weier belastete Marmagen mit weiteren, allerdings wenig konkreten Vorwürfen. Die Zeugen Dorst und Kießling konnten nichts zur Sache aussagen, doch erklärte Kießling, Marmagen sei gegen ihn eingestellt, da Kießling als »alter SA-Mann [...] nach wie vor fest zur Sache« stehe. Berger gab seine frühere Zurückhaltung auf. Er bestätigte Marmagens Bemerkung über Hitler und Göring, berichtete von weiteren Äußerungen und warf ihm mangelnde Spendenfreudigkeit für das ›Winterhilfswerk‹ vor. »Als Marmagen am 30.7. von mir gerufen wurde zu dem ihn festzunehmenden Beamten der Gestapo zu kommen, steckte er sich auf einem Wege von seinem Umkleideschrank bis zu dem Beamten – ca. 30 Mtr. – das Parteiabzeichen an [...]. Im Zusammenhang kann gesagt werden, daß Marmagen ein übler Zeitgenosse ist, der durch seine Stellung und Haltung ein Schädling der Volksgemeinschaft ist.«

Aussagen wie diese finden sich zahlreich in den Gestapo- und Sondergerichtsakten. Viele ZeugInnen waren durch das Eingreifen der politischen Polizei so weit eingeschüchtert, daß diese keinen zusätzlichen Druck durch Drohungen oder Mißhandlungen ausüben mußte. Die ZeugInnen beeilten sich, sich durch Vorwürfe oder Vermutungen von den Beschuldigten zu distanzieren. Dazu wurden häufig Versatzstücke des nationalsozialistischen

Jargons benutzt, wie hier von Berger der Ausdruck ›Schädling der Volksgemeinschaft‹.

In seiner polizeilichen Vernehmung 1947 begründete Berger seine Aussage vor der Gestapo: »Ich habe bestätigen müssen, daß Marmagen die Äußerung [über Hitler und Goebbels] gemacht hatte. Ich mußte das tun, weil Ommen als weiterer Zeuge vorhanden war und ich deshalb nicht wußte, was er aussagen würde. Weiter konnte ich die Sache nicht abstreiten, weil ich sie einige Tage vorher Rieger mitgeteilt hatte.« Josef Ommen war von der Gestapo damals nicht mehr vernommen worden, weil die Ergebnisse der ersten Zeugenbefragungen Marmagen in den Augen der Ermittlungsbeamten zweifelsfrei überführten. Berger mußte aber annehmen, daß Ommen als Zeuge vorgeladen werden und Bergers Mitwisserschaft über Marmagens ›staatsfeindliche‹ Einstellung bestätigen würde. Auf diese Weise hätte die Gestapo nicht nur durch Rieger, sondern auch durch Ommen erfahren, daß der gemeinsame Vorgesetzte Berger bislang nichts unternommen und somit einen ›Wehrkraftzersetzer‹ und ›Defätisten‹ geschützt hatte. Berger reagierte auf seine Lage, indem er die Vorwürfe gegen Marmagen bestätigte und noch ergänzte. Tatsächlich gelang es ihm auf diese Weise, die Gestapo zufriedenzustellen; es wurden ihm keine unangenehmen Fragen nach seiner eigenen Passivität gestellt. Laut Berger machte ihm erst der vorsitzende Richter beim Volksgerichtshof entsprechende Vorwürfe. Er habe darauf erwidert, daß er »die Sache innerhalb des Betriebes habe bereinigen wollen.«

Am 1. oder 2. August 1943 wurde Jakob Marmagen verhört. Er gab zu, am 27. Juli vor mehreren »Arbeitskameraden« gesagt zu haben, daß die gesamte italienische Regierung zurücktreten werde, woraus ein Streit mit Rieger entstanden sei. Er gab außerdem die Bemerkung mit dem Parteiabzeichen zu, wies aber jede abfällige Rede über Hitler, Göring oder andere Regierungsmitglieder und das Abhören ausländischer Rundfunksender von sich. Zu Bergers Beschuldigungen sagte er: »Bestreiten muß ich auch ganz entschieden, meine Gefolgschaftsmitglieder in irgendeiner Form beeinflußt zu habe, den Erlös der Überstunden nicht [an das Winterhilfswerk] abzuführen [...]. Ich bestreite ganz entschieden, durch meine Redensarten die Stimmung innerhalb des Betriebes ungünstig beeinflußt zu haben.« Marmagen versuchte sich zu wehren, indem er die Zeugen der Intrige beschuldigte und seine Bemerkungen als nicht ernstgemeint hinstellte. Er habe lediglich in seiner »derben Art manchmal etwas gesagt [...], was wahrscheinlich falsch ausgelegt worden ist.«

Am 4. August 1943 nahm die Gestapo eine Gegenüberstellung von Berger und Marmagen vor, bei der beide auf ihren bisherigen Stellungnahmen beharrten. Berger fügte noch hinzu, sowohl er als auch Rieger hätten Marmagen in der Vergangenheit mehrmals ermahnt, und er sei bereit, seine Aussage zu beeiden.

Weitere Vernehmungen Marmagens oder der Zeugen sind in der Akte nicht enthalten. Mitte August 1943 stellte der zuständige Kriminalsekretär Weber fest, daß der inzwischen im Hilfsgefängnis auf dem Messegelände einsitzende Marmagen als überführt anzusehen sei. Er gab die Akten an die Staatsanwaltschaft beim Sondergericht Köln ab. Dort wurden Marmagens Redereien nicht als ›Heimtücke‹, sondern als ›Wehrkraftzersetzung‹ eingestuft und der Fall an den Oberreichsanwalt, also den Volksgerichtshof in Berlin, weitergegeben. Mitte Oktober wurde Marmagen nach Berlin gebracht. Warum weder ein Rechtsanwalt noch Familienangehörige oder Freunde versuchten, die Rückgabe des Prozesses an das Sondergericht Köln oder die Einschaltung des Oberlandesgerichts in Hamm durchzusetzen, ist aus keiner der Akten zu entnehmen.

Die Anklageschrift vom 21. Oktober 1943 beschuldigte den Werkmeister, »in Köln im Jahre 1943 bis zu seiner Festnahme, insbesondere in den Monaten Juni und Juli 1943, fortgesetzt durch staatsfeindliche Äußerungen gegenüber Arbeitskameraden [...] in einem Betrieb wehrkraftzersetzend gewirkt und dadurch zugleich den Feind des Reiches begünstigt zu haben.« Als Zeugen wurden lediglich Rieger und Berger benannt. Marmagen wurde vorgeworfen, seine Äußerungen öffentlich gemacht zu haben, noch dazu in einem Rüstungsbetrieb. Damit drohte ihm die Todesstrafe, die im Herbst 1943 bereits deutlich häufiger als zuvor vom Volksgerichtshof verhängt wurde.[184]

Nach Anklageerhebung ging das Verfahren den am Volksgerichtshof gewohnten schnellen Gang, der den Angeklagten fast ohne Rechte ließ. Am 27. Oktober erhielt Marmagen die Anklageschrift mit einer Erklärungsfrist von 12 Stunden. Ein Verteidiger wurde für ihn bestellt und die mündliche Verhandlung auf den 29. Oktober, 11 Uhr, festgesetzt. Der 1. Senat unter dem Vorsitz von Landgerichtsdirektor Stier kam innerhalb von zwei Stunden zu dem Schluß, daß Marmagen schuldig sei und verhängte die Todesstrafe. Das Gericht hielt die beiden Zeugen, die ihre früheren Aussagen wiederholt hatten, für glaubwürdig. Ein minder schwerer Fall, so die Urteilsbegründung, liege nicht vor. Der Angeklagte führe zwar ein ordentliches und arbeitsreiches Leben, sei ein tüchtiger Arbeiter und habe im Ersten Weltkrieg mit Auszeichnung seine Pflicht erfüllt. Auch sei er als Rheinländer nicht gewohnt, seine Worte abzuwägen. All dies könne aber die Schwere der Tat nicht aus der Welt schaffen.

Am 13. Dezember 1943 wurde das Urteil vollstreckt; Gnadengesuche sind aus der Akte nicht ersichtlich. Unmittelbar vor seiner Ermordung durfte Marmagen einen Abschiedsbrief an seine Familie schreiben.

Abschiedsbrief, Transkription (Quelle 9, Abb. 9-10):

Montag, 13.12.43
Liebe Mutter u. Jos. Siby u. Herbert.
Die letzte Stunde 15.00 Uhr ist nun angebrochen,
und dann stehe ich vor dem höchsten Gericht,
vor Gottes Gericht. Ich bin ganz darauf vor-
bereitet, gestern Sontag habe ich noch mal
die Sakramente empfangen. Ich bitte Euch nun
verzeiht mir alles was ich Euch angetan habe,
und betet für mich. Dann grüßt mir alle
von mir die mit uns bekannt sind, ich werde
ihrer auch in der letzten Minute gedenken.
Liebe Mutter sei nun tapfer und halte
aus, es ist leider nichts zu machen, denke
an den Schmerz von Frau Schüble vor einem
Jahr, wo Willi auch nicht mehr wiedergekom-
men ist, nun hast du dieses Jahr den bitteren Schmerz
zu kosten. Aber bete zu Gott, damit
du ihn aushälst. Auch du lieber Josef sei
stark, und gedenke meiner im Gebete
sowie auch Siby mit dem kleinen
Herbert. Ich habe ja auch kein Verbrechen
begangen.
Nun lebet wohl alle
Minna u. Max mit Kinder u. Familien
Anna " Hch. " " "
Josef " Adele " " "
Fam Krein, Hanny Mia u. die anderen
ich weiß die Namen nicht mehr
Fam Berchtold mit der ganzen Fam.
" Tauber u. Klein.
überhaubt alle die wir gekannt haben.
Josef grüße mir auch alle im Werk, wo ich

zusammen mit gearbeitet habe.
Nun liebe Mutter nochmals als letzter Gruß
von deinem Jakob. Ferner grüße mir
als letzte Mutter Schüble u. Hilde u. Gretchen.
Euer Jakob

Ihr Mann hat die hl. Sakramente
kurz vor dem Tode
nochmal empfangen. Auf
seinen Wunsch bescheinigt es
Scholz, Pfr.
13.12.43)

Mit ›Mutter‹ meinte Marmagen seine Ehefrau. Josef war sein Sohn, Siby (Sibylle) die Schwiegertochter, Herbert der Enkel. Die Abkürzung ›Hch.‹ steht für Heinrich.

In der Woche nach der Hinrichtung wies der Oberreichsanwalt die Kölner Polizei an, bei Marmagens Witwe die Orden aus dem Ersten Weltkrieg und deren Verleihungsurkunden einzuziehen. Die Familie gab an, über den Verbleib der Ehrenzeichen nichts zu wissen. Im Frühjahr 1944 bemühte sich der Oberreichsanwalt, Prozeß- und Hinrichtungskosten bei der Familie einzuziehen. Da sowohl die Witwe als auch der Sohn Marmagens ohne Vermögen waren, fielen die Kosten schließlich an den Staat.

Im Februar 1947 meldete der Ortsausschuß Köln-Humboldt-Kolonie der Oberstaatsanwaltschaft Köln, daß der Werkmeister Jakob Marmagen von Rieger und Berger, die zudem fünf Belastungszeugen benannt hätten, denunziert worden sei.

Ortsausschüsse »wurden unmittelbar nach Einzug der Amerikaner in den rechtsrheinischen, von Industrie und Arbeitersiedlungen geprägten Stadtteilen von Kölner Bürgern, meist NS-Gegnern bei starker Beteiligung von Sozialdemokraten und Betriebsräten, gegründet, um die ärgste Not gemeinsam und in Selbsthilfe zu bekämpfen. [...] Links des Rheins bildeten sich vergleichbare Ausschüsse erst im Juni. [Sie] stießen aber auf die Abwehr der sich rekonstituierenden städtischen Behörden, die sich gegen Eingriffe in ihre Befugnisse wehrten und die Ortsausschüsse in die Rolle städtischer Hilfsorgane drängten. [...] Sie wurden später auch in die institutionalisierte Entnazifizierung eingebunden.«[185]

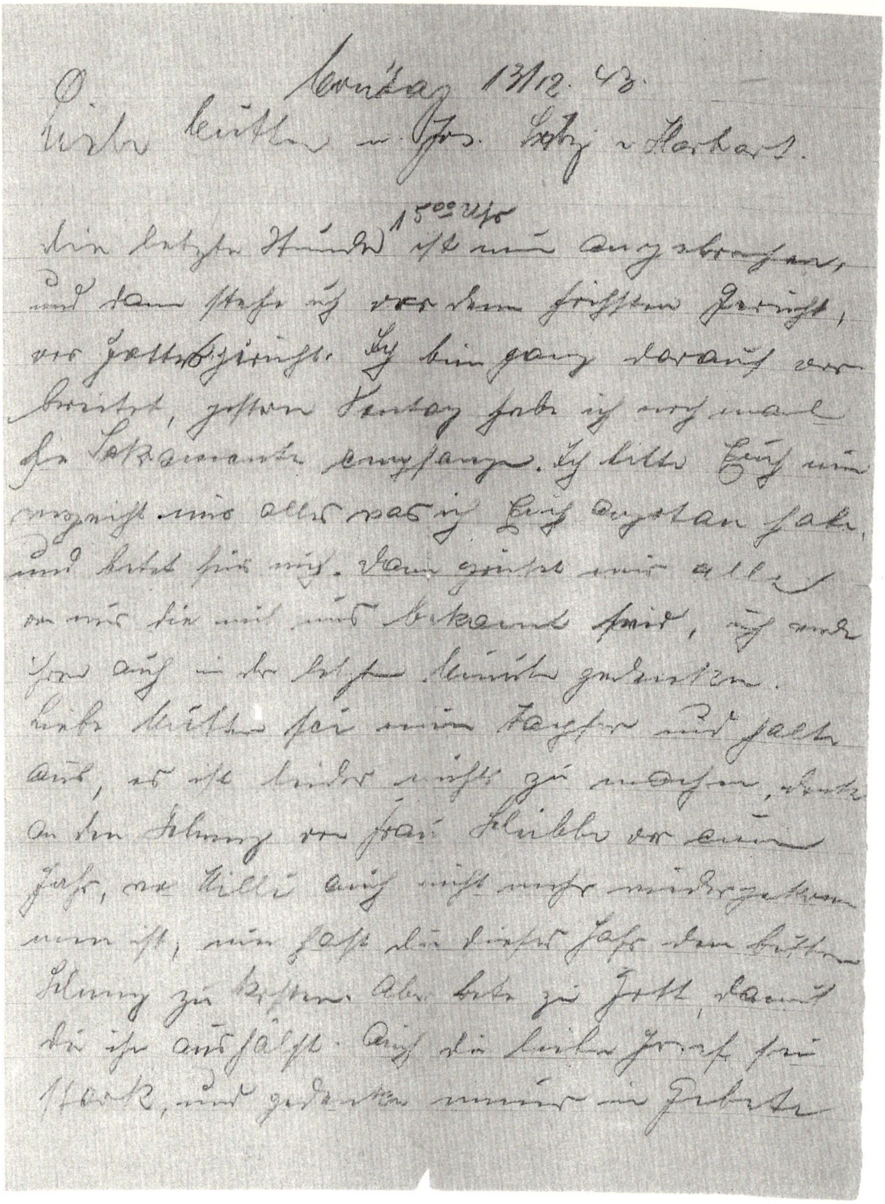
Montag 13/12. 43.
Liebe Mutter u. Geschw. Fritz u. Gerhard.

Die letzte Stunde 15 00 Uhr ist nun angebrochen,
und dann stehe ich vor dem höchsten Gericht,
vor Gottesgericht. Ich bin ganz darauf vor-
bereitet, gestern Sonntag habe ich noch mal
die Sakramente empfangen. Ich bitte Euch nun
vergebt mir alles was ich Euch angetan habe,
und betet für mich. Dann grüßt mir alle
die mir lieb und bekannt sind, ich werde
Euch auch in der letzten Minute gedenken.
Liebe Mutter sei nun tapfer und halte
aus, es ist leider nichts zu machen, denke
an den Schmerz von Frau Schlebber vor einem
Jahr, wo Willi auch nicht mehr wiedergekom-
men ist, nun hast du dieses Jahr den selben
Schmerz zu tragen. Aber bete zu Gott, damit
du ihn aushältst. Auch die liebe Gretel sei
stark, und gedenket meiner im Gebete

Abb. 9-10 (Quelle 9): Handschriftlicher Abschiedsbrief Jakob Marmagens an seine Familie vom 13.12.1943.

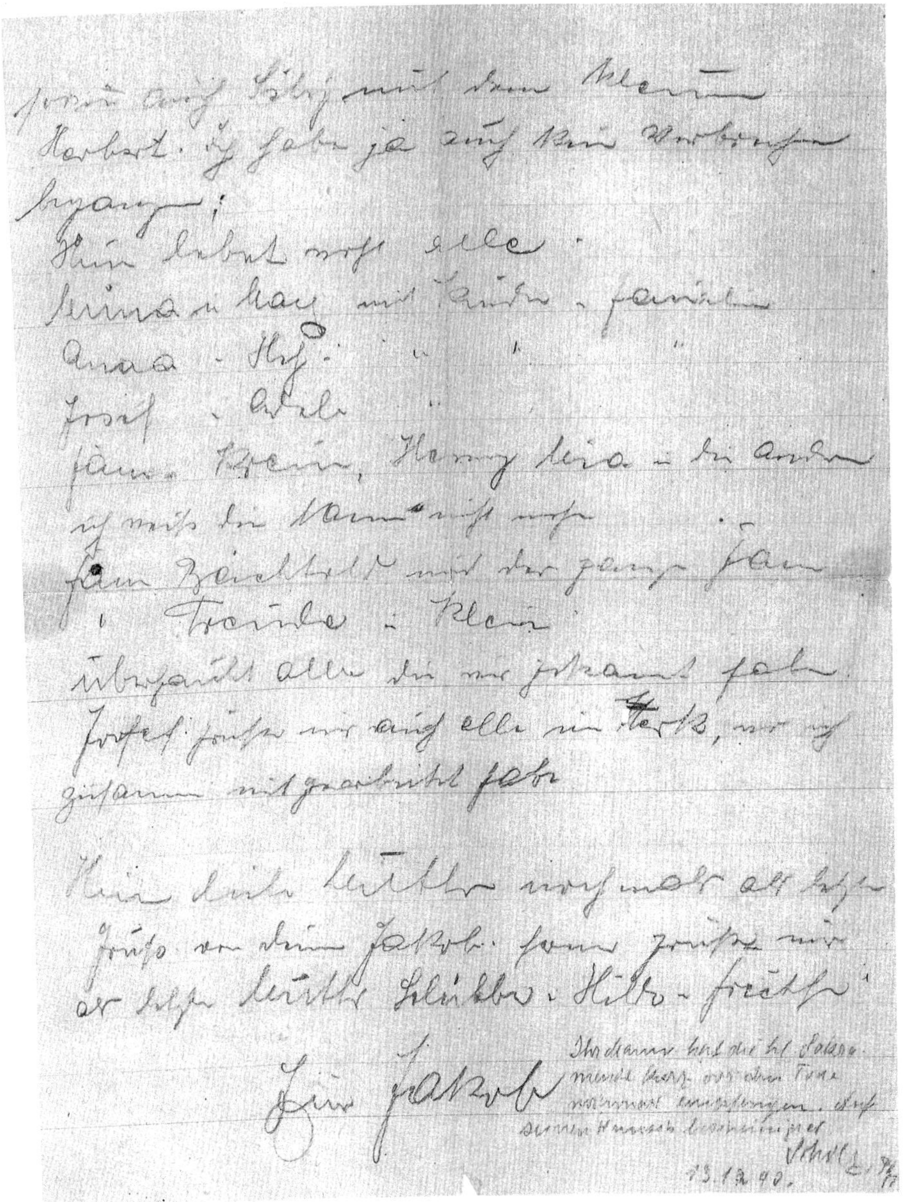

sowie auch Selbst mit dem kleinen
Herbert. Ich habe ja auch kein Verbrechen
begangen!
Mein lebt noch alle:
Minna u. Max mit Kinder - familie
Anna - Ilse
Josef - Adele
fam. Stein, Henny, Lina - die andern
ich weiß die Namen nicht mehr
fam. Bächtold mit der ganzen fam.
Traudle - Klein
überhaupt alle die mich gekannt haben.
Josef grüße mir auch alle im Werk, wo ich
zusammen mitgearbeitet habe

Mein liebe Mutter nochmals als letzte
Grüße von dein Jakob. ferner grüße mir
[illegible] liebe Mutter [illegible] - Hilde - Frieda!

Dein Jakob

Ihr Mann hat die hl. Sakramente kurz vor dem Tode
würdigst empfangen. Auf
seinen Wunsch bescheinigt es
[illegible]
13.12.40.

Abb. 10

Der Ortsausschuß erklärte, die KHD-Mitarbeiter Josef Schmied, Leo Huber und Ferdinand Kremer seien bereit, »den tatsächlichen Hergang der ganzen Angelegenheit [...] zu schildern.« Keiner dieser drei war 1943 als Zeuge gehört worden. Ende März/Anfang April 1947 wurden sie befragt.

Huber konnte aus eigener Anschauung keine Angaben machen. Er erklärte, sein Vorgesetzter Rieger und Berger seien fanatische Nazis gewesen und gemeinsam gegen Marmagen vorgegangen, Dahmen habe ihnen geholfen. Im Werk sei später das Gerücht umgegangen, Marmagen solle aus der Haft entlassen werden. Dagegen sei Berger aktiv geworden. »Über den Verlauf des Verfahrens wurde innerhalb des Betriebs offiziell nichts bekanntgegeben. Ich weiß aber, daß die Betriebsleitung an sich sich für Marmagen eingesetzt, aber nichts erreicht hat. [...] Als ich nach der Hinrichtung des Marmagen bei einer dienstlichen Besprechung mit Berger und Rieger einmal den Namen Marmagen erwähnte, sagten beide: ›Lassen Sie Marmagen aus dem Spiel, das war ein Verbrecher.‹« Außer diesem Zeugen erwähnte niemand eine mögliche Haftentlassung Marmagens oder ein Eingreifen der Werksleitung.

Schmied hielt ebenfalls Berger und Rieger für schuldig, konnte aber nur zu Protokoll geben, daß Marmagen ihm ohne Nennung eines Namens gesagt habe, er sei angezeigt worden. Koch bezeichnete Berger als den eigentlichen Drahtzieher; sein Eindruck sei gewesen, daß dieser Rieger nur vorgeschoben habe. Rieger sei überzeugter Nationalsozialist gewesen, während Berger der Partei nur aus Karrieregründen angehört habe. Schmied behauptete außerdem gesehen zu haben, wie Dahmens Sohn die Anzeige nach Diktat Riegers und Bergers niederschrieb.

Die Staatsanwaltschaft ermittelte daraufhin gegen Dahmen, Berger und Rieger. Nach Anhörung zahlreicher weiterer Zeugen, die vor allem Rieger belasteten, wurde schließlich gegen ihn und Berger Anklage erhoben.

Bei den Befragungen von Zeugen und Beschuldigten fällt hinsichtlich der Kommunikations- und Beziehungsstrukturen im ›Dritten Reich‹ vor allem ein Aspekt ins Auge, nämlich das nur scheinbare Schweigen im Betrieb nach Marmagens Verhaftung.

In seiner Nachkriegsvernehmung sagte der Zeuge Klein: »An dem Tage vor der Festnahme des Marmagen hatte mir der Pg. Dahmen die Vertretung als Betriebszellenobmann übertragen. An diesem Tage kam Rieger zu mir und sagte, ›Heute passiert noch was.‹ Auf meine Frage, was denn passieren würde, gab er mir keine bestimmte Antwort. [Er sagte] ›Nein, Du kannst den Mund nicht halten.‹ Am selben Tage hatten wir Mittags eine Versammlung sämtlicher Betriebszellenobmänner. Dabei wurde von dem Vorsitzenden gesagt, daß ein Beamter des Betriebs eine hochpolitische Äußerung über Hitler gemacht habe, und daß mit der Festnahme dieses Beamten zu rechnen sei.«

Der Ausdruck ›Beamter‹ ist in diesem Zusammenhang eine damals schon veraltete Bezeichnung. Als ›Beamte‹ wurden im Kaiserreich die Angestellten bei Banken, Sparkassen oder Versicherungen bezeichnet. Der Begriff wurde im allgemeinen Sprachgebrauch häufig auf höhere Angestellte in Industriebetrieben übertragen.

Die Betriebszellenobleute wurden also in allgemeiner Form darüber in Kenntnis gesetzt, daß im Werk eine Verhaftung aufgrund regimekritischer Bemerkungen bevorstand. Da die Verhaftung schon am folgenden Tag erfolgte, dürften Gerüchte darüber nur wenig über den Kreis der offiziell informierten NSDAP- und DAF-Funktionäre hinausgelangt sein. Von den Spannungen zwischen Marmagen und Rieger (und vielleicht auch Berger) aber wußten mindestens die Mitarbeiter der beiden Abteilungen der Werkmeister. Sie kannten auch Marmagens politische Haltung. Das bedeutet, daß mindestens 20, wahrscheinlich sehr viel mehr Männern bei KHD klar sein mußte, in welch eine gefährliche Lage Marmagen sich brachte. Von den ihm unterstellten Facharbeitern und Arbeitern unternahm keiner etwas gegen Marmagen; auch der Groll derjenigen, mit denen er sich nicht gut verstand, suchte sich kein Ventil durch die Einschaltung offizieller Instanzen. Dabei folgten sie vielleicht dem Vorbild Bergers, des nächsthöheren Vorgesetzten, der Marmagen reden ließ.

Über mehrere Monate, vielleicht über Jahre hinweg waren somit traditionelle Hierarchie- und Solidaritätsstrukturen stärker als die Kooperationsforderungen des NS-Regimes. Geschimpft wurde gegebenenfalls untereinander, ohne daß daraus eine Situation entstanden wäre, in der einer der Beteiligten eine Meldung erstattet hätte.

Die Intention des Regimes mußte es sein, solche Reste traditioneller, sich vor den Normen des Staates abschottender Milieus und Verhaltensweisen zu zerschlagen. Trotz gewisser Rücksichtnahmen – beispielsweise auf den Produktionsablauf in Rüstungsbetrieben – waren deshalb Denunziationen wie die vorliegende für die Gestapo von größtem Wert. Sie verschafften ihr die Möglichkeit, in solchen Milieus Exempel zu statuieren, durch schnelles und folgenschweres Durchgreifen große Personengruppen zu beeindrucken und einzuschüchtern.

Die ArbeiterInnenschaft bei KHD war in der Weimarer Republik überwiegend sozialdemokratisch eingestellt gewesen, mit großen Anteilen auch für die KPD und das Zentrum.[186] Die NationalsozialistInnen mußten davon ausgehen, daß Teile der Belegschaft die alten Weltanschauungen keineswegs aufgegeben, sondern unter der Tünche konformen Verhaltens versteckt hatten. Jede Denunziation verstärkte den Druck, die Tarnung aufrechtzuerhalten. Jede Verhaftung, schon jede ZeugInnenvernehmung war ein Signal, daß auf Solidarität kein Verlaß, der Zugriff des Staates unausweichlich war. Alle diejenigen, die Marmagens abfällige Reden zustimmend, gleichgültig oder mißbilligend gehört und monatelang nichts unternommen hatten, mußten so den Mythos von der Allgegenwart und Allmacht der Gestapo bestätigt sehen, was verstärktes Bemühen um regimeloyales Verhalten und – unter den NS-GegnerInnen – eine noch rigidere Selbstkontrolle zur Folge gehabt haben dürfte. Dieser Zustand entsprach zwar nicht den eigentlichen Zielen der Machthaber, die Begeisterung und Überzeugung der gesamten Bevölkerung wünschten, war aber im Sinne des Machterhalts funktional.

Neben der Ausschaltung von KritikerInnen und der Einschüchterung ihres sozialen Umfeldes sollten die Verhaftungen Kommunikationsnetze zerstören und die Weiterverbreitung der Heimtückereden verhindern. Letztlich ging es sogar darum, die Erinnerung an die RednerInnen selbst zu löschen oder zumindest zu verbieten. Dies zeigen symbolische Handlungen wie im vorliegenden Fall der Versuch, Marmagens Orden aus dem Ersten Weltkrieg einzuziehen. Das Wissen um das Schicksal der ›Feinde der Volksgemeinschaft‹ sollte vorhanden sein, nicht aber darüber gesprochen werden. Um keine Kristallisationspunkte für Solidarisierungsprozesse entstehen zu lassen, sollten ihre Namen tabuisiert werden.

In diesem Bemühen war das Regime nur teilweise erfolgreich. Der Schrekken, den die Gestapo verbreitete und dem sich auch Parteigenossinnen und -genossen nicht entziehen konnten, führte dazu, daß Gespräche über ihre Opfer für einige Zeit vermieden wurden; eine Art ritueller Handlung, die die Gefahr und den psychischen Terror der Diktatur abwehren sollten. So finden sich Bemerkungen wie die des Zeugen Huber, er habe den Namen des Opfers nicht mehr erwähnen sollen, häufig in den Nachkriegsakten.

Die Festellung des zuständigen Kriminalbeamten im Juni 1947, daß »nach der Festnahme des Marmagen über diesen nicht mehr gesprochen worden« sei, ist dennoch nicht richtig. Die Protokolle der ZeugInnenaussagen enthalten aufschlußreiche Nebensätze: »Das Gerücht [ging] in unserem Betrieb rund«, »Ich habe später nur gehört« oder »Innerhalb des Betriebes hat man vermutet«. Daraus wird deutlich, daß die Gespräche über die Person, ihre Äußerungen, die Umstände der Verhaftung und über ihr weiteres Schicksal nicht endgültig verstummten, sondern nach einiger Zeit auf anderer Ebene wiederaufgenommen wurden. Die oder der Verhaftete war zu unvorsichtig gewesen, hatte sich zu offen, zu öffentlich oder vor den falschen Gesprächspartnern bloßgestellt. Die KollegInnen, NachbarInnen und Bekannten reagierten darauf, indem sie in noch kleinerer Runde und in vorsichtigeren Formulierungen die eigentlich tabuisierten Namen aussprachen und deren Schicksal thematisierten. Darin ist keine Widerstandshandlung zu sehen, wahrscheinlich nicht einmal ein Ausdruck politischer Resistenz. Diese Verhaltensweise ist als Versuch zu sehen, an gewohnten Kommunikationsinhalten (dem Gespräch über gemeinsame Bekannte und drängende Themen wie den Kriegsverlauf, die Lebensmittelversorgung usw.) festzuhalten, obwohl die vertrauten Kommunikationswege und -formen (das mehr oder weniger offene Gespräch an frei gewählten Orten) versperrt worden waren.

Sowohl während der Ermittlungen als auch in der Hauptverhandlung gegen Marmagens Denunzianten erwies es sich als äußerst schwierig, Gerüchte und Tatsachen auseinanderzuhalten und einzelne Abläufe zu rekonstruieren. So ließ sich zum Beispiel nicht klären, ob Berger dabeistand, als Rieger die Anzeige diktierte. Überhaupt blieb Bergers Rolle in den Tagen zwischen dem 27. und 30. Juli 1943 unklar. Während zwei Zeugen ihn der Bespitzelung von Untergebenen beschuldigten und ihm beste Kontakte zur Gestapo nachsagten, erklärte die Mehrzahl der Befragten, Berger habe auf regimekritische Gespräche zwischen den Arbeitern höchstens mal mit der Warnung »Jungens, seid vorsichtig!« reagiert. Einig waren sich allerdings die Zeugen darüber, daß er vor Riegers Initiative nie gegen Marmagen politisch vorgegangen war.

Offen blieb auch die Behauptung Riegers, Berger habe ihn unter Druck gesetzt, die Anzeige gegen Marmagen zu erstatten; außerdem habe Berger nach Marmagens Verhaftung anonyme Drohbriefe erhalten, die von Marmagens Familie stammten. Generell folgten Staatsanwaltschaft und Gericht der schon von der Kriminalpolizei eingeschlagenen Richtung, in Rieger den Schuldigen zu sehen.

Im Urteil vom 6. Oktober 1947 sprach die 2. Strafkammer des Landgerichts Berger frei. Rieger wurde zu einer Haftstrafe verurteilt, die wegen der Härte der Strafe Marmagens mit vier Jahren außergewöhnlich hoch ausfiel;[187] ein Revisionsantrag scheiterte. Während der Haftzeit stellten er und seine Ehefrau mehrere Gnadengesuche, in deren ausführlichen Begründungen Rieger darauf beharrte, daß das Urteil gegen ihn auf einer Intrige seiner früheren Kollegen beruhe. Im Oktober 1951 wurden ihm die letzten drei Monate seiner Haftzeit schließlich erlassen.

Riegers Motiv für die Denunziation seines Kollegen war seine gekränkte Ehre, nachdem Jakob Marmagen seine Körpergröße und seine Gehbehinderung verspottet und zudem deutlich gemacht hatte, daß er den von Rieger aufrechterhaltenen politischen Glauben nicht (mehr) teilte. Persönliche Kränkungen und der Wunsch, die eigene ›Ehre‹ wiederherzustellen, waren für Männer häufiger Anlaß zur Beteiligung an Denunziationen.[188] Durch ihr Festhalten an einem traditionellen Wertbegriff, den sie zudem von der NS-Propaganda bestätigt sehen konnten (›SS-Mann, Deine Ehre heißt Treue‹ war z.B. das Motto der SS), verschafften sie dem Regime einen Hebel, an dem es mit seiner Forderung ansetzen konnte, ›Meckerer‹ aus der ›Volksgemeinschaft‹ auszuschließen.

Mit seinem Beharren auf einer Anzeige gegen Marmagen kam Rieger seiner Empörung und seinem Bedürfnis nach Rache nach. Indem er sich dabei auf die Normen der NS-Gesellschaft berief und jede Beschwichtigung verweigerte, konnte er übergeordnete Instanzen auf seine Linie zwingen. Sowohl seinem betrieblichen Vorgesetzten als auch den übergeordneten Funktionären ging es vor allem um ein friedliches Betriebsklima; sie versuchten, die beiden Kontrahenten zur Versöhnung zu bewegen. Ansonsten aber verbanden sie keine Interessen mit der Angelegenheit und keine Freundschaft mit Marmagen. Sie waren nicht bereit, wegen Marmagen Schwierigkeiten zu bekommen, so daß sie Riegers Druck nachgaben.

Während bei der Denunziation Jakob Münchs die Funktionäre in seiner Nachbarschaft andere AnwohnerInnen unter Druck setzten, verhielt es sich hier umgekehrt. Für die Gestapo und das Regime insgesamt war das gleichgültig, denn im Sinne des Machterhalts funktionierten beide Wege.

Die Macht der Worte

»Desgleichen sichern das Schweigen und das Geheimnis die Macht und ihre Untersagungen; aber sie lockern auch ihre Zugriffe und schaffen mehr oder weniger dunkle Spielräume.«[189]

In sieben Geschichten wurde versucht, die »dunklen Spielräume« der NS-Gesellschaft zu erkunden und zu erhellen, um so einen genauen Blick in das Innere dieser Gesellschaft und ihre Funktionsweisen ermöglicht zu haben.

Eines der Fundamente von Staat und Gesellschaft war die allseitige Angst vor Worten. Zwar versuchte das Regime, die Bevölkerung mit einer Flut von Worten zu überzeugen, zu begeistern und abweichende Meinungen darunter zu ersticken. Neben dem eigenen Wortschwall aber duldete es nur Schweigen und fürchtete, ›heimtückische‹ Worte könnten seine scheinbare Allmacht und Allgegenwart entzaubern oder ›zersetzen‹.

Ebenso hatte die Bevölkerung Angst vor Worten. Die Einzelnen mußten ihr Sprechen kontrollieren, um nicht wegen unbedachter Äußerungen schwere Strafen zu riskieren. Darüber hinaus mußten sie Angst haben vor den Worten anderer, die solche Bemerkungen vielleicht meldeten. Wie die zahlreichen Denunziationen von FunktionärInnen der NS-Organisationen untereinander zeigen, waren auch die Angehörigen der unteren Bereiche des Machtapparates davon betroffen.

Die Angst vor den eigenen Worten und denen der anderen sorgte für die Disziplinierung der ›Volksgenossinnen und Volksgenossen‹, d.h. des Teils der Bevölkerung, der innerhalb des rassistischen Welt- und Menschenbildes als ›Staatsvolk‹ akzeptiert war. Die Redeverbote sollten sie daran erinnern, daß auch sie vor dem Zugriff der Machthaber nicht sicher waren, sondern eine bestimmte Leistung von ihnen erwartet wurde, nämlich das erwünschte Verhalten zu zeigen und die erwünschten Meinungen zu äußern.

Damit sollte nicht nur die Organisation von Widerstand verhindert werden. Die immer weiter gesteckten Redeverbote zielten letztlich auf die Verhinderung jedes spontanen Gesprächs, jedes unbelasteten Kontakts. Wenn kritische oder auch nur zweifelnde Bemerkungen über die Regierung, ihre Mitglieder und ihre Politik, über die NSDAP, ihre Organisationen und ihre FunktionärInnen, über den Kriegsverlauf und die Lebensbedingungen ebenso verboten wurden wie das Beschaffen unabhängiger Informationen, wenn gleichzeitig diese Bestimmungen vage blieben und mit Hilfe von DenunziantInnen durchgesetzt wurden, mußte die Selbstzensur immer weiter gehen und konnte letztlich kein Thema mehr aussparen.

Die Sprechverbote des NS-Staates werden damit erkennbar als ein Versuch, eine der wichtigsten Funktionen alltäglicher Gespräche aufzuheben. Die Unterhaltungen mit der Kollegin oder einem Nachbarn, der Wirtin oder einem Familienangehörigen dienen normalerweise nicht zuletzt der Selbstverortung und Selbstvergewisserung in der Gesellschaft insgesamt und den sozialen Gruppen des engeren Umfeldes. Indem die Privatheit dieser Gespräche aufgehoben wurde, war ein entscheidender Schritt zur Isolierung der Einzelnen voneinander getan.[190] Das Unterbinden wirklich privater Kommunikation zielte letztlich darauf, jede Erinnerung an die Gesellschaft vor 1933 auszulöschen und jede Vorstellung einer Alternative zum Nationalsozialismus unmöglich zu machen.[191]

Das Verstummen der Gesellschaft wurde zwar nie vollständig, aber doch sehr weitgehend erreicht. Die zahlreichen Menschen, die sich über die Redeverbote hinwegsetzten, die Anpassung ihrer Redeweise verweigerten und unbestraft blieben, waren für das Regime zu verschmerzen, solange die Denunziationsbereitschaft vieler und das Schweigen der meisten erhalten blieben.

Die HeimtückerednerInnen blieben vereinzelt, so daß von der Masse ihrer kritischen, frustrierten, spöttischen oder wütenden Bemerkungen keine Umsturzgefahr ausging. Nach der Logik der Machthaber mußten sie dennoch verfolgt werden, gefährdeten doch ihre respektlosen Kommentare und Fragen das »Geheimnis der Macht« und damit letztlich deren Bestand. Wenn Oskar Meier nebenbei wissen wollte, ob die Liebe zu Hitler satt mache, oder Jakob Marmagen die Durchhalteparolen von Goebbels als »Quatsch« bezeichnete, ließen sie die Luft aus den Propagandagebilden, dem ›Führer‹-Kult und dem Unfehlbarkeitsanspruch des Nationalsozialismus. Einige wenige gingen noch weiter indem sie, wie Maria Merten und Eugen Schinkel, die Opfer der Politik als solche benannten.[192]

Solche und ähnliche Äußerungen kamen von Personen, die ein gefestigtes nicht-nationalsozialistisches Welt- und Menschenbild hatten und, wie Jakob Münch, teilweise über Jahre hinweg aus ihrer Einstellung keinen Hehl machten.[193] Sie kamen aber auch von Menschen, die sich wie Paul Gerber aus Enttäuschung vom Nationalsozialismus abgewandt hatten. Noch andere waren NSDAP-Mitglieder wie Aloys Kaiser, die vom Regime profitierten.

Gemeinsam war fast allen, daß sie sich im Verlauf eines hin- und hergehenden Gesprächs zu ihrer ›staatsfeindlichen‹ Aussage verleiten ließen. Sie wollten ihr »Publikum beeindrucken und Gefühle mitteilen.«[194] Beides zeigt sich in den Flüchen und Schimpfwörtern, die häufig die inhaltliche Kritik begleiteten. Eugen Schinkel regte sich auf über den »Scheißkrieg«, in dem es nichts »zu fressen« gebe. Josef Breuer sprach von »Nazikraten« und »Pimoken«. Am weitesten ging Maria Merten, die im Streit mit den beiden Sekretärinnen die Bürotür aufriß, ihre politischen Kommentare über den Flur rief und damit eindeutig auf ein Publikum zielte.

Obwohl sie um die Gefahr wußten, ignorierten die KritikerInnen sie in bestimmten Situationen. Sie verweigerten die Selbstkontrolle oder waren dazu nicht (mehr) in der Lage. Sie reagierten so auf den übergroßen Anpassungsdruck des Regimes, stilisierten sich teilweise, wie Josef Breuer oder Maria Merten, als ›wir hier unten‹ gegen ›die da oben‹. In der Wiederholung solcher Verhaltensweisen kommt das Selbstbewußtsein zum Ausdruck, das sie aus der unbestraften Regelverletzung zogen.

Wie bei den meisten Porträtierten deutlich wird, spielte dabei Geltungssucht, das Bemühen, von der Norm abzuweichen und im Mittelpunkt zu stehen, eine gewisse Rolle. Ein Teil von ihnen wäre bzw. wurde in der Weimarer Republik oder den Nachkriegsjahren als sozial auffällig sanktioniert.[195]

In der NS-Gesellschaft aber ist ihrem Verhalten eine andere Qualität zuzumessen. Mit der Ich-Bezogenheit, die der Mehrzahl der HeimtückerednerInnen oder WehrkraftzersetzerInnen zu eigen war, beharrten sie auf ihrer Individualität und ließen sich nicht einordnen in eine durch Propaganda, Drohungen oder Belohnungen beliebig formbare Masse.

Dabei gingen nur die wenigsten so weit, ihr berufliches Funktionieren zu verweigern oder sich für die Opfer der NS-Politik einzusetzen. Paul Gerber, den die NS-Justiz auf Zurechnungsfähigkeit untersuchen ließ, gehörte zu dieser Minderheit. Er lehnte es ab, seine berufliche Unabhängigkeit einschränken zu lassen, um von Wehrmachtsaufträgen profitieren zu können. Eugen Schinkel hingegen verurteilte die Verfolgung der jüdischen Bevölkerung und hielt die deutschen Rundfunkmeldungen über den Kriegsverlauf für Lügen.

Er widmete sich dennoch mit all seiner Kompetenz, Energie und Autorität und ungebremst von einer schweren Krankheit der Rüstungsproduktion und damit der Verlängerung des Krieges und der Verfolgungen. Aloys Kaiser versorgte ZwangsarbeiterInnen zwar mit zusätzlichen Lebensmitteln, ließ sich aber nicht davon abhalten, durch die Ausbeutung ihrer Arbeitskraft und die Zulieferung zum U-Boot-Bau ein Vermögen zu verdienen.

Trotz solcher Unterschiede scheint eindeutig zu sein, worin sich die RegimekritikerInnen weiterhin ähnelten: Zum Teil aus moralisch-politischer Überzeugung, zum größeren Teil aus individueller Frustration litten sie am Zustand der nationalsozialistischen Gesellschaft und verweigerten ab einem bestimmten Punkt das Schweigen darüber, wie es der totalitäre Staat verlangte. Sie reagierten im Grunde demokratisch, indem sie ihre Befindlichkeit und ihre Wünsche nicht verdrängten, sondern zum politischen System in Beziehung setzten und ihre Folgerungen daraus, zumindest ansatzweise und in einzelnen Bemerkungen, öffentlich machten.

Sie lieferten sich damit der Gutwilligkeit ihrer ZuhörerInnen aus und waren sich darüber im klaren. Sie überschätzten jedoch, wie es bei Eugen Schinkel, Paul Gerber und Josef Breuer besonders deutlich wird, traditionelle Loyalitäten und Autoritätsstrukturen. Es gibt keinerlei Hinweise darauf, daß sie weniger als andere ›Volksgenossinnen und -genossen‹ an die Allgegenwart und Allmacht der NSDAP oder der politischen Polizei geglaubt hätten. Vielmehr gehörten Anspielungen darauf zu den typischen Inhalten der Heimtückereden. Sie ignorierten die Gefahr dennoch oder scheinen geglaubt zu haben, daß immer nur andere denunziert werden würden.

Menschen wie Jakob Münch, der sachlich seine Kommentare abgab, waren selten.[196] Normalerweise fühlten sich die RegimekritikerInnen provoziert durch einen konkreten Anlaß oder eine bestimmte Bemerkung, die auf ihre Unzufriedenheit mit Politik oder persönlichen Lebensbedingungen traf. Gerade wenn Antipathien zu einem oder mehreren der GesprächspartnerInnen vorhanden waren, wurden im Streit die antrainierten Mechanismen der Selbstkontrolle aufgegeben.[197]

Dabei suchten sie nur vereinzelt den Einstieg in eine politische Diskussion, wie Jakob Münch sie mit Mutter und Tochter Oncken führte. Statt dessen wurden, manchmal in Form ironischer Fragen, meist durch polemische und wiederum provozierende Feststellungen, die Mißstände, die Verbrechen oder das Versagen der NS-Politik benannt. Oskar Meier dürfte auf seine Frage, ob die Liebe zu Hitler satt mache, keine Antwort erwartet haben. Maria Merten strebte mit ihren Tiraden ebensowenig die politische Überzeugung ihrer

ZuhörerInnen an wie Eugen Schinkel mit seiner Aufforderung, ausländische Rundfunksender abzuhören. Paul Gerber beabsichtigte mit seinen Schilderungen der Zustände im Gestapo-Gefängnis nicht in erster Linie, seine ZuhörerInnen zu warnen. Vielleicht mit Ausnahme von Jakob Münch ging es allen hier porträtierten RegimekritikerInnen nicht um politische Aufklärung, sondern darum, vor sich selbst und anderen ihre Unabhängigkeit und Furchtlosigkeit gegenüber Regierung und Polizei zu beweisen. Sie strebten, wie auch Kerstin Kunz und Peter Hüttenberger in ihren Untersuchungen festgestellt haben,[198] nicht aktiv nach dem Umsturz des Regimes. Es sind noch nicht einmal Bemühungen erkennbar, verstärkten Kontakt mit Gleichgesinnten aufzunehmen.

Aus heutiger Sicht ist all den vereinzelt bleibenden, unsystematisch vorgehenden und nur teilweise aus anti-nationalsozialistischer Überzeugung sprechenden RegimekritikerInnen große Bedeutung zuzumessen. Ihre Weigerung, die nationalsozialistischen Redeverbote einzuhalten, war gleichzeitig eine Weigerung, der staatlichen Propaganda und den von ihr produzierten Wort- und Bildermassen das Feld zu überlassen. Sie leisteten keinen Widerstand im Sinne eines organisierten, auf den Sturz der Diktatur zielenden Vorgehens. Sie erwiesen sich aber als teilweise resistent gegen die Drohungen und die Versprechungen des Machtapparates und gaben dies anderen zu erkennen. Insofern taten sie, was die einschlägigen Gesetze ihnen vorwarfen: Sie ›zersetzten‹ das Vertrauen der Bevölkerung in die Führung.

Die Bemerkungen der ›Feinde der Volksgemeinschaft‹ fielen in der Regel nicht vor neutralem Publikum,[199] sondern wurden meist in erregtem Zustand, oft im Verlauf von Auseinandersetzungen, an Personen gerichtet, zu denen die Sprechenden in irgendeiner Art von Beziehung standen. Die Äußerungen fielen ebensowenig in einem interessefreien Raum. Sowohl die unmittelbar Anwesenden, als auch alle Personen des Umfelds, die später von dem Gespräch erfuhren, werteten das Gehörte entsprechend eigener Wünsche, Überzeugungen und Sympathien. Wenn es zu einer Denunziation kam, konnten sie alle zu ZeugInnen werden und sich im gefürchteten EL-DE-Haus einem Gestapobeamten gegenüber sehen.

Die ZeugInnen lassen sich drei Gruppen zuordnen. Entsprechend dem eben Gesagten handelte es sich in den wenigsten Fällen um Personen, die weder zu der oder dem Beschuldigten noch den DenunziantInnen Sympathie oder Abneigung empfanden oder die nicht eigene Interessen mit dem Ausgang der Ermittlungen verbanden. Manche aus dieser kleinsten Gruppe der ZeugInnen versuchten, ihre Neutralität auch in den Befragungen beizubehalten. Andere ordneten sich, aus Angst vor der Gestapo, unter dem Druck eines der Beteiligten oder in dem Wunsch, die Beschuldigten zu schützen, den ZeugInnen zu, die die politischen Vorwürfe zu be- oder entkräften versuchten.

Die weitaus meisten ZeugInnen regimekritischer Reden hatten nicht nur eine eigene politische Meinung, die sie das Gehörte mit Zustimmung oder Ablehnung aufnehmen ließ. Sie standen auch innerhalb des Beziehungsnetzes, dem beide angehörten, dem Sprecher oder der Sprecherin nahe oder lehnten sie ab; manche wußten sogar von der sich anbahnenden Denunziation. Sie waren geprägt von eigenen Interessen und Wünschen, die sie mit der durch die Denunziation entstandenen Situation abzustimmen versuchten.

Ihre Verhaltensweisen waren einerseits durch die Angst vor der Gestapo bestimmt. Trotz des Gefühls der Bedrohung reagierten diese ZeugInnen andererseits, als seien sie in einen Streit in einem Rechtsstaat verwickelt. Sie erwogen nicht das Maß der Gefährdung der Beschuldigten, sondern die Beliebtheit und den Einfluß des Denunziationsopfers und der DenunziantInnen, überdachten ihre eigene Position und die Möglichkeiten, die sich für sie ergaben. Daneben spielten traditionelle Hierarchien und Loyalitäten eine Rolle und natürlich das Ausmaß, in dem die Gestapo oder die eingeschalteten FunktionärInnen Interesse an der Sache zeigten und Druck in eine bestimmte Richtung ausübten.

Ein Beispiel für das wenn auch begrenzte Fortbestehen alter Loyalitäten sind die Ermittlungen gegen Eugen Schinkel. Trotz seiner cholerischen Ausbrüche und gefürchtet scharfen Kritik waren sich seine wichtigsten Untergebenen in der Abwehr gegen den Denunzianten einig. Sie versuchten, den Einblick der Gestapo in ihren Kreis zu verhindern; die Mutigeren unter ihnen bemühten sich, ihren Chef zu decken. Das Motiv ihres Verhaltens dürfte in der engen Bindung an ihre Firma und ihren langjährigen Chef zu sehen sein. Sie verstanden sich als ›Carlswerker‹ und schlossen sich gegen den Kollegen zusammen, der die Einmischung von außen ermöglicht hatte. Erst unter dem verstärkten Druck des Ermittlungsbeamten belasteten sie ihren Vorgesetzten.

Im Gegensatz dazu sah Paul Berger seine Interessen am besten gewahrt, indem er die Vorwürfe gegen Jakob Marmagen bestätigte und noch erweiterte. Er hatte sich zunächst geweigert, selbst gegen seinen Untergebenen vorzugehen. Er versuchte, den späteren Denunzianten Karl Rieger zu beruhigen und die beiden Streitenden zur Versöhnung zu bewegen. Nachdem die Anzeige erstattet war, änderte er seinen Kurs. Aus der Befürchtung, daß die Aussage eines weiteren Zeugen seine monatelange Duldung von Marmagens

Sprüchen ans Licht bringen werde, belastete er den Beschuldigten. Berger mußte sich schnell für ein Vorgehen entscheiden. Als Marmagens unmittelbarer Vorgesetzter konnte er nicht hoffen, sich der Verwicklung in die Sache entziehen zu können. Außerdem erhielt er keine schriftliche Vorladung, sondern mußte spontan an seinem Arbeitsplatz eine erste Aussage gegenüber der Gestapo machen.

Franziska Haupt wurde eine Zeuginnenvorladung für den kommenden Tag zugestellt, wodurch sie erfuhr, daß aus dem allgemeinen Gerede über ihren Nachbarn Jakob Münch eine Anzeige geworden war. Sie hatte also Zeit, ihre Aussage vorab zu überdenken. Sie hoffte zudem, durch energisches Auftreten bei den beiden Drahtziehern der Intrige gegen Münch ihr Erscheinen bei der politischen Polizei ganz verhindern zu können.

Barthel Mader ist ein Beispiel für eine völlig andere Position. Zwischen 1940 und 1944 war er für die Gestapo uninteressant, lediglich ein Bekannter und dann Geschäftspartner Eberhard Bolls. Tatsächlich aber hatte er von Anfang an versucht, den Streit zwischen Boll und Aloys Kaiser zu nutzen. Er kannte Bolls Fähigkeiten sowie dessen einträgliche Erfindung und erfuhr sehr schnell von der Verhaftung Kaisers. Indem er seinem Firmenbesitzer von der Verhaftung berichtete und ihn zur Einstellung Bolls bewog, konnte er sowohl seiner Firma einen Vorteil verschaffen als auch Boll einen Gefallen tun. Mader hatte also mit der Denunziation nichts zu tun, blieb völlig im Hintergrund und versuchte, sich seinen Chef und seinen Geschäftspartner zur Dankbarkeit zu verpflichten.

Margarethe Ließen hatte sich ganz bewußt in eine Denunziation verwikkeln lassen. Als ihre Freundin Antonie Breuer vor der Gewalt ihres Ehemannes keinen Ausweg sah, war sie bereit, ihn vor der Gestapo mit politischen Vorwürfen zu belasten, obwohl sie Angst vor Josef Breuers Rache hatte.

Die Beispiele stehen für die Vielfalt der Interessen und Motive, die das Verhalten von ZeugInnen bestimmen konnten. Ebenso wie die DenunziantInnen die Anzeige in der Regel auch hätten unterlassen können, hatten die ZeugInnen individuelle Spielräume, über das Maß ihrer Zusammenarbeit mit dem NS-Regime zu entscheiden. Offensichtlich wurde nur bei wenigen dadurch ein Entwicklungsprozeß wie bei Franziska Haupt in Gang gesetzt, die ihre Angst überwand und versuchte, dem Beschuldigten soweit wie möglich vor Gericht zu helfen.

Die DenunziantInnen machten sich die Angst der Machthaber vor ›zersetzenden‹ und ›heimtückischen‹ Worten zu nutze. Manchmal aus Überzeugung oder als Beweis der eigenen politischen Zuverlässigkeit, meist bei der

Verfolgung persönlicher Zwecke aktivierten sie den Machtapparat. Reinhard Mann sah in der hohen Zahl der Anzeigen aus privaten Motiven einen Hinweis auf das Scheitern der politischen Mobilisierung der Bevölkerung.[200] Im Gegensatz dazu stellte Gisela Diewald-Kerkmann zu Recht fest, daß es dem Regime gelang, »das latent in der Gesellschaft vorhandene Potential an Denunziationsbereitschaft und damit auch an moralischer Bedenkenlosigkeit freizusetzen.«[201] Dies wirkte, unabhängig von den ›unpolitischen‹ Motiven der Anzeigenden, herrschaftsstabilisierend und damit politisch. Nur das vom Regime inszenierte ideologische Umfeld und der von ihm aufgebaute institutionelle Rahmen ließ die Denunziationsbereitschaft in Handeln umschlagen und als Massenphänomen wirksam werden. Die Frage, ob es sich dabei dann tatsächlich um eine politische Mobilisierung handelte, ist unter diesen Umständen rein theoretisch.[202]

Den meisten DenunziantInnen ging es um »Machterwerb oder besser: sozialen Geländegewinn«,[203] der sehr verschiedene Formen annehmen konnte. Antonie Breuer wollte sich unmittelbarer körperlicher Gewalt entziehen; Frieda Schelling sah ihre Familienangehörigen bedroht. August Lingen strebte nach Fortsetzung seiner steilen beruflichen Karriere, während Eberhard Boll daneben auch an sehr viel Geld kommen wollte. Theodor Weber und Jakob Riesen fühlten sich nicht nur in ihrer politischen Überzeugung angegriffen, sondern glaubten auch im traditionell-patriarchalen Sinne, daß Jakob Münch ihren Einfluß insbesondere auf die Frauen in der Nachbarschaft untergrabe. Karl Rieger empfand sich in seinem politischen Glauben ebenso wie mit seiner Körpergröße und Gehbehinderung verspottet; Erich Schelling und Andreas Krenz sahen ihre Ehre gekränkt. Lediglich Anna Moser scheint ausschließlich aus nationalsozialistischer Überzeugung gehandelt zu haben.

Auch wenn sie nicht in jedem Fall die von ihnen angestrebten Ziele erreichten, erkannten die unteren FunktionärInnen und einfachen ›Volksgenossinnen und Volksgenossen‹ richtig, daß sie mit einer Denunziation unter Umständen ihre Position in ihrem sozialen Umfeld ausbauen oder sichern konnten. Sie ließen »die Autorität intervenieren [und so] Konflikte durch Gewalt, nicht mehr durch Verhandlung und Kompromiß« lösen.[204]

Im subjektiven Verständnis der DenunziantInnen erfolgte die Anzeige nicht immer ganz freiwillig, sondern unter dem tatsächlichen oder angeblichen Druck anderer. Im Bereich der Kölner Justiz war kein Fall feststellbar, in dem jemand von Gestapo oder NSDAP nicht ›nur‹ bedroht, sondern tatsächlich bestraft worden wäre für das Unterlassen einer Denunziation. In anderen Untersuchungen wird ein solcher Fall ebensowenig erwähnt. Wie jedoch die Beispiele Paul Roggendorfs (in den Ermittlungen gegen Jakob Marmagen) oder der Gruppe, aus der schließlich Jakob Münch der Polizei gemeldet wurde, zeigen, hatte sich der von oben ausgeübte Konformitätsdruck bis in die Verästelungen kleinräumiger Milieus hinein verlängert und verselbständigt.

Die Annahme, daß solche Milieus in irgendeiner Gesellschaft so geschlossen und harmonisch waren, daß sie gegen Druck oder die Aussicht auf Belohnung gesichert gewesen wären, ist idealisierend. In jeder sozialen Gruppe gleich welcher Größe und Stabilität gibt es Spannungen, Machtgefälle, Antipathien und Frustrationen. In einer totalitären Gesellschaft sind dies die Ansatzpunkte, die Vereinzelung der Individuen, ihre Isolierung voneinander voranzutreiben. Wenn eine/-r dem Druck oder den Verlockungen nachgibt und die eigenen Wünsche und Interessen mit denen des Regimes verbindet, vergrößert sich der Zugang des Staates zu diesem Milieu bis hin zu dessen Auflösung bzw. völligen ›Gleichschaltung‹. Der Machtapparat erhält dann nicht nur die Möglichkeit, eine kritische Stimme zu erkennen und zum Schweigen zu bringen, sondern kann außerdem die weiteren Gruppenangehörigen, einschließlich der DenunziantInnen, nachdrücklich an seine Normen und seine Macht erinnern und auf sich verpflichten. Die Ermittlung, Verhaftung und Verurteilung von ›Staatsfeinden‹, ›Defätisten‹ oder ›Meckerern‹ mochten Folgen einer Denunziation sein; bedeutender war das strukturelle Ziel, nämlich die Öffnung staatsferner Räume, individueller und gruppenspezifischer Rückzugsgebiete für die ideologischen und praktischen Anforderungen des NS-Regimes.

Den DenunziantInnen wurde ihr Vorgehen nicht nur faktisch, sondern auch psychologisch so leicht wie möglich gemacht. Die ›Volksgemeinschafts‹-Ideologie, ihr Rassismus und ihr totaler Anspruch auf die ›Herrenmenschen‹ rechtfertigten die willkürliche Definition und Ausgrenzung von Minderheiten, ›Volksschädlingen‹ und ›Gemeinschaftsfremden‹.[205] Vor diesem Hintergrund konnten auch jene DenunziantInnen, denen die ›Volksgemeinschaft‹ ebenso egal war wie die Person Hitlers, eine Verpflichtung zur und Rechtfertigung von Denunziationen sehen. Der traditionell schlechte Ruf der DenunziantInnen blieb auch im ›Dritten Reich‹ erhalten.[206] Demgegenüber beriefen sich die Anzeigenden auf ihre ›Pflichterfüllung‹.[207] In den Untersuchungen der Nachkriegsjahre findet sich immer wieder das Argument, zur Meldung der gehörten regimekritischen Äußerungen verpflichtet gewesen zu sein oder sich verpflichtet gefühlt zu haben. In ähnlicher Weise brachten DenunziantInnen und BelastungszeugInnen vor, sie hätten in ihren Vernehmungen bei Polizei und Gericht nur die ihnen gestellten Fragen wahrheitsgemäß beantwortet, was ihrer staatsbürgerlichen Pflicht entsprochen habe. Obgleich dieses Argument oft nur vorgeschoben war, »darf doch nicht außer acht gelassen werden, daß viele Anzeigeerstatter den vom NS-Regime aufgestellten Verhaltensnormen entsprechen wollten.«[208]

In dieser Konstruktion liegt wahrscheinlich eine Erklärung für das völlige Fehlen eines Unrechtsbewußtseins bei den DenunziantInnen, das sowohl bei den in Köln als auch den in der Region Lippe nach 1945 wieder aufgerollten Fällen festgestellt worden ist.[209] Sie hatten das Angebot des NS-Staates angenommen, ihr individuelles Gewissen an den ›Führer‹ abzutreten (›Der Führer hat immer Recht!‹); für die Folgen ihrer Handlungen waren sie somit in ihren Augen nicht verantwortlich. Sie konnten daher die Gleichgültigkeit gegenüber dem Schicksal anderer an den Tag legen, die beim Lesen ihrer Aussagen fassungslos macht. Vielleicht waren auch die ständige Gewalt und das ›Verschwinden‹ von Menschen im NS-Staat so alltäglich geworden, daß die Gewaltbereitschaft vieler ›Volksgenossinnen und Volksgenossen‹ zunahm. Sie ließ sich durch Denunziationen ohne physische Gewaltanwendung ausleben. Insofern sind die DenunziantInnen ein besonders deutliches Beispiel dafür, daß die Diktatur noch nicht alle Entscheidungsmöglichkeiten beseitigt hatte und das Verhalten jeder ›Volksgenossin‹ und jedes ›Volksgenossen‹ einen Unterschied machte für die gesamtgesellschaftliche Atmosphäre. Die DenunziantInnen trafen eine Entscheidung, sie nutzten die Möglichkeit, »heimlich, unbestraft [...], durch das Wort einem anderen Menschen Schaden zuzufügen, ja ihn zu töten.«[210]

In anderer Weise wurde die Macht der Worte von den ›Feinden der Volksgemeinschaft‹ für sich beansprucht. Sie durchbrachen das verordnete Schweigen, machten sich hörbar und sichtbar. Sie verstießen gegen die Regeln der nationalsozialistischen Gesellschaft, indem sie ihr Verhalten und ihre Meinungen nicht vollständig den Vorstellungen des Regimes anpaßten, die von der Mehrheit der Bevölkerung akzeptiert wurden. In einem Staat, der körperliche, wirtschaftliche und militärische Kraft als absolute Ideale setzte, in dem Gespräche unterdrückt und Sprache nur als Manipulationsinstrument eine Bedeutung beigemessen wurde, erzwangen die HeimtückerednerInnen und WehrkraftzersetzerInnen durch Worte die Aufmerksamkeit des Machtapparates und zeigten dessen noch vorhandene Grenzen auf.

Die Weigerung, die Wünsche der Herrschenden den eigenen Bedürfnissen voranzustellen, die Mißachtung der von Verwandten, NachbarInnen und KollegInnen mitgetragenen Sprachregeln und Verhaltensnormen ist als Versuch zu sehen, Individualität und Eigenständigkeit zu behaupten, als trotzige Auflehnung gegen den Druck des Regimes und der sozialen Umwelt. Meist unbewußt verteidigten die ›StaatsfeindInnen‹ den Wert des direkten Gesprächs, des alltäglichen Miteinander-Redens, durch das Menschen versuchen, ihren Standort in Gesellschaft und Staat und ihre Beziehungen zu anderen selbst zu bestimmen.

Anmerkungen

1 HANNAH ARENDT, S. 727.

2 Die geschlechtsneutralen Bezeichnungen von Personengruppen werden immer dann verwendet, wenn Frauen und Männer gemeint sind bzw. beteiligt oder betroffen sein konnten. Dies gilt auch in den Fällen, in denen ein Geschlecht die große Mehrzahl einer Gruppe stellte, z.B. Männer bei den hauptamtlichen NSDAP-FunktionärInnen. Um historische falsche Bezeichnungen (z.B. bei ›Volksgenosse‹) zu vermeiden, wurden jeweils die männlichen und weiblichen Formen ausgeschrieben. – Der Sprachgebrauch ist bei Untersuchungen zum Nationalsozialismus immer ein großes Problem. Nationalsozialistische Begriffe wurden zwar verwendet, jedoch durch einfache Anführungszeichen gekennzeichnet. In Grenzfällen (z.B. benutzte nicht nur die NSDAP, sondern auch die sozialdemokratischen und kommunistischen Parteien der Weimarer Republik den Begriff ›Parteigenosse/Parteigenossin‹; der juristische Begriff der ›Heimtücke‹ ist keine nationalsozialistische Erfindung u.a.) wurde je nach inhaltlichem Zusammenhang entschieden.

3 »Denunziation: Zur Psychologie justizförmiger Anschuldigungsstrategien im historischen Vergleich« war der Titel eines Symposiums an der Universität Halle/Wittenberg im Februar/März 1996. Die VeranstalterInnen Günter Jerouschek, Inge Marßolek und Hedwig Röckelein werden die Ergebnisse der Tagung demnächst in einem Sammelband vorlegen.

4 GISELA DIEWALD-KERKMANN, Denunziation, S. 48. – Häufig benutzte Forschungsarbeiten werden mit AutorInnennamen und nötigenfalls mit Kurztitel zitiert; die kompletten Angaben finden sich im Literaturverzeichnis. Untersuchungen, die für diese Arbeit nur am Rande oder indirekt von Bedeutung waren, werden in der Anmerkung komplett benannt und sind nicht in die Literaturliste aufgenommen.

5 Ausführlich dazu s. ROBERT GELLATELY, Rethinking, S. 26 ff.

6 Trotz der Konzentration auf Widerstand und Resistenz spielten die Veröffentlichungen des ›Bayern-Projekts‹ für die beschriebene Verschiebung der Leitfragen eine große Rolle: MARTIN BROSZAT u.a. (Hrsg.), Bayern in der NS-Zeit. 6 Bände München 1977-1983. Weitere wichtige Arbeiten in diesem Zusammenhang: INGE MARSSOLEK/RENÉ OTT; REINHARD MANN, Protest; ROBERT GELLATELLY, Gestapo; KLAUS-MICHAEL MALLMANN/GERHARD PAUL, Herrschaft; BERND-A. RUSINEK, Gesellschaft. Außerdem: DETLEV PEUKERT, Die KPD im Widerstand. Verfolgung und Untergrundarbeit an Rhein und Ruhr 1933-1945, Wuppertal 1980. BERNHARD JELLONEK, Homosexuelle unter dem Hakenkreuz. Die Verfolgung von Homosexuellen im Dritten Reich, Paderborn 1980.

7 Nachdem ein erster Anstoß durch MARTIN BROSZAT (Denunziationen) zunächst folgenlos geblieben war, ging schließlich REINHARD MANN (Reaktion) in systematischer Form auf die Bedeutung der Denunziationen ein. Ausführlich befassen sich damit auch PETER HÜTTENBERGER in seiner Studie über das Sondergericht München, KLAUS-MICHAEL MALLMANN/GERHARD PAUL in ihrer Arbeit über das Saargebiet, ROBERT GELLATELY in seinen Veröffentlichungen über die Gestapo in Würzburg-Unterfranken sowie KERSTIN KUNZ und GISELA DIEWALD-KERKMANN (Verfolgung) in ausführlichen Aufsätzen über den Sondergerichts-

bezirk Bielefeld. In jüngster Zeit sind auch erste Untersuchungen speziell zu Denunziationen erschienen. Neben den Aufsätzen von BERNWARD DÖRNER, ELMAR WELTER/BENJAMIN ECKSTEIN, ROBERT GELLATELY und eigenen Untersuchungen ist vor allem die Monographie von GISELA DIEWALD-KERKMANN (Denunziationen) zu nennen. INGE MARSSOLEK stellt mit der »Geschichte der Helene Schwärzel« eine Denunziantin dar. Von RITA WOLTERS ist eine Arbeit über »Denunziantinnen im Nationalsozialismus« angekündigt, die leider nicht mehr berücksichtigt werden konnte.

8 GERHARD PAUL, »Deutschland, Deine Denunzianten«; ähnlich ROBERT GELLATELY, Gestapo, S. 130.

9 FRANK DINGEL, Herrschaft, S. 221. Ähnlich in DERS., Gestapo, S. 207.

10 WERNER RÖHR, S. 214.

11 FRANK DINGEL, Herrschaft, S. 220.

12 LUDWIG EIBER warnt vor der in einigen neueren Forschungsarbeiten erkennbaren Tendenz, die Gestapo aufgrund ihrer strukturellen Schwächen einerseits zu unterschätzen, sie andererseits durch Überbetonung ihrer Rolle im Machtgefüge des NS-Staates als ausschließliches Überwachungs- und Terrorinstrument des Regimes erscheinen zu lassen (S. 182f u. 189).

13 KLAUS-MICHAEL MALLMANN/GERHARD PAUL, Allwissend, S. 998. – Ausführlich zu dieser Entwicklung DIES., S. 989 ff. Ähnlich ROBERT GELLATELY 1988, S. 665 ff. – Zur Entwicklung des Personalbestands vgl. ELISABETH KOHLHAAS, die ebenfalls der Aufbau der neuen Gestapo-Dienststellen ab 1938 zu den personellen Lasten der bestehenden Einrichtungen betont (S. 224). Sie bestätigt zudem, daß sich im Krieg der »Prozeß der Deprofessionalisierung und Dequalifizierung der Gestapo« immer weiter beschleunigte (S. 233).

14 KLAUS-MICHAEL MALLMANN/GERHARD PAUL, Allwissend, S. 991. – Zum Entstehungsprozeß der Gestapo und der Verschmelzung mit der SS siehe HANS BUCHHEIM. Außerdem: SHLOMO ARONSON, Reinhard Heydrich und die Frühgeschichte von Gestapo und SD, Stuttgart 1971; CHRISTOPH GRAF, Politische Polizei zwischen Demokratie und Diktatur. Die Entwicklung der preußischen Politischen Polizei, Berlin 1983; G.C. BOWDER, Foundations of the Nazi Police State. The Formation of Sipo und SD, Lexington 1989.

15 KLAUS-MICHAEL MALLMANN/GERHARD PAUL, Allwissend, S. 991. Dort Beispiele zur personellen Zusammensetzung einzelner Dienststellen. – Die zunächst geringe Zahl der SS-Angehörigen erklärt sich allerdings auch aus Widerständen in der SS-Führung, die nicht vorbehaltlos Beamte in ihre ›weltanschauliche Elitetruppe‹ übernehmen wollte. – ELISABETH KOHLHAAS stellte fest, daß in den Anfangsjahren der größte Teil der Beamten aus der Weimarer Polizei übernommen wurde und nur bei Neueinstellungen darauf geachtet wurde, daß die Bewerber nicht einer der demokratischen ›Systemparteien‹ angehört hatten (S. 228 f.).

16 ROBERT GELLATELY, Bedeutung, S. 41. ELISABETH KOHLHAAS schätzt für das Jahr 1935 4.200 Angestellte und Beamte. Sie berichtet, daß die letzte Angabe der Gestapo selbst 31.000 MitarbeiterInnen für den 1. Januar 1944 nannte. Die Verteidigung beim Internationalen Militärgerichtshof in Nürnberg ging von 20.000, die Anklage von 40.000-50.000 MitarbeiterInnen aus (S. 221).

17 Den Stand der Forschung faßt GISELA DIEWALD-KERKMANN zusammen (Denunziationen, S. 24 ff).

18 § 7. Das Gesetz ist abgedruckt in Preußische Gesetzessammlung 1936, S. 21.

19 Die Darstellung der Kölner Gestapo folgt MANFRED HUISKES, S. 21-46. – Das Stadtgebiet Kölns war damals kleiner als heute. Als Teil des Regierungsbezirks Köln fiel dennoch das gesamte heutige Stadtgebiet in die Zuständigkeit der Kölner Gestapostelle.

20 Der Name ist abgeleitet von den Initialen des damaligen Hausbesitzers Ludwig Dahmen.

21 Die Zahl der ZwangsarbeiterInnen nach BERND RUSINEK, Massenmord, S. 406.

22 So BERND RUSINEK, Massenmord, S. 407.

23 RGBl. I 1933, S. 135.

24 Neben der Heimtücke-Verordnung beruhte die Einrichtung der Sondergerichte zunächst auf den Bestimmungen der ›Verordnung zum Schutz von Volk und Staat‹ (sog. Reichstagsbrandverordnung), die am 28.2.1933 erlassen worden war (RGBl. I 1933, S. 83).

25 RGBl. I 1934, S. 1269; s. dazu auch die Durchführungsverordnungen vom 15.2.1935 (RGBl. I 1935, S. 204), vom 22.2.1935 (RGBl. I 1935, S. 276) und vom 6.3.1935 (RGBl. I 1935, S. 387).

26 So auch PETER HÜTTENBERGER, S. 454.

27 BERNWARD DÖRNER, Gestapo, S. 259 f.

28 So auch BERNWARD DÖRNER, Gestapo, S. 342, und LUDWIG EIBER, S. 187.

29 PETER HÜTTENBERGER, S. 508.

30 KERSTIN KUNZ, S. 127 u. 173; PETER HÜTTENBERGER, S. 490 f.

31 KLAUS BÄSTLEIN, Akten, S. 162.

32 Zu den Zuständigkeiten und Verfahrensregeln der Sondergerichte s. die Arbeit von HANS WÜLLENWEBER. Kurze Zusammenfassungen bei KLAUS BÄSTLEIN, Akten, S. 161 ff, u. KERSTIN KUNZ, S. 133 ff.

33 Ausführlich dazu HANS WÜLLENWEBER.

34 Dies ist für die Sondergerichte Kiel (KLAUS BÄSTLEIN, Akten, S. 162), München (PETER HÜTTENBERGER, S. 438) und Bielefeld (KERSTIN KUNZ, S. 134) übereinstimmend festgestellt worden.

35 BERNWARD DÖRNER (Alltagsterror, S. 255) entnimmt diese Zahlen BAK, R 58, Nr. 722, fol. 77 u. ebd., R 22, Nr. 1171 ff.

36 RGBl. I 1937, S. 41.

37 Im ›Gesetz zum Schutz des deutschen Blutes und der deutschen Ehre‹ vom 15.9.1935 (RGBl. I 1935, S. 1147) hieß es: »Außerehelicher Verkehr zwischen Juden und Staatsangehörigen deutschen oder artverwandten Bluts ist verboten.«

38 ROBERT GELLATELY, Society, S. 677.

39 ROBERT GELLATELY (Society, S. 670) stellt für Würzburg/Unterfranken fest, daß bei ›Rassenschande‹ und ›Freundschaft mit Juden‹ der Anteil der durch Denunziationen ins Rollen gekommenen Verfahren höher lag als bei anderen ›Delikten‹.

40 PETER HÜTTENBERGER, S. 451.

41 Eine Darstellung der Auseinandersetzungen über die Verordnung bei ROBERT GELLATELY, Society, S. 681.

42 RGBl. I 1939, S. 1683.

43 Die vier Verordnungen wurden erlassen am 4. September 1939 (veröffentlicht im RGBl. I 1939, S. 1609), am 5. September 1939 (RGBl. I 1939, S. 1679 u. S. 2378) und am 4.12.1941 (RGBl. I 1941, S. 759).
44 ROBERT GELLATELY, Bedeutung, S. 45.
45 RGBl. I 1939, S. 1455 f.
46 HANS WÜLLENWEBER, S. 29.
47 Ausführlich dazu WALTER WAGNER, S. 280 f.
48 WALTER WAGNER, S. 64.
49 WALTER WAGNER, S. 279f.
50 HANS WÜLLENWEBER, S. 24 u. S. 41 ff.
51 LUDWIG EIBER, S. 184.
52 Ausführlich zur Rolle der unteren Amtsträger der NSDAP s. INGE MARSSOLEK/ RENÉ OTT, S. 171 ff.
53 GISELA DIEWALD-KERKMANN, Denunziationen, S. 62.
54 Darauf machen INGE MARSSOLEK/RENÉ OTT, S. 172, aufmerksam. Ähnlich BERNWARD DÖRNER, Alltagsterror, S. 267.
55 KATRIN DÖRDELMANN, Denunziationen, S. 208.
56 LUDWIG EIBER, S. 185.
57 INGE MARSSOLEK/RENÉ OTT, S. 171; PETER HÜTTENBERGER, S. 509 ff; GISELA DIEWALD-KERKMANN, Denunziationen, S. 79 ff.
58 GISELA DIEWALD-KERKMANN, Denunziationen, S. 80.
59 GISELA DIEWALD-KERKMANN, Denunziationen, S. 67.
60 Zitiert bei ROBERT GELLATELY, Society, S. 679.
61 BAK R 58/264 (Innenminister Frick an Reichsstatthalter, 10.1.1939) bzw. BAK R 58/1083 (Innenminister Frick an Reichsstatthalter, 28.4.1934).
62 GISELA DIEWALD-KERKMANN, Denunziationen, S. 146.
63 ROBERT GELLATELY, Gestapo, S. 142.
64 BAK, R 58/243, S. 202 ff, Erlasse Chef der Sicherheitspolizei vom 2.9.1939 und vom 16.4.1941. – In einem Memorandum vom Februar 1941 hatte Heydrich sich frustriert darüber geäußert, daß die Bevölkerung einerseits mit der Gestapo und dem ›Sicherheitsdienst‹ der NSDAP nichts zu tun haben wolle, sie gleichzeitig aber als Erfüllungsgehilfen für private Wünsche ansehe. (HStAD, RW 36/7,5)
65 KLAUS-MICHAEL MALLMANN/GERHARD PAUL, Herrschaft, S. 230.
66 Der Streit um den Volksmeldedienst ist umfangreich dokumentiert in BAK, R 43/1264a und R 58/825 sowie BAK, Kleine Erwerbungen 343 (Bericht Ministerialdirektor Kritzing, 1946). – Im ›Schulungsbrief‹ der NSDAP (Juni-Ausgabe 1939, S. 338-339) hatte Heydrich den Aufsatz ›Der Volksmeldedienst. Die Mobilmachung gegen Verrat und Denunziation[!]‹ veröffentlicht und darin die »totale Mobilmachung der politischen Aufmerksamkeit des Volkes« gefordert.
67 GISELA DIEWALD-KERKMANN, Denunziationen, S. 81 f.
68 PETER HÜTTENBERGER, S. 511; REINHARD MANN, Protest, S. 291 u. 293. (Von allen Ermittlungsvorgängen in Reinhard Manns – methodisch allerdings problematischer – Stichprobe wurden 25% durch Denunziationen direkt bei der Gestapo ausgelöst. Werden diejenigen hinzugerechnet, die von anderen NS-Organisationen an die politische Polizei weitergegeben wurden, ergibt sich ein Anteil von einem Drittel.) ROBERT GELLATELY, Gestapo, S. 135; GERHARD PAUL in

›Deutschland, Deine Denunzianten‹.

69 REINHARD MANN, Protest, S. 294; ROBERT GELLATELY, Situating, S. 358; GISELA DIEWALD-KERKMANN, Denunziationen, S. 77 u. S. 150 ff. Auch MARTIN BROSZAT (Denunziationen, S. 236) hatte festgestellt, daß seit der Niederlage von Stalingrad im Winter 1942/43 vermehrt die »unbelehrbar ›gläubigen‹ Anhänger Hitlers, die es – aus inneren, psychologischen Gründen – nicht wahrhaben wollten, daß das Dritte Reich zu Ende ging«, jene anzeigten, die die eigenen Zweifel aussprachen.

70 BERNWARD DÖRNER, Alltagsterror, S. 264.

71 REINHARD MANN, Protest, S. 300.

72 PETER HÜTTENBERGER, S. 515; BERNWARD DÖRNER, Alltagsterror, S. 263; REINHARD MANN, Protest, S. 295; GISELA DIEWALD-KERKMANN, Denunziationen, S. 136.

73 ERIC JOHNSON und KARL-HEINZ REUBAND haben erste Ergebnisse einer Pilotstudie zu einem größeren Projekt vorgestellt, in der sie KölnerInnen nach ihren Erinnerungen und Erfahrungen mit der Gestapo befragten. Dabei erklärten nur 11% der Befragten, sie hätten mit NachbarInnen offen über Politik reden können; 18% meinten, sich in Gesprächen mit FreundInnen nicht vorsichtig verhalten zu haben. Andererseits gaben 75% an, keine Angst vor einer Verhaftung durch die Gestapo gehabt zu haben (Einschätzung, S. 422). Leider sagen die Autoren nicht, ob sie versucht haben, einen für die *NS-Zeit* repräsentativen Bevölkerungsquerschnitt zu ermitteln. Sie machen auch keine Angaben, mit welchen Methoden sie gegen bewußte oder unbewußte Verfälschungen der Erinnerung vorgegangen sind. Die weiteren Ergebnisse des Projekts bleiben abzuwarten.

74 PETER HÜTTENBERGER, S. 517.

75 MARTIN BROSZAT, Denunziationen, S. 225 ff; PETER HÜTTENBERGER, S. 511 ff. – In verschiedenen anderen Zusammenhängen seines Aufsatzes widerspricht Hüttenberger seiner These von den Denunziationen zwischen sozial Gleichgestellten. Er stellt nämlich mehrfach fest, daß AußenseiterInnen und ›Fremde‹ besonders durch politische Anzeigen der eingesessenen, angesehenen BürgerInnen gefährdet waren, zumal die Autoritäten, ob Bürgermeister, Gendarm, Gestapobeamter oder Ortsgruppenleiter, eher geneigt waren, bei angezeigten HausiererInnen, WanderarbeiterInnen und BettlerInnen von der Richtigkeit der Anzeige auszugehen.

76 KLAUS-MICHAEL MALLMANN/GERHARD PAUL, Herrschaft, S. 228.

77 GERHARD PAUL in ›Deutschland, Deine Denunzianten‹.

78 KERSTIN KUNZ, S. 161; GISELA DIEWALD-KERKMANN, Denunziation, S. 123. – Diewald-Kerkmann erläutert, daß die von ihr und Hüttenberger ermittelten unterschiedlichen Ergebnisse vermutlich durch die unterschiedliche Quellenbasis zu erklären sind. Während sie die Akten der NSDAP-Kreisleitungen auswertete, arbeitete Hüttenberger mit Sondergerichtsakten. Dort fehlen aufgrund der auch im Nationalsozialismus weiterbestehenden traditionellen Ungleichbehandlung durch die Justiz die Angehörigen mittlerer und höherer sozialer Schichten meist. Gerade bei Ermittlungen wegen Heimtücke und Drückebergerei (in der zweiten Hälfte des Krieges ein häufiger Vorwurf) werden die Verfahren gegen sie überproportional häufig eingestellt.

79 LUDWIG EIBER, S. 187.

80 GISELA DIEWALD-KERKMANN, Denunziationen, S. 33 ff.

81 GERHARD PAUL in ›Deutschland, Deine Denunzianten‹.

82 So bei RICHARD GRUNBERGER, Das Zwölfjährige Reich. Der Deutschen Alltag unter Hitler, Wien/München/Zürich 1971. Ähnlich in JOACHIM C. FESTS Hitler-Film.

83 Siehe dazu die ausführlichen Literaturberichte von HELENE ALBERS, Frauen-Geschichte in Deutschland 1930-1960, Bibliographie, Münster 1993 (= Forum Regionalgeschichte 2), und DAGMAR REESE/CAROLA SACHSE, Frauenforschung und Nationalsozialismus – Eine Bilanz, in: Lerke Gravenhorst/Carmen Tatschmurat (Hrsgin.), Töchter-Fragen, NS-Frauen-Geschichte, Freiburg 1990, S. 73-105 (= Forum Frauenforschung, Bd. 5, Schriftenreihe der Sektion Frauenforschung in der deutschen Gesellschaft für Soziologie).

84 So vor allem CLAUDIA KOONZ, Mütter im Vaterland. Frauen im Dritten Reich, Freiburg 1991 (Orig. New York 1987).

85 Siehe dazu insbesondere die zahlreichen Veröffentlichungen von GISELA BOCK und GABRIELE CZARNOWSKI.

86 Beispiele bei GISELA DIEWALD-KERKMANN, Denunziationen, S. 131 ff.

87 BERNWARD DÖRNER, Alltagsterror, S. 264; GISELA DIEWALD-KERKMANN, Denunziationen, S. 131 ff.

88 KLAUS-MICHAEL MALLMANN/GERHARD PAUL, Herrschaft, S. 234; GISELA DIEWALD-KERKMANN, Denunziationen, S. 126; KERSTIN KUNZ, S. 161.

89 BERNWARD DÖRNER, Alltagsterror, S. 264; GISELA DIEWALD-KERKMANN, Denunziationen, S. 136.

90 KATRIN DÖRDELMANN, Denunziationen, S. 211; DIES., Konflikte, S. 64.

91 KLAUS-MICHAEL MALLMANN/GERHARD PAUL, Herrschaft, S. 234.

92 HELGA SCHUBERT, Judasfrauen.

93 KATRIN DÖRDELMANN, Konflikte, S. 68. In dem benutzten Aktenbestand zeigt sich dies besonders deutlich in zwei der im folgenden dargestellten Fälle (Fall 3, In der Chefetage, und Fall 7, Ein tüchtiger Arbeiter) sowie in HStAD, Ger. Rep. 231/114 und in 231/569 mit der Entnazifizierungsakte NW 1049/34010.

94 BERNWARD DÖRNER erinnert zu Recht daran, daß die Mehrzahl aller Äußerungen, die als ›Heimtücke‹ ausgelegt werden konnten, *nicht* angezeigt wurden. Andernfalls hätte es nicht Hunderttausende, sondern Millionen von Ermittlungsverfahren und Sondergerichtsprozessen gegeben. (Alltagsterror, S. 266) Ähnlich LUDWIG EIBER, S. 190, Anm. 18.

95 SIGRID WEIGEL, S. 15 f.

96 Falls bei der Anonymisierung Namen damals oder heute lebender Personen eingeführt wurden, handelt es sich um Zufälle.

97 Die von INGE MARSSOLEK ausführlich untersuchte und nach ihrem Buch verfilmte Geschichte der Helene Schwärzel, die mit Carl Goerdeler eine der führenden Personen der Verschwörung vom 20. Juli 1944 denunzierte, ist in mehrfacher Hinsicht eine Ausnahme: Goerdeler gehörte zum organisierten Widerstand, er war prominent, er wurde steckbrieflich und gegen Belohnung gesucht, die Denunziantin wurde öffentlich gefeiert und von Hitler empfangen. Auch mit der ungewöhnlich hohen Strafe, zu der Helene Schwärzel später verurteilt wurde, und der öffentlichen Aufmerksamkeit, die ihr Prozeß fand, ist sie eine Ausnahme.

98 Zum eigenständigen Vorgehen der Gestapo s. KLAUS-MICHAEL MALLMANN/ GERHARD PAUL, Herrschaft, S. 246 ff.

99 Veröffentlicht in: Amtsblatt des Kontrollrats in Deutschland, Nr. 3, 31. Januar 1946, S. 50 ff.

100 HStAD, Bestand Ger. Rep. 231. – Die Rechtsentwicklung nach Kriegsende bis 1949 stellt MARTIN BROSZAT, Siegerjustiz, ausführlich dar.

101 Hinzukommen noch einige Verfahren gegen NSDAP-Funktionäre, SA- oder SS-Männer oder Gestapo-Angehörige, die unter anderem der Denunziation beschuldigt wurden, bei denen dieses Delikt aber im Vergleich mit den anderen Tatbeständen wie Folter, (Massen-) Mord oder Verschleppung nur eine untergeordnete Rolle spielte. – GISELA DIEWALD-KERKMANN ermittelte für die Region Lippe ebenfalls sehr geringe Zahlen von Ermittlungsverfahren und Prozessen wegen Denunziationen (Denunziationen, S. 167 ff).

102 KATRIN DÖRDELMANN, Denunziationen.

103 Im HStAD der Bestand Ger. Rep. 112 (Sondergericht Köln).

104 Im HStAD die Bestände NW 1048 ff.

105 EVA-MARIA MARTINSDORF, S. 134. – Aufgrund der im Zitat genannten Kriterien mußten nur wenige Frauen den Fragebogen ausfüllen.

106 BERND RUSINEK, Gesellschaft, S. 50.

107 BERNWARD DÖRNER, Gestapo, S. 335 f.

108 BERND RUSINEK, Gesellschaft, S. 73.

109 GISELA DIEWALD-KERKMANN, Denunziationen, S. 136.

110 PETER HÜTTENBERGER, S. 475 u. 492.

111 Ausführlich dazu PETER HÜTTENBERGER, S. 452.

112 KLAUS BÄSTLEIN, Akten, S. 189; ähnlich KERSTIN KUNZ, S. 135 f.

113 Insbesondere bei den zahlreichen Veranstaltungen zum Muttertag und in den Presseberichten darüber war dies ein beliebtes Thema.

114 Ich stelle den Fall dar nach der Ermittlungsakte gegen Maria Merten aus den Jahren 1936/37 (HStAD, Ger. Rep. 112/17016) und den erhaltenen Unterlagen aus den Nachkriegsjahren, als Maria Merten den Verwaltungsdirektor Paul Schlosser der Denunziation beschuldigte. Die Akte HStAD, Ger. Rep. 231/270 enthält das Verfahren gegen Merten wegen falscher Anschuldigung Schlossers sowie einen Teil der Dokumente der von Maria Merten angestrengten Ermittlungen wegen Denunziation. Außerdem konnte die Entnazifizierungsakte Schlossers hinzugezogen werden (HStAD, NW 1048/34/227). Die beim damaligen Wohlfahrtsamt existierenden Akten über Maria und Anna Merten sind vernichtet.

115 KONRAD JARAUSCH, Deutsche Studenten 1800-1970, Frankfurt/M., S. 181 f. Nach Jarausch studierten an den medizinischen Fakultäten besonders wenige Töchter und Söhne aus unteren Schichten. – In Köln lag im Wintersemester 1935/36 der Anteil der Frauen an der medizinischen Fakultät bei 18,1%. (KÖLNER UNIVERSITÄTSGESCHICHTE, Bd. III: Die neue Universität, Daten und Fakten. Hrsg. Erich Meuthen, Köln/Wien 1988, S. 298).

116 Zitate aus den Akten sind einschließlich sämtlicher Fehler der Originale übernommen.

117 Zu diesen Inhalten der ›Heimtückereden‹ vgl. PETER HÜTTENBERGER, S. 487ff.

118 KLAUS-MICHAEL MALLMANN/GERHARD PAUL, Herrschaft, S. 215 ff.

119 Meine Schilderung des Falles basiert auf der Akte, die Ende 1937 bei der Gestapo über Gerber angelegt wurde und die im Juli 1938 abbricht (HStAD, Ger. Rep. 112/3634), sowie den Unterlagen des Verfahrens wegen Verbrechen gegen die Menschlichkeit, das Gerber 1948 angestrengt hatte. Es ging dabei um Vorfälle, die sich zwischen Sommer 1938 und Kriegsbeginn ereignet hatten (HStAD, Ger. Rep. 231/320). Die Akten über die zwischen 1940 und 1945 gegen Gerber laufenden Verfahren sind nicht erhalten.

120 Mehrere Beispiele dafür finden sich bei den Emittlungen gegen Eugen Schinkel (»In der Chefetage«).

121 Schilderungen der Vorgehensweise der Kölner Gestapo finden sich in »GEGEN DEN BRAUNEN STROM. KÖLNER WIDERSTANDSKÄMPFERINNEN HEUTE IN PORTRAITS DER ARBEITERFOTOGRAFIE KÖLN«, hrsg. vom NS-Dokumentationszentrum der Stadt Köln 1991. Darin auch der Aufsatz: »Opposition und Widerstand gegen das NS-Regime: das Beispiel Köln« von GUIDO GRÜNEWALD (S. 183-205).

122 Vgl. dazu die Feststellung BERND RUSINEKS (Gesellschaft, S. 55): »Die Formulierung ›auf Vorhalt‹ wird in den Vernehmungsprotokollen verwendet, wenn der Vernehmungsführer dem Beschuldigten ein Delikt vorwirft, ihn auf Widersprüche in den Aussagen hinweist oder ihn mit einer eigenen Detail-Information – etwa aus der Vernehmung eines Mitbeschuldigten – konfrontiert. Eine solche Verwendung der Vorhaltsformulierung ist bei ermittelnden Behörden allgemein üblich. In den von der Gestapo angefertigten Vernehmungsprotokollen ist die Formulierung eines Vorhaltes dagegen oft – jedoch nicht immer – Indiz einer Mißhandlung.«

123 Siehe Eintrag »Hoegen, Josef« in Personendatei des NS-Dokumentationszentrums Köln.

124 Insofern war Gerber ein durchaus typischer ›Heimtückeredner‹. PETER HÜTTENBERGER hat in seiner Untersuchung über den Sondergerichtsbezirk München festgestellt, daß überproportional viele wegen Heimtückevergehen angeklagte Personen durch den 1.Weltkrieg und die Krisen der Weimarer Republik schwer getroffen oder sozial deklassiert worden waren. (S. 464-471).

125 Ausführlich dazu s. KATRIN DÖRDELMANN, Verhalten, u. DIES., Konflikte.

126 Bei Staatsanwaltschaft und Gerichten im Nachkriegsköln fehlt es in der Regel an Reflexionen über das prinzipielle Problem der Glaubwürdigkeit ehemaliger Gestapo-Beamter als Zeugen in Prozessen, die von ihren früheren Opfern in Gang gebracht worden waren. Vgl. dazu KATRIN DÖRDELMANN, Denunziationen, S. 219f.

127 Ausführlich dazu KLAUS THEWELEIT, Männerphantasien, Frankfurt 1977. Zur Unzufriedenheit der SA s. PETER LONGERICH, Die braunen Bataillone. Geschichte der SA, München 1989, S. 179 ff.

128 Soweit nicht anders belegt, beruht die Darstellung des Falles auf dem Material von drei Akten der Staatsanwaltschaft Köln, nämlich den beiden Ermittlungsverfahren gegen Schinkel im ›Dritten Reich‹ (HStAD, Ger. Rep. 112/14540 u. Ger. Rep. 112/18681) und dem Ermittlungsverfahren gegen Lingen 1949-53, in dem es nicht zu einer Vernehmung Lingens kam (Ger. Rep. 231/336).

129 F & G-Rundschau, Heft 33/1951, S. 307f.

130 RWWA, Abt. 11, Sign. 13,4,2 (Vierteljahresberichte des Vorstands an den Aufsichtsrat).

131 RWWA, Abt. 11, Sign. 10,3,2 (Listen der Vorstände, Prokuristen, Handlungsbevollmächtigten, 1906-1972).

132 RWWA, Abt. 11, Sign. 17,6,10/1...2 (Bekanntmachungen des Carlswerks vom 17.2.1941-28.2.1945).

133 RWWA, Abt. 11, Sign. 17,6,10/1...2 (Bekanntmachungen des Carlswerks vom 17.2.1941-28.2.1945).

134 Auch die Tatsache, daß bei den Gestapo-Vernehmungen viele ZeugInnen wenige Tage, manchmal schon am Folgetag nach einer Verhaftung von dem oder der Verhafteten nur noch in der Vergangenheitsform redeten, also die Entfernung dieses Menschen aus ihrem Umfeld bereits hingenommen hatten, ist ein Hinweis auf das Ausmaß, in dem sich die nationalsozialistische Ideologie und die Macht des Apparates in den Köpfen festgesetzt hatten.

135 Siehe Eintrag »Fritz Lehmann« in Personendatei des NS-Dokumentationszentrums Köln.

136 RWWA, Abt. 11, Sign. 17,6,10/1...2 (Bekanntmachungen des Carlswerks vom 17.2.1941-28.2.1945); 18,3,9 (Protokolle Prokuristenbesprechungen, 1945-1948) u. 10,3,2 (Listen der Vorstände, Prokuristen, Handlungsbevollmächtigten, 1906-1972).

137 RWWA, Abt. 11, Sign. 16,5,15 (Bericht an die Militärregierung Düsseldorf, 15.12.1946); 18,3,9 (Protokolle Prokuristenbesprechungen, 1945-1948) u. 10,3,2 (Listen der Vorstände, Prokuristen, Handlungsbevollmächtigten, 1906-1972).

138 RWWA, Abt. 11, Sign. 18,3,9 (Protokolle Prokuristenbesprechungen, 1945-1948) u. 10,3,2 (Listen der Vorstände, Prokuristen, Handlungsbevollmächtigten, 1906-1972).

139 RWWA, Abt. 11, Sign. 10,3,2 (Listen der Vorstände, Prokuristen, Handlungsbevollmächtigten, 1906-1972).

140 RWWA, Abt. 11, Sign. 17,6,10/1...2 (Bekanntmachungen des Carlswerks vom 17.2.1941-28.2.1945).

141 RWWA, Abt. 11, Sign. 13,2,2/11 (Unterlagen Aufsichtsrat 1943).

142 RWWA, Abt. 11, Sign. 13,2,2/11 (Unterlagen Aufsichtsrat 1943) und Karteikarte Schradder.

143 RWWA, Abt. 11, Sign. 13,2,2/11 (Unterlagen Aufsichtsrat 1943) u. 18,3,8.

144 RWWA, Abt. 11, Sign. 17,6,10/1...2 (Bekanntmachungen des Carlswerks vom 17.2.1941-28.2.1945); 10,3,2 (Listen der Vorstände, Prokuristen, Handlungsbevollmächtigten, 1906-1972) und 19,5,1/2 (Auszüge aus Vorstandsprotokollen, 1952-1958).

145 RWWA, Abt. 11, Sign. 17,6,10/1...2 (Bekanntmachungen des Carlswerks vom 17.2.1941-28.2.1945).

146 RWWA, Abt. 11, Sign. 17,6,10/1...2 (Bekanntmachungen des Carlswerks vom 17.2.1941-28.2.1945).

147 RWWA, Abt. 11, Sign. 10,3,2 (Listen der Vorstände, Prokuristen, Handlungsbevollmächtigten, 1906-1972).

148 Eine ausführliche Darstellung der Entnazifizierung im Carlswerk gibt MARTIN RÜTHER, Zusammenbruch, S. 351-369.

149 MARTIN RÜTHER, Zusammenbruch, S. 363.

150 F & G-Rundschau, Heft 33/1951, S. 307f.

151 Meine Darstellung des Falles beruht auf den Akten zum Sondergerichtsverfahren gegen Josef Breuer (HStAD, Ger. Rep. 112/17345) und dem Prozeß gegen Antonie Breuer wegen Denunziation (HStAD, Ger. Rep. 231/196). Die Akten aus dem Scheidungsverfahren, die im Verfahren gegen Antonie Breuer 1948 noch existierten, waren nicht aufzufinden. Deshalb sowie wegen der geringen Zahl der Beteiligten und der schnellen Weitergabe der Akten von der Gestapo an die Staatsanwaltschaft 1941 steht für die Analyse dieses Falles relativ wenig Material zur Verfügung. Dies trifft für die meisten Denunziationen unter Familienangehörigen zu, zumal Staatsanwaltschaften und Gerichte der Nachkriegsjahre bemüht waren, diese Fälle als ›Privatsachen‹ einzustufen und nach meist geringen Ermittlungsbemühungen mit wenigen ZeugInnenvernehmungen die Verfahren in der Regel einstellten. (ausführlich dazu KATRIN DÖRDELMANN, Denunziationen)

152 Unabhängig von Breuers subjektivem Empfinden waren die FürsorgerInnen und WohlfahrtspflegerInnen im Nationalsozialismus tatsächlich angewiesen, das politische Wohlverhalten ihrer Klienten zu beobachten und ›Verfehlungen‹ zu melden. (s. dazu EMILIJA MITROVIC, Fürsorgerinnen im Nationalsozialismus, in: Angelika Ebbinghaus (Hrsgin.), Opfer u. Täterinnen. Frauenbiografien des Nationalsozialismus, Hamburg 1987, S. 14-36; und RÜDIGER BARON, Eine Profession wird gleichgeschaltet. Fürsorgeausbildung unter dem Nationalsozialismus, in: Otto, Hans-Uwe/Sünker, Heinz (Hrsg.), Soziale Arbeit und Faschismus. Volkspflege und Pädagogik im Nationalsozialismus, Bielefeld 1986, S. 391-418). Daß nicht alle Fürsorgeangestellten stets dieser Verpflichtung folgten, zeigt BIRTHE KUNDRUS, Kriegerfrauen. Familienpolitik und Geschlechterverhältniss im Ersten und Zweiten Weltkrieg, Hamburg 1995. Wie die Geschichte von Maria Merten zeigt, spielte die Anpassung an die Normen des Nationalsozialismus bei Entscheidungen über die materielle Unterstützung Bedürftiger ein wichtige Rolle.

153 In den Kölner Arbeiterbezirken kam es 1930 zu starken Stimmengewinnen der KPD auf Kosten der SPD. Der Anteil der Arbeitlosen unter den Mitgliedern der KPD war sehr hoch. (MARTIN RÜTHER, Arbeiterschaft, S. 76.)

154 COSIMA KÖNIGS, Die Frau im Recht des Nationalsozialismus. Eine Analyse ihrer familien-, erb- und arbeitsrechtlichen Stellung, Frankfurt/M. 1988, hier S. 55 ff.

155 Im ›Dritten Reich‹ beruhte das Scheidungsrecht, ebenso wie in der Weimarer Republik und in den ersten Jahrzehnten der Bundesrepublik, auf dem Schuldprinzip: Vor Gericht sollte ermittelt werden, welche der beiden Seiten die Schuld oder Hauptschuld am Scheitern der Ehe hatte. Nach dem Ergebnis richtete sich, ob Unterhaltsforderungen geltend gemacht werden konnten. Für eine nicht erwerbsarbeitende Ehefrau war es also wichtig, ›unschuldig‹ geschieden zu werden. (COSIMA KÖNIGS, Die Frau im Recht des Nationalsozialismus. Eine Analyse ihrer familien-, erb- und arbeitsrechtlichen Stellung, Frankfurt/M. 1988, hier S. 55 ff.)

156 ANTON WREDE, Neuer Kölnischer Sprachschatz.

157 Eine Reproduktion des von Hand geschriebenen Briefes war aus konservatorischen Gründen leider nicht möglich.

158 BIRTHE KUNDRUS, Kriegerfrauen. Familienpolitik und Geschlechterverhältnisse im Ersten und Zweiten Weltkrieg, Hamburg 1995.

159 Siehe dazu KATRIN DÖRDELMANN, Denunziationen, S. 203 ff.

160 Ich schildere die Geschichte dieser Zollstocker Nachbarschaft auf Basis der folgenden Dokumente: Die Akte HStAD, Ger. Rep. 231/107 enthält die Unterlagen über das Verfahren gegen die möglichen Denunzianten Münchs. Der Akte liegt bei das Sondergerichtsurteil gegen Münch aus dem Jahr 1942 sowie einige wenige weitere Auszüge aus den damaligen Ermittlungsakten, die ansonsten vernichtet sind. Für die Darstellung konnte zudem die Entnazifizierungsakte Münchs herangezogen werden (HStAD, NW 1049/18261).

161 BARBARA BECKER-JÁKLI, Zur Geschichte der Juden in Köln, in: dies. (Hrsgin.), Ich habe Köln doch so geliebt. Lebensgeschichten jüdischer Kölnerinnen und Kölner, Köln 1993, S. 352. – Eine Zusammenstellung der zahllosen Gesetze und Verordnungen gegen die als jüdisch definierte Bevölkerung gibt JOSEPH WALK, Das Sonderrecht für die Juden im NS-Staat. Eine Sammlung der gesetzlichen Maßnahmen und Richtlinien – Inhalt und Bedeutung. Heidelberg 1981.

162 Siehe Eintrag »Ortsgruppe Zollstock« in der Datei des NS-Dokumentationszentrums.

163 Siehe dazu JÜRGEN FALTER, Hitlers Wähler, München 1991.

164 Der Bestand BAK R 58 enthält monatliche Lageberichte der Gestapo Köln zur Stimmung in der Bevölkerung.

165 LEILA J. RUPP, Mobilizing Women for War. German and American War Propaganda 1939-1945, Princeton, New Jersey 1978. UTE FREVERT, Frauen an der »Heimatfront«, in: Christoph Kleßmann (Hrsg.), Nicht nur Hitlers Krieg. Der Zweite Weltkrieg und die Deutschen, Düsseldorf 1989, S. 51-69.

166 KÖLN IM LUFTKRIEG 1939-1945. Statistische Mitteilungen der Stadt Köln, 9. Jg. 1954, Heft 2, bearb. von P. Simon, S. 93 u. 116.

167 KATRIN DÖRDELMANN, Konflikte, S. 203 ff.

168 Das Kölner Schwurgericht akzeptierte diese Behauptung Webers, ohne ihn zu fragen, warum er Follert nicht an einem anderen Tag aufgesucht oder nicht in einem zweiten Schreiben seinen Vorschlag zum weiteren Vorgehen beigefügt habe.

169 Besonders hervorgehoben bei PETER HÜTTENBERGER.

170 PETER HÜTTENBERGER (S. 495) stellt zu den ›Heimtückerede‹ in Gaststätten fest: »Ein Wirtshausgespräch, das sich hinzieht, hat oft etwas Pendelndes an sich. Es springt unkontrolliert von einem Thema zum anderen, von privaten Stoffen zu lokalem Klatsch und schließlich zum sogenannten ›Politisieren‹, eine Pendelbewegung, die die Sprechenden in Heimtückereden geradezu hineinschlittern läßt.«

171 Die Schilderung des Falles beruht auf folgenden Akten: Sondergerichtsverfahren gegen Kaiser (HStAD, Ger. Rep. 112/14272), Verfahren wegen Denunziation gegen Boll, Petri u. Glaub (ebd., Ger. Rep. 231/131) und den Entnazifizierungsakten Kaiser (HStAD, NW 1049/19905), Petri (NW 1049/2500), Boll (NW 1049/38548) und Fieseler (NW 1049/55344).

172 Verordnungsblatt der NSDAP im Gau Köln-Aachen, Folge 1,2/1941, S. 14.

173 Die Darstellung des Falles beruht auf folgenden Akten: Das Sondergerichtsverfahren gegen Jakob Marmagen ist im Hauptstaatsarchiv Düsseldorf nicht dem Sondergerichtsbestand Ger. Rep. 112, sondern den »Verbrechen gegen die Menschlichkeit« unter Ger. Rep. 231/34 zugeordnet. Das Nachkriegsverfahren gegen die Denunzianten trägt die Signatur Ger. Rep. 231/33. Unter Ger. Rep. 231/35 findet sich das »Gnadenheft Rieger«. Die Entnazifizierungsakten Paul

Bergers und Paul Roggendorfs finden sich unter NW 1049/36686 bzw. NW 1049/32866.
174 MARTIN RÜTHER, Sozialpolitik, S. 116.
175 MARTIN RÜTHER, Sozialpolitik, S. 107 ff.
176 s. dazu die Auflistung in: KÖLN IM LUFTKRIEG 1939-1945. Statistische Mitteilungen der Stadt Köln, 9. Jg. 1954, Heft 2, bearb. von P. Simon.
177 MARTIN RÜTHER schildert die körperlichen und psychischen Belastungen der rechtsrheinischen ArbeiterInnen seit Beginn der Großangriffe 1942 an den Beispielen KHD und Felten & Guilleaume (Arbeiterschaft, S. 386).
178 Ausführlich dazu MARTIN RÜTHER, Sozialpolitik, S. 101 ff.
179 Der Fall ist dokumentiert in HStAD, Ger. Rep. 231/104.
180 Zur innerbetrieblichen Hierarchisierung bei KHD durch Leistungsanreize, Lohnstaffelungen u.a. ausführlich MARTIN RÜTHER, Sozialpolitik.
181 Der Bestand HStAD Ger. Rep. 231 enthält zahlreiche Beispiele dazu, so auch den zuvor erwähnten Fall im Werk Poll der Klöckner-Humboldt-Deutz AG (231/104).
182 Zu dieser Entwicklung vgl. MARLIS G. STEINERT, Deutsche im Krieg: Kollektivmeinungen, Verhaltensmuster und Mentalitäten, in: Karl Dietrich Bracher/ Manfred Funke/Hans-Adolf Jacobsen (Hrsg.), Deutschland 1933-1945. Neue Studien zur nationalsozialistischen Herrschaft, Düsseldorf 1992, S. 474-490.
183 Eine Reproduktion der Anzeige war leider aus konservatorischen Gründen nicht möglich.
184 WALTER WAGNER, S. 64.
185 EVA-MARIA MARTINSDORF, S. 130 f.
186 MARTIN RÜTHER, Arbeiterschaft, S. 102.
187 Sowohl die Kölner als auch die Detmolder Justiz stellten Ermittlungsverfahren wegen Denunziation in den meisten Fällen ein. Soweit es zu Prozessen kam, endeten sie in der Regel mit Freisprüchen (KATRIN DÖRDELMANN, Konflikte, GISELA DIEWALD-KERKMANN, Denunziationen, S. 167 ff).
188 Siehe dazu auch das Verhalten von Andreas Krenz bei der Denunziation von Eugen Schinkel (»In der Chefetage«).
189 MICHEL FOUCAULT, Die Geburt der Klinik. Eine Archäologie des ärztlichen Blicks. Frankfurt/Berlin/Wien 1983, S. 122 f, zitiert bei Uta C. Schmidt, Vom Rand zur Mitte. Aspekte einer feministischen Perspektive in der Geschichtswissenschaft, Zürich/Dortmund 1994, S. 197.
190 Siehe dazu das Zitat von Hannah Arendt zu Beginn der Einleitung in diesem Buch.
191 THERESA WOBBE macht auf den durch Kommunikationsverbote langfristig erzwungenen Verlust der gesellschaftlichen Erinnerung aufmerksam: »Handlung [...] würde spurlos verschwinden, käme die Erinnerung nicht zur Hilfe. Der Moment des Handelns und Sprechens, des Miteinandersprechens in einer gemeinsamen Welt, die Pluralität entstehen läßt, ist mit der Erinnerung verknüpft. Denn Erinnerung bedarf des gemeinsamen Handelns ebenso wie nur das Mitteilbare, das, was erzählt werden kann, Bestand hat.« Wobbe lehnt sich dabei an Überlegungen Hannah Arendts an. (Theresa Wobbe, Das Dilemma der Überlieferung. Zu politischen und theoretischen Kontexten von Gedächtniskonstruktionen über

den Nationalsozialismus, in: dies. (Hrsgin.), Nach Osten. Verdeckte Spuren nationalsozialistischer Verbrechen, Frankfurt/M. 1992, S. 13-43, hier S. 15.)

192 Ein solcher Bezug auf die Verfolgten des NS-Staates war in den ›Heimtücke‹-Reden selten, wie KERSTIN KUNZ (S. 138 f) und PETER HÜTTENBERGER (S. 489) übereinstimmend festgestellt haben. Die große Mehrzahl der Bemerkungen ging von der eigenen Situation aus und nahm in ihrer Kritik keinen Bezug auf die Opfer.

193 Zu der häufig anzutreffenden Meinung, die ›Heimtücke‹-RednerInnen hätten sich ausschließlich spontan, aufgrund momentaner Verärgerung geäußert, hat KERSTIN KUNZ für Bielefeld ermittelt, daß »ein großer Teil der Heimtückeredner sehr wohl eine gegnerische Einstellung zum nationalsozialistsichen Staat hatte, die, hinsichtlich der Kontinuität und Fundamentalität, weit über eine vorübergehende Unmutshaltung hinausging.« (S. 172).

194 PETER HÜTTENBERGER, S. 475.

195 PETER HÜTTENBERGER weist darauf hin (S. 503 ff), daß viele Angeklagte vor dem NS-Sondergericht München beruflich gescheitert waren oder sich schon vor 1933 von der Norm abweichend verhalten hatten. Sie hatten zum Teil große Hoffnungen in das neue Regime gesetzt und standen nun vor Gericht, weil sie ihre Enttäuschung geäußert hatten.

196 Besonders PETER HÜTTENBERGER (S. 492) unterstreicht die Gefühlsgeladenheit der meisten Äußerungen, mit denen die RednerInnen auf eine Gesprächssituation reagierten, die sie als provokativ empfanden.

197 Manche kehrten sehr schnell dazu zurück und versuchten, wie Jakob Marmagen zweimal gegenüber Karl Rieger, ihre Aussagen im Nachhinein zu verharmlosen oder zurückzunehmen.

198 KERSTIN KUNZ, S. 173; PETER HÜTTENBERGER, S. 490 f.

199 Ausnahmen waren Bemerkungen gegenüber unbekannten Personen, z.B. Fahrgästen in einer Straßenbahn.

200 REINHARD MANN, Protest, S. 229.

201 GISELA DIEWALD-KERKMANN, Denunziationen, S. 176.

202 GISELA DIEWALD-KERKMANN kommt im übrigen zu dem Schluß, daß eine solche Mobilisierung gelang. Sie weist nach, daß die Zahl der Anzeigen als Reaktion auf entsprechende Kampagnen (gegen Jüdinnen und Juden 1935, gegen ›MiesmacherInnen‹ und ›Drückeberger‹ nach der militärischen Wende im Krieg) jeweils anstieg. (Denunziationen, S. 62 ff u. 92 ff.)

203 KLAUS-MICHAEL MALLMANN/GERHARD PAUL, Herrschaft, S. 229.

204 NICOLE GABRIEL, S. 31.

205 Zum Zusammenhang zwischen Volksgemeinschaftsideologie und Denunziation s. ausführlich GISELA DIEWALD-KERKMANN, Denunziationen, S. 36 ff.

206 GISELA DIEWALD-KERKMANN, Denunziationen, S. 22.

207 Vgl. dazu NICOLE GABRIEL, S. 29 f.

208 GISELA DIEWALD-KERKMANN, Denunziationen, S. 129.

209 KATRIN DÖRDELMANN, Denunziationen, S. 204; GISELA DIEWALD-KERKMANN, Denunziationen, S. 130.

210 NICOLE GABRIEL, S. 32 f.

Abkürzungsverzeichnis

BAK	Bundesarchiv Koblenz
Gestapo	Geheime Staatspolizei
DAF	Deutsche Arbeitsfront
EL-DE-Haus	Sitz der Kölner Gestapo-Stelle am Appellhofplatz
HJ	Hitler-Jugend
HStAD	Nordrhein-Westfälisches Hauptstaatsarchiv Düsseldorf
KPD	Kommunistische Partei Deutschlands
NSBO	NS-Betriebszellenorganisation
NSDAP	Nationalsozialistische Deutsche Arbeiterpartei
NSV	Nationalsozialistische Volkswohlfahrt
Pg.	Parteigenosse/-in der NSDAP
RGBl.	Reichsgesetzblatt
RWWA	Rheinisch-Westfälisches Wirtschaftsarchiv
SA	Sturm-Abteilungen der NSDAP
SD	Sicherheitsdienst
SS	Schutz-Staffeln der NSDAP
Stapo	Staatspolizei; verkürzt für Gestapo
UK	Unabkömmlich
Vg.	Volksgenosse/-in
VGH	Volksgerichtshof
VVN	Vereinigung der Verfolgten des Nazi-Regimes
W.B.	»Westdeutscher Beobachter« (NSDAP-Zeitung für das Rheinland und Westfalen)
WHW	Winterhilfswerk

Literatur

HANNAH ARENDT, Elemente und Ursprünge totaler Herrschaft. München 1986

KLAUS BÄSTLEIN, Die Akten des ehemaligen Sondergerichts Kiel als zeitgeschichtliche Quelle, in: Zeitschrift der Gesellschaft für Schleswig-Holsteinische Geschichte 113 (1988), S. 157-213.

KLAUS BÄSTLEIN u.a. (Red.), »Für Führer, Volk und Vaterland ...«. Hamburger Justiz im Nationalsozialismus. Hrsg. von der Justizbehörde Hamburg, Hamburg 1992.

KLAUS BÄSTLEIN, Zum Erkenntniswert von Justizakten aus der NS-Zeit. Erfahrungen in der konkreten Forschung, in: J. WEBER (Hrsg.), Datenschutz und Forschungsfreiheit. Die Archivgesetzgebung des Bundes auf dem Prüfstand, München 1986, S. 85-102.

REINHOLD BILLSTEIN, Streiks und Hungerdemonstrationen in Köln 1946-1948, in: DERS. (Hrsg.), Das andere Köln. Demokratische Traditionen seit der Französischen Revolution, Köln 1979, S. 403-445.

BRIGITTE BERLEKAMP/WERNER RÖHR (Hrsg.), Terror, Herrschaft und Alltag im Nationalsozialismus. Probleme einer Sozialgeschichte des deutschen Faschismus, Münster 1995.

MARTIN BROSZAT, Politische Denunziationen in der NS-Zeit: Aus Forschungserfahrungen im Staatsarchiv München, in: Archivalische Zeitschrift 73 (1977), S. 221-238.

MARTIN BROSZAT, Resistenz u. Widerstand. Eine Zwischenbilanz des Forschungsprojektes, in: DERS./ELKE FRÖHLICH/A. GROSSMANN (Hrsg.), Bayern in der NS-Zeit, Bd. 4: Herrschaft u. Gesellschaft im Konflikt, Teil C, München 1981, S. 691-709.

MARTIN BROSZAT, Siegerjustiz oder strafrechtliche »Selbstreinigung«. Aspekte der Vergangenheitsbewältigung der deutschen Justiz während der Besatzungszeit 1945-1949, in: Vierteljahrshefte für Zeitgeschichte, 29. (1981), S. 477-544.

GERHARD BRUNN, Köln in den Jahren 1945 und 1946. Die Rahmenbedingungen des gesellschaftlichen Lebens, in: OTTO DANN (Hrsg.), Köln nach dem Nationalsozialismus. Der Beginn des gesellschaftlichen und politischen Lebens 1945/46, Wuppertal 1981, S. 35-72.

HANS BUCHHEIM, Anatomie des SS-Staates, Bd. 1: Die SS – das Herrschaftsinstrument, 4. Aufl. München 1984.

OTTO DANN (Hrsg.), Köln nach dem Nationalsozialismus. Der Beginn des gesellschaftlichen und politischen Lebens in den Jahren 1945/47, Wuppertal 1981.
GISELA DIEWALD-KERKMANN, Denunziantentum und Gestapo. Die freiwilligen ›Helfer‹ aus der Bevölkerung, in: GERHARD PAUL/KLAUS-MICHAEL MALLMANN (Hrsg.), Die Gestapo – Mythos und Realität, Darmstadt 1995, S. 288-305.
GISELA DIEWALD-KERKMANN, Politische Denunziationen im NS-Regime oder Die kleine Macht der ›Volksgenossen‹, Bonn 1995.
GISELA DIEWALD-KERKMANN, Verfolgung, Widerstand und Resistenz in Bielefeld 1933-1935, in: GISELA DIEWALD-KERKMANN/KERSTIN KUNZ/ ANDREAS KNOBELSDORF, Vor braunen Richtern. Die Verfolgung von Widerstandshandlungen, Resistenz und sogenannter Heimtücke durch die Justiz in Bielefeld 1933-1945, Bielefeld 1992 (= Bielefelder Beiträge zur Stadt- und Regionalgeschichte, hrsg. vom Stadtarchiv u. Landesgeschichtliche Bibliothek Bielefeld, Bd. 10), S. 1-126.
FRANK DINGEL, Die Gestapo – »Alibi der Nation« oder gesellschaftliches Problem?, in: BRIGITTE BERLEKAMP/WERNER RÖHR (Hrsg.), Terror, Herrschaft und Alltag im Nationalsozialismus. Probleme einer Sozialgeschichte des deutschen Faschismus, Münster 1995, S. 205-210.
FRANK DINGEL, Herrschaft und Alltag. Forschungsprobleme der Sozialgeschichte 1933 bis 1945, in: Internationale Wissenschaftliche Korrespondenz, 29 (1993), H. 3, S. 220-223.
KATRIN DÖRDELMANN, »Aus einer gewissen Empörung hierüber habe ich nun Anzeige erstattet ...«. Verhalten und Motive von Denunziantinnen, in: KIRSTEN HEINSOHN/BARBARA VOGEL/ULRIKE WECKEL (Hrsgin.): Handlungsräume von Frauen in der nationalsozialistischen Diktatur, (Arbeitstitel, erscheint Frankfurt/M. 1997).
KATRIN DÖRDELMANN, Denunziationen und Denunziationsopfer. Auseinandersetzungen in der Nachkriegszeit, in: HORST MATZERATH/HARALD BUHLAN/BARBARA BECKER-JÁKLI (Hrsg.), Versteckte Vergangenheit. Über den Umgang mit der NS-Zeit in Köln, Köln 1994, S. 195-231.
KATRIN DÖRDELMANN, ›Private‹ Konflikte und staatliches Interesse: DenunziantInnen im NS-Deutschland., in: Westfälische Forschungen 45/1995, S. 57-72.
BERNWARD DÖRNER, Alltagsterror und Denunziation. Zur Bedeutung von Anzeigen aus der Bevölkerung für die Verfolgungswirkung des nationalsozialistischen »Heimtücke-Gesetzes« in Krefeld, in: Alltagskultur, Subjektivität

und Geschichte. Zur Theorie und Praxis von Alltagsgeschichte, hrsg. von der Berliner Geschichtswerkstatt, Münster 1994, S. 254-271.
BERNWARD DÖRNER, Gestapo und ›Heimtücke‹. Zur Praxis der Geheimen Staatspolizei bei der Verfolgung von Verstößen gegen das ›Heimtücke-Gesetz‹, in: GERHARD PAUL/KLAUS-MICHAEL MALLMANN (Hrsg.), Die Gestapo – Mythos und Realität, Darmstadt 1995, S. 325-342.
LUDWIG EIBER, Zur »Effektivität« der Gestapotätigkeit und der Funktion der Gestapo im faschistischen Terrorsystem, in: BRIGITTE BERLEKAMP/WERNER RÖHR (Hrsg.), Terror, Herrschaft und Alltag im Nationalsozialismus. Probleme einer Sozialgeschichte des deutschen Faschismus, Münster 1995, S. 182-190.
NICOLE GABRIEL, Die steinernen Münder und das Ohr des Tyrannen: Über Frauen und Denunziation, in: Metis, 2 (1993), Heft 2, S. 27-33.
ROBERT GELLATELY, Allwissend und allgegenwärtig? Entstehung, Funktion und Wandel des Gestapo-Mythos, in: GERHARD PAUL/KLAUS-MICHAEL MALLMANN (Hrsg.), Die Gestapo – Mythos und Realität, Darmstadt 1995, S. 47-70.
ROBERT GELLATELY, The Gestapo and German Society. Enforcing Racial Policy 1933-1945, Oxford 1990.
ROBERT GELLATELY, The Gestapo and the German Society. Political Denunciation in the Gestapo Case Files, in: Journal of Modern History 60 (1988), S. 654-694.
ROBERT GELLATELY, »In den Klauen der Gestapo«. Die Bedeutung von Denunziationen für das nationalsozialistische Terrorsystem, in: ANSELM FRANK (Hrsg.), Verfolgung und Widerstand im Rheinland und in Westfalen 1933-1945, Köln/Stuttgart/Berlin 1992, S. 40-49.
ROBERT GELLATELY, Rethinking the Nazi Terror System. A Historiographical Analysis, in: German Studies Review 14 (1991), S. 23ff.
ROBERT GELLATELY, Situating the ›SS-State‹ in a Social Historical Context: Recent Histories oft the SS, the Police, and the Courts in the Third Reich, in: Journal of Modern History 64 (1992), S. 338-365.
RAINER GRIES, Die Rationengesellschaft. Versorgungskampf und Vergleichsmentalität: Leipzig, München und Köln nach dem Kriege, Münster 1991.
DIETER HIRSCHBERG, Die Kölner Ortsausschüsse, in: OTTO DANN (Hrsg.), Köln nach dem Nationalsozialismus. Der Beginn des gesellschaftlichen und politischen Lebens 1945/46, Wuppertal 1981, S. 93-116.
PETER HÜTTENBERGER, Heimtückefälle vor dem Sondergericht München 1933-1939, in: MARTIN BROSZAT, ELKE FRÖHLICH, ANTON GROSSMANN

(Hrsg.), Bayern in der NS-Zeit. Bd. IV: Herrschaft und Gesellschaft im Konflikt, Teil C, München/Wien 1981, S. 435-526.
MANFRED HUISKES, Die Wandinschriften des Kölner Gestapogefängnisses im EL-DE-Haus 1943-1945, Köln, Wien 1983.
ERIC A. JOHNSON/KARL-HEINZ REUBAND, Die populäre Einschätzung der Gestapo. Wie allgegenwärtig war sie wirklich? In: GERHARD PAUL/KLAUS-MICHAEL MALLMANN (Hrsg.), Die Gestapo – Mythos und Realität. Darmstadt 1995, S. 417-436.
ELISABETH KOHLHAAS, Die Mitarbeiter der regionalen Staatspolizeistellen. Quantitative und qualitative Befunde zur Personalausstattung der Gestapo, in: GERHARD PAUL/KLAUS-MICHAEL MALLMANN (Hrsg.), Die Gestapo – Mythos und Realität, Darmstadt 1995, S. 219-235.
KERSTIN KUNZ, Heimtückefälle vor dem Sondergericht Bielefeld 1941-1945, in: GISELA DIEWALD-KERKMANN/KERSTIN KUNZ/ANDREAS KNOBELSDORF, Vor braunen Richtern. Die Verfolgung von Widerstandshandlungen, Resistenz und sogenannter Heimtücke durch die Justiz in Bielefeld 1933-1945, Bielefeld 1992 (= Bielefelder Beiträge zur Stadt- und Regionalgeschichte, hrsg. von Stadtarchiv u. Landesgeschichtlicher Bibliothek Bielefeld, Bd. 10), S. 127-195.
IRMGARD LANGE (Hrsgin.), Entnazifizierung in Nordrhein-Westfalen. Richtlinien, Anweisungen, Organisation, Siegburg 1976.
ALF LÜDTKE, Die Praxis von Herrschaft: Zur Analyse von Hinnehmen und Mitmachen im deutschen Faschismus, in: BRIGITTE BERLEKAMP/WERNER RÖHR (Hrsg.), Terror, Herrschaft und Alltag im Nationalsozialismus. Probleme einer Sozialgeschichte des deutschen Faschismus, Münster 1995, S. 226-245.
KLAUS-MICHAEL MALLMANN/GERHARD PAUL, Allwissend, allmächtig, allgegenwärtig? Gestapo, Gesellschaft und Widerstand, in: Zeitschrift für Geschichtswissenschaft, 41 (1993), S. 984-999.
KLAUS-MICHAEL MALLMANN/GERHARD PAUL, Herrschaft u. Alltag. Ein Industrierevier im Dritten Reich, Bonn 1991 (= Widerstand und Verweigerung im Saarland 1935-1945, Bd. 2).
REINHARD MANN, Politische Penetration und gesellschaftliche Reaktion – Anzeigen zur Gestapo im nationalsozialistischen Deutschland, in: R. MACKENSEN/F. SAGEBIEL (Hrsg.), Soziologische Analysen, Berlin 1979, S. 965-985.
REINHARD MANN, Protest und Kontrolle im Dritten Reich, Nationalsozialistische Herrschaft im Alltag einer rheinischen Großstadt, Frankfurt 1987.

INGE MARßOLEK/RENÉ OTT, Bremen im Dritten Reich. Anpassung, Widerstand, Verfolgung, Bremen 1986.

INGE MARßOLEK, Die Denunziantin. Die Geschichte der Helene Schwärzel, 1944-1947, Bremen, o.J.

EVA-MARIA MARTINSDORF, Von den Schwierigkeiten, die Gegenwart von ihrer Vergangenheit zu ›säubern‹ – Entnazifizierung in Köln, in: HORST MATZERATH/HARALD BUHLAN/BARBARA BECKER-JÁKLI (Hrsg.), Versteckte Vergangenheit. Über den Umgang mit der NS-Zeit in Köln, Köln 1994, S. 125-162.

GERHARD PAUL, Deutschland, deine Denunzianten, in: Die Zeit, Nr. 37/1993 (10.9.1993).

WERNER RÖHR, Über die Initiative zur terroristischen Gewalt der Gestapo – Fragen und Einwände zu Gerhard Paul, in: BRIGITTE BERLEKAMP/WERNER RÖHR (Hrsg.), Terror, Herrschaft und Alltag im Nationalsozialismus. Probleme einer Sozialgeschichte des deutschen Faschismus, Münster 1995, S. 211-224.

MARTIN RÜTHER, Arbeiterschaft in Köln 1928-1945, Köln 1990 (= Kölner Schriften zu Geschichte und Kultur, hrsg. von GEORG MÖLICH, Bd. 16).

MARTIN RÜTHER, Zur Sozialpolitik bei Klöckner-Humboldt-Deutz während des Nationalsozialismus: »Die Masse der Arbeiterschaft muß aufgespalten werden«, in: Zeitschrift für Unternehmensgeschichte, 33. Jg. (1988), H. 2, S. 81-117.

MARTIN RÜTHER, Zwischen Zusammenbruch und Wirtschaftswunder. Betriebsratstätigkeit und Arbeiterverhalten in Köln 1945-1952, Bonn 1991.

BERND-A. RUSINEK, Gesellschaft in der Katastrophe. Terror, Illegalität und Widerstand – Köln 1944/45, Essen 1989 (= Düsseldorfer Schriften zur Neueren Landesgeschichte und zur Geschichte Nordrhein-Westfalens, Bd. 24).

BERND-A. RUSINEK, »Wat denkste, wat mir objerümt han.« Massenmord und Spurenbeseitigung am Beispiel der Staatspolizeistelle Köln 1944/45, in: GERHARD PAUL/KLAUS-MICHAEL MALLMANN (Hrsg.), Die Gestapo – Mythos und Realität, Darmstadt 1995, S. 402-416.

GUNTHER SCHMITZ, Wider die »Miesmacher«, »Nörgler« und »Kritikaster«. Zur strafrechtlichen Verfolgung politischer Äußerungen in Hamburg 1933-1939. Mit einem Ausblick auf die Kriegszeit, in: Justizbehörde Hamburg (Hrsg.), »Für Führer Volk und Vaterland ...« Hamburger Justiz im Nationalsozialismus, Hamburg 1992, S. 290-331.

HELGA SCHUBERT, Judasfrauen. 10 Fallgeschichten weiblicher Denunziation, Berlin 1989.

CLEMENS VOLLNHALS (Hrsg.), Entnazifizierung. Politische Säuberung und Rehabilitierung in den vier Besatzungszonen 1945-1949, München 1991.
WALTER WAGNER, Der Volksgerichtshof im nationalsozialistischen Staat, Stuttgart. 1974 (= Quellen und Darstellungen zur Zeitgeschichte, Bd. 16/III: Die deutsche Justiz und der Nationalsozialismus).
SIGRID WEIGEL, »Judasfrauen«. Sexualbilder im Opfer-Täter-Diskurs über den Nationalsozialismus. Zu Helga Schuberts Fallgeschichten, in: Feministische Studien, 10 (1992), Heft 1, S. 121-130.
ELMAR WELTER/BENJAMIN ECKSTEIN, Denunziationen: ein Element der NS-Frauenöffentlichkeit, in: ANNETTE KUHN (Hrsgin.), Frauenleben im NS-Alltag. Bonner Studien zur Frauengeschichte, Pfaffenweiler 1994, S. 132-145.
H. WÜLLENWEBER, Sondergerichte im Dritten Reich. Vergessene Verbrechen der Justiz, Frankfurt/M. 1990.

Abbildungsnachweis

Quelle 1, Abbildung 1: HStAD, Ger. Rep. 112/17016
Quelle 2, Abbildung 2: HStAD, Ger. Rep. 112/3634
Quelle 3, Abbildung 3: RWWA, Abt. 11, Sign. 17,6,10/1...2
Quelle 4, Abschrift: HStAD, Ger. Rep. 112/17345
Quelle 5, Abbildung 4: Greven's Adressbuch, 1941/42
Quelle 6, Abbildung 5: HStAD, Ger. Rep. 231/107
Quelle 7, Abbildung 6-8: »Werks-Rundschau« Jan. 1940,
RWWA, Bestand KHD
Quelle 8, Abschrift: HStAD, Ger. Rep. 231/33
Quelle 9, Abbildung 9-10: Familienbesitz Eheleute Marmagen

Bisherige Veröffentlichungen des NS-Dokumentationszentrums der Stadt Köln

Jüdisches Schicksal in Köln 1918-1945. Katalog zur Ausstellung des Historischen Archivs der Stadt Köln/NS-Dokumentationszentrum, Köln 1988 DM 18,-

Jüdisches Schicksal in Köln 1918-1945. Unterrichtsmaterialien / Historisches Archiv der Stadt Köln/NS-Dokumentationszentrum, Köln 1989, Loseblatt-Ausgabe vergriffen

Machtergreifung und Gleichschaltung. Kölner Schulen 1933-1935. Unterrichtsmaterialien / Historisches Archiv der Stadt Köln/NS-Dokumentationszentrum, Köln 1991, Loseblatt-Ausgabe Schutzgebühr DM 6,-

Gegen den braunen Strom. Kölner WiderstandskämpferInnen heute in Portraits der Arbeiterfotografie Köln. Katalog zur Ausstellung von NS-Dokumentationszentrum und Arbeiterfotografie Köln, Köln 1991 vergriffen

Köln, 31. Mai 1942: Der 1000-Bomber-Angriff / bearbeitet von Martin Rüther, herausgegeben vom NS-Dokumentationszentrum der Stadt Köln, 2. Auflage, Köln: Janus-Verlagsgesellschaft, 1992 (Kölner Schriften zu Geschichte und Kultur; 18), erhältlich im Buchhandel DM 29,80

Köln und der 30. Januar 1933. Von Hitlers Ernennung zum Reichskanzler bis zur Machtübernahme in Köln (13.3.1933) / herausgegeben vom Verein EL-DE-Haus und dem NS-Dokumentationszentrum der Stadt Köln, 2. Auflage, Köln 1993 (Schriftenreihe zur Kölner NS-Geschichte; 1) vergriffen

»Ich habe Köln doch so geliebt«. Lebensgeschichten jüdischer Kölnerinnen und Kölner / bearbeitet und herausgegeben von Barbara Becker-Jákli, 2. Auflage, Köln: Emons, 1994, erhältlich im Buchhandel DM 39,80

Die jüdischen Opfer des Nationalsozialismus aus Köln. Gedenkbuch / bearbeitet vom NS-Dokumentationszentrum der Stadt Köln, Köln: Böhlau, 1995 (Mitteilungen aus dem Stadtarchiv von Köln; 77), erhältlich im Buchhandel DM 28,-

Versteckte Vergangenheit. Über den Umgang mit der NS-Zeit in Köln, hrsg. von Horst Matzerath, Barbara Becker-Jákli und Harald Buhlan, Köln: Emons, 1994, erhältlich im Buchhandel DM 39,80

Fotografieren verboten! Heimliche Aufnahmen von der Zerstörung Kölns, hrsg. von Thomas Deres und Martin Rüther, Köln: Emons, 1995, erhältlich im Buchhandel DM 36,-

Kölner Frauen im Nationalsozialismus 1933 - 1945. Unterrichtsmaterialien / Historisches Archiv der Stadt Köln / NS-Dokumentationszentrum, Köln 1995, Loseblatt-Ausgabe Schutzgebühr DM 6,-

Kölner Jugend im Nationalsozialismus 1933 - 1945. Unterrichtsmaterialien / Historisches Archiv der Stadt Köln / NS-Dokumentationszentrum, Köln 1995, Loseblatt-Ausgabe Schutzgebühr DM 6,-

Messelager Köln – Ein KZ-Außenlager im Zentrum der Stadt. Bearbeitet von Karola Fings, Köln: Emons, 1996, erhältlich im Buchhandel DM 39,80

Karola Fings
Messelager Köln – ein KZ-Außenlager im Zentrum der Stadt
Schriften des NS-Dokumentations zentrums der Stadt Köln, Band 3
Nachwort von Martin Stankowski
Hardcover, Fadenheftung, 288 Seiten, zahlreiche Abbildungen und Tabellen
ISBN 3-924491-78-X, DM 39,80

Es lag mitten in Köln, unübersehbar für die Bevölkerung – und es wurde 50 Jahre lang verschwiegen: das KZ-Außenlager in der Kölner Messe. Dabei gehörten die Häftlinge in gestreifter KZ-Kleidung während der Kriegsjahre zum alltäglichen Erscheinungsbild in der Stadt.
Karola Fings ist es in aufwendiger Recherchearbeit gelungen, die Geschichte des Lagers anhand bislang unveröffentlichter Dokumente, Fotografien und zahlreicher Aussagen ehemaliger Häftlinge nachzuzeichnen.
Das Buch zeigt eindsrucksvoll, welche vielfältigen Verbindungen es zwischen dem Konzentrationslager Buchenwald und der Stadt Köln gab.

Vom Handstand in den Ehestand
Frauensport im Rheinland bis 1945.
Herausgegeben von Gabi Langen (Deutsches Sportmuseum)
Gebunden, Fadenheftung, 144 Seiten, zahlreiche Abbildungen
ISBN 3-924491-11-9, ca. DM 29,80

Als Bestandteil weiblicher Alltagskultur war der Sport sowohl einflußnehmender Faktor als auch Spiegelbild gesellschaftlicher Veränderungen. Dieses Buch stellt die Anfänge des Mädchenturnens im Schulunterricht und in den Sportvereinen dar. Es zeigt die ideologischen, moralischen und praktischen Hindernisse, die zu überwinden waren, bevor »Sportlichkeit« in den 20er Jahren das Bild der modernen Frau mitprägte, und welche Rolle der Körperertüchtigung der Frau im NS-Staat zugemessen wurde.
Die Beiträge verschiedener Autoren zu den medizinischen, pädagogischen und politischen Einflüssen, zu Vereinsstrukturen und Kleidungsmoral, sowie die Biographien einiger herausragender Sportlerinnen beruhen auf neuen Studien. Zahlreiche bisher unveröffentlichte Fotos illustrieren die sportlichen und geselligen Aktivitäten der Frauen bei Wettkämpfen, Turnfesten und in den Sportvereinen im Rheinland.

You are now in Cologne.
Compliments

Köln 1945 in den Augen der Sieger.
Hundert Tage unter amerikanischer Kontrolle

Herausgegeben von Reinhold Billstein und Eberhard Illner
Englische Broschur, 224 Seiten, zahlreiche Abbildungen
ISBN 3-924491-56-9, DM 36,-

Köln war 1945 die erste der größeren deutschen Städte, die unter alliierte Kontrolle geriet. Die Besetzung durch amerikanische Kampfverbände und die ihr folgende 100-Tage-Verwaltung der amerikanischen Militärregierung stehen im Zentrum dieses Buches. Der Zusammenbruch des städtischen Lebens nach dem Bombenkrieg, aber auch die Bemühungen der Amerikaner um die Wiederherstellung lebenswichtiger Strukturen werden auf der Grundlage bislang unveröffentlichter Dokumente und bisher völlig unbekannter Fotografien dargestellt.
YOU ARE NOW IN COLOGNE. COMPLIMENTS ist das erste Buch über die Monate der Besatzungszeit – weder für Köln noch für eine andere vergleichbare deutsche Großstadt wurde ein solches Projekt bis heute realisiert.
YOU ARE NOW IN COLOGNE. COMPLIMENTS ist auch ein beeindruckender Bildband, der das Ende des Krieges für Köln aus einer erstmals ganz anderen Perspektive, nämlich der der amerikanischen Sieger, betrachtet.

Ich habe Köln doch so geliebt

Lebensgeschichten
jüdischer Kölnerinnen und Kölner
Herausgegeben von Barbara Becker-Jákli
Gebunden, Fadenheftung,
380 Seiten, Format 17x24 cm;
120 Fotografien,
ISBN 3-924491-73-9, DM 39,80

Vierzehn jüdische Kölnerinnen und Kölner, geboren zwischen 1912 und 1926, berichten von ihrem Leben.
Jüdisches Leben in Köln wird in den ausgewählten Berichten, basierend auf Interviews des Kölner NS-Dokumentationszentrums, von verschiedenen Perspektiven aus geschildert, so daß die Vielfalt der Herkunft der Kölner Juden und die unterschiedlichen Grade der Assimilierung an die Gesellschaft deutlich werden. Gezeigt wird, wie unterschiedlich das Schicksal jüdischer Menschen unter dem sie alle betreffenden Druck und Terror des nationalsozialistischen Regimes verlaufen konnte.

Herausgegeben von
Anna B. Hagin und Heike Beutel

Irmgard Keun
– Einmal ist genug

Zeitzeugen, Bilder und Dokumente erzählen
Gebunden, mit Schutzumschlag, Fadenheftung, 256 Seiten
ISBN 3-924491-48-8, DM 39,80

Eine ungewöhnliche Monographie über eine ungewöhnliche Frau. Nicht nur das literarische Werk von Irmgard Keun verdient besondere Würdigung, auch und gerade ihr Leben, das selbst wie ein Roman war, furios, dramatisch und sinnlich, herausfordernd und turbulent.
Der Band versammelt Interviews mit Zeitzeugen, mit der Tochter, der Ärztin, Freunden und Bekannten. Ergänzt werden diese sehr lebendigen und farbigen Texte durch meist unbekannte Fotografien und Dokumente. So entsteht ein Lebensbild der wohl berühmtesten Kölner Autorin, deren Leben ein eigener Roman war.

Niedecken · Wirdeier noh un noh

65 kölsche Texte von Wolfgang Niedecken
124 Schwarzweißfotografien von Eusebius Wirdeier und ein Gespräch mit Viktor Böll und Herbert Hoven
232 Seiten Duoton, Großformat 23 x 32 cm
fester Einband, Fadenheftung
ISBN 3-924491-79-8, DM 68,–

»noh un noh« bedeutet sowohl »nach und nach« als auch »nah und nah«. Wolfgang Niedecken – Rockmusiker, Songwriter, Maler – und Eusebius Wirdeier – Grafiker, Fotograf, Bildhauer – leben seit 1951 in Köln und beschäftigen sich mit der Stadt. Oder muß man sagen: Köln beschäftigt sie? Ihre Arbeiten zeigen deutliche Parallelen: Beide Künstler beschreiben ohne Nostalgie, wie Köln auf dem Weg zur Metropole nach und nach seine Ursprünglichkeit verliert. Beide blicken immer wieder auf Details, ohne die kritische Distanz zu ihrer Stadt zu verlieren.
»noh un noh« – das sind weder mit Bildern illustrierte Lieder noch zu Fotos geschriebene Texte. Trotzdem oder gerade deshalb sind Texte und Fotografien zu einer dichten und spannungsvollen Synthese verbunden:
Kölner Stadtansichten – von Niedecken und Wirdeier – noh un noh

Aufruf zum Sponsoring für den Ausbau des NS-Dokumentationszentrums der Stadt Köln

Im Keller des EL-DE-Hauses, dem ehemaligen Gefängnis der Kölner Gestapo, haben sich die Zellen mit den Inschriften der Häftlinge erhalten.1981 richtete die Stadt Köln dort eine Gedenkstätte ein. 1988 nahm in einigen anderen Räumen dieses Hauses das NS-Dokumentationszentrum der Stadt Köln seine Tätigkeit auf. 1993 schließlich gab die Stadt Köln den Startschuß zum Umbau des EL-DE-Hauses und damit für den weiteren Ausbau des NS-Dokumentationszentrums. Es wird künftig neben der Gedenkstätte im Keller, neben Bibliothek und Leseraum einen Veranstaltungsraum, einen Bereich für Sonderausstellungen und vor allem die Dauerausstellung zum Thema Köln und der Nationalsozialismus umfassen.

Die Stadt Köln wird den Umbau des Hauses mit 3,9 Mio. DM finanzieren – eine bemerkenswerte Anstrengung angesichts der gegenwärtigen finanziellen Schwierigkeiten der Kommune. Nicht gesichert aber ist bisher die Finanzierung der Raumeinrichtung und der Dauerausstellung.

Eine Institution wie das NS-Dokumentationszentrum einzurichten ist eine Aufgabe aller Kölnerinnen und Kölner – in der gegenwärtigen Situation mehr denn je. Alle sollten es zu ihrem Anliegen machen, auch durch finanzielle Förderung für den weiteren Ausbau, für die Raum- und Ausstellungseinrichtung dieses Hauses zu sorgen.

Sie können den Ausbau des NS-Dokumentationszentrums unterstützen:

- durch **finanzielle Zuwendungen**,
- durch **materielle Leistungen** (Möbel, audiovisuelle Technik, ...),
- durch **Dienstleistungen** (Tonproduktionen, Fotos, Dias und Ausstellungstechnik, ...).

Die Leistungen sind steuerlich absetzbar.

Überweisungen an Stadtkasse Köln: Stadtsparkasse Köln,
Konto Nr.22222210, BLZ 370 501 98 (Kennwort „Einrichtung EL-DE-Haus")

Weitere Fragen beantworten wir Ihnen gerne:
NS-Dokumentationszentrum
Appellhofplatz 23-25
50667 Köln
Tel.: 0221/221-6332
Fax: 0221/221-5512

35,-/7